知乎

有 问 题　就 会 有 答 案

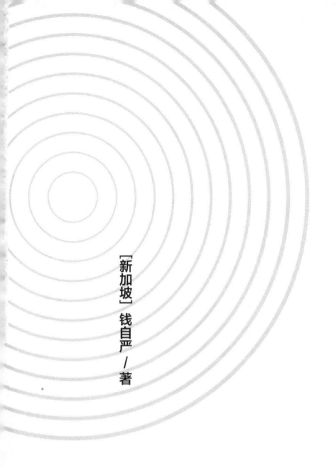

从总账到总监

[新加坡] 钱自严 / 著

CFO 的财务
职场成长笔记

全新
升级版

电子工业出版社·
Publishing House of Electronics Industry
北京 · BEIJING

版权贸易合同登记号 图字：01-2024-2006

图书在版编目（CIP）数据

从总账到总监：全新升级版 ／（新加坡）钱自严著.

北京 ：电子工业出版社，2024. 11. -- ISBN 978-7-121-

48833-7

Ⅰ. F275

中国国家版本馆CIP数据核字第2024W55P06号

责任编辑：赵诗文

印　　刷：鸿博睿特（天津）印刷科技有限公司

装　　订：鸿博睿特（天津）印刷科技有限公司

出版发行：电子工业出版社

　　　　　北京市海淀区万寿路173信箱　　邮编：100036

开　　本：720×1000　1/16　印张：24.25　　字数：362千字

版　　次：2021年1月第1版

　　　　　2024年11月第2版

印　　次：2024年11月第1次印刷

定　　价：78.00元

自 2019 年《从总账到总监》一书首次出版以来，一直有读者与我交流，其中谈到最多的问题便是：能否根据当下的形势变化及技术变革的趋势，增加一些有针对性的内容？

坦率地讲，过去 4 年国内外形势发生了巨大的变化，很多经济基本面及产业布局都发生了巨变，我个人也一直在持续学习，对供应链全球布局的变化、外企与民企此消彼涨的变化，以及最新的人工智能冲击进行了深度思考，就政情变化、产业变化、职业变化和技术变化对财务行业的冲击和行业内的个人发展前景进行了一番梳理，写就 4 篇新的文章作为原书的补充，与读者探讨交流。

政情变化

无论是中美经济博弈还是中美各自的货币财政政策变化，最后的直接结果都是人民币与美元汇率的急剧变化。为此，我增添了一篇题为《谜一样的外汇汇兑损益》的文章，这篇文章更多地从企业管理层的视角出发，帮企业家从整体上把控汇率变化可能产生的利润影响及应对策略，其中提到的一个最重要的经营理念上的变化，就是不以盈亏来应对不确定事件，而是强调锚定可控点的流程，帮助企业将无法掌控的宏观事件纳入自身可控的管理手段之中。

产业变化

过去的十年，中国在向高质量发展的目标迈进时，一直试图找到弯道超车的发展机会，从芯片到新能源汽车，形成了产业快速更替的新格局。我在新增的一篇题为《成本原来是设计出来的》的文章中，以新能源汽车的制造成本为例，介绍了制造型企业当下最前卫也是最先进的成本管理理念：作业管理设计法（Activity Based Management，ABM）。比起传统的作业成本法（Activity Based Costing，ABC），ABM 将事后成本追踪前移到产品的设计端，以价值增值为准绳，将低价值活动压缩到最少，同时围绕高增值环节重新设计企业的工作流。例如，银行的 VIP 贵宾服务室，就是以 ABM 的理念来设计其工作流的。

职业变化

过去几年中，职场的一个显著变化就是外企的作用和影响力逐渐被民企取代。我在新增的章节里也构建了一个被收购企业的供应链融资场景，在内容安排上，通过一场供应链金融的三方交易帮民营企业探索如何利用上下游供应链伙伴资源找到新的融资渠道。我本人在外企与民企都工作过，这两类企业的一个显著不同就是外企注重体系建设，而民企善于权变决策。他山之石，可以攻玉。本着兼收并蓄、融合互补的理念，在新增的章节中，我用一个分骆驼的故事阐述了信用的价值——信用是资产转变为资本不可或缺的价值表达工具。

在赫尔南多·德·索托《资本的秘密》一书中，揭示了一个不为人所知的事实：其实很多贫穷国家的资产都有富余，但因为轻视信用机制的建设，资产永远无法转变为能带来财富增值的资本。例如，花巨资在没有合法土地证的土地上盖的大楼，在账本上可以是高价值的资产，但因为没有产权凭证无法成为可交易的资产，这些资产就失去了进入市场流通交易的机会。

技术变化

都说 2023 年是 AI 元年，ChatGPT、Midjourney 等生成式人工智能正以日新月异的迭代速度冲击着传统行业与职业，在新增的"开发右脑能力"的章节中，我借鉴了丹尼尔·平克《全新思维》一书中提出的"决胜未来的六大能力"，结合财务工作场景，用服务设计的理念对财务工作流重新进行了价值设计。这种顶层设计能力不限于财务工作，任何岗位都可以参考文中的"工作场景与价值交付流程设计"，找到对应的价值设计。新增的章节还引入了一个 AI 现场画图的暖场游戏，让大家感受"创新 = 老场景 + 新技术"的启发应用，用 AI 给听课的学员制作个性化的画像，能让学员感到既亲切又意外，可以有效改善学习氛围、提高互动质量。

虽然本书在内容上增添了融资、汇率与成本等专业话题，但在情节安排上依然延续原作"明线 + 暗线"的双线推动。明线是专业模块上的主题延伸，暗线则是主人公自我成长的感悟与认知升级。

大家可以用代入式体验的阅读方式，去感受主人公从专注左脑开发技术能力到开发右脑人际能力的心智变化，从外企体系流程的精髓体悟"资产转变为资本"背后的信用体系价值。以资产到资本的转变为视角，可以让大家更好地理解财务的信息表达与沟通价值。罗马不是一天建成的，一个专注于为共同体信念大厦的建设添砖加瓦的专业人士，在自我精进与人格完善的过程中，也一定会找到从职业转向事业的自我成就感。

钱自严

序　言

2012 年春，在我们老两口 70 岁寿庆期间，作为献礼，自严的文化随笔《自严自语》出版了，我在所作的序里鼓励道，"日后若有懈怠时，便是江郎才尽日，谨以此书为起点，不要就此袖起手来"，希望他以后能写一本专业的著作。历时 6 年，自严不负所望，他的作品《从总账到总监》终于付梓了。日前他给我发来信息，此书的序，希望仍然由我来作，说这是他的第一本专业出版物，由父亲作序，很有意义。一般来说，此书应该由学术方面的权威作序，以求对书有高屋建瓴的评价和导读；或由有社会影响力的名人作序，以放大书的商业效应。我什么都不是，我的序注定不能给他的书带来这些。但我的参与，能为他的创作活动融入一份亲情，我想，这就是意义所在吧。

这是一本小说形式的财务教材，专业性很强，是借着小说中的主角 Bob 来完成教授任务的，这使得它不同于一般的文艺作品。在这本书中，作者和人物有高度的融合——它的背景是作者的纪实。外人评价作品和作者，一般是由作品来看作者的，可我作为父亲，又可以从作者来看作品，在我的眼里作者和人物是重合的，Bob 就是我的儿子。

我早年曾有从事财务工作的经历，老伴也是在基层事业单位会计岗位上退休的，这并不是说自严选择财务职业有家庭方面的渊源。恰恰相反，在我的眼里，财务是不被看好的职业。究其原因，自然有"做行怨行"陋习的影响，更主要的是有社会层面的负面作用。自严在新加坡南洋理工大学攻读财务专业，完全是他自主的选择。后来，自严在职业道路上成长的事实，特别是这本书的著述，彻底地颠覆了我对财务职业的思维定势，纠正了对财务工作的偏见，这是我在认知上最大的收获。

20 世纪 80 年代开始的改革开放，给财务人员带来了春天。记得当初在组建中外合资企业的过程中，财务报告还不是"商业语言"，双方的财务状况无法对接，必须由中国香港有关机构做第三方，把中方的报告"翻译"成外方的财务语言和同径数据后，才能开始合资的谈判。随着中国外贸业务的迅速发展，特别是加入WTO 后，现代企业制度由建立到逐步完善，终于单点突破，一步步带动了对"财界普遍价值"的认同，开创了与国际全面接轨的大好局面。当前又开启了由核算型财务向管理型财务的改革，值此之际，《从总账到总监》的出版为广大财务人员的转型提供了有价值的参考，希望此书的出版会给作者和读者带来双赢的结果。

小说以在美国上市的公司为场景，这就涉及国与国、集团与子公司之间在业务和财务上复杂的关系，给授课带来许多难点；小说中都是采用剖析典型案例的思路和方法授课的，大家知道，案例教授方式是业内人士学习时所欢迎的学习模式和途径，但对教授者有一定的难度，从选题到讲授需要有全面和扎实的实务能力。

在这本书中，我们可以清晰地看到作者作为师者，在整个案例的讲解过程中，解惑于前，授道于后。先以通俗的语言深入浅出地剖析问题，接着笔锋一转，引进理念，在解题的基础上用凝练和精准的语言进行归纳总结，把个案的解决方法转化成能更广泛应用的思路，每每读到，总给人以登达高处的豁然之感。

在复杂案例的讲述中，我们可以看到作者的从容和通透，形成有条不紊、娓娓道来的讲述风格，让人在亲切的氛围中接受知识。根据成长历程的需要，作者安排了阶段性的任务，逐步递进，有序地加大信息量和难度。

小说不是一味灌入式的施教，中间有启发、有互动、有布置、有检查、有考核，一步一个脚印地为成长者铺设前进的阶石。由于每个课程"干货满满"，因此从成长的自信心上，也足以看出主人公脚步的坚实。在讲解的过程中，每个节点都有图表展示，这些图表是创立者的潜心之作，图表把相关数据和信息集合在一起，形成一种特殊的语言，以加快、加深知识的接受。

这里要提醒的是，不要停留在使用这些图表的层面上，而要致力于自身概括能力、组织能力、表达能力的同步提高，因为这些是制作图表的必要元素。这些能力提高了，变"用图表"为"制图表"，那就在"去平台"的路上前进了一大步。

在情节展开的过程中，作者常有一些细节在不经意中带出，使得故事更加流畅、饱满。书中多处有作者职场经验的分享，特别是德国文化的介绍、助读书刊的推荐，其中融入了大量的信息，信息量增加了，干货自然也就丰盈了。

在成长者充分领受专业给养的同时，作者进行了团队建设的引导，可以看到在整个内容的铺排上、在精心程度上，作者是把为人之道和处世之道放在同等重要的地位上来写的。在作品中，作者将公司财务部作为领导力培训的课堂，在提高领导力的各个要点中，有典型案例的示范，有亲历经验的分享，有技巧的交底，有职场一般法则的解析，有点拨和提醒，也有严厉的批评。作者还通过纠正失策的实践，让出错者在享受纠错成果的愉悦中挖掘自身的不足，这样做的好处是把认知层面的提高升华为心灵的触动。

在这些有形的引导外，作者用整个作品精心打造了一个人物——Bob。我曾经想赠一条幅给自严，希望他成为"责己重于周，待人轻于约，省身得自悟，助人为至乐，居位不持势，处凡莫庸常，真诚弥可贵，名利忌追逐"的人，可是因字写得太烂，始终没有出手，这一直是我内心默默的期望。而这些期望，Bob已经基本上做到了。作为领军人物，需要专业的威望、智慧的力量、人格的魅力，一旦具备了，由此激发出来的正能量必会形成强大的气场，带领团队在成长的道路上不断前进。领导力的成长是没有行业和组织界限的，因而具有普遍的意义，有着实实在在的甚至影响终身的价值，在当前来说，至少会在"去平台"能力的账户中增加一笔财富。

作序的过程，我欣然于命笔，惶恐于文成，读者多为业内人士，我一个曾经小小的记账员，来对财务专业著作发表意见，错漏之处必不会少。尽管说过头了，有舐犊之情作掩护，说漏了，可用"留白"来搪塞，但真写砸了，读者不会批评序的作者，只会让著作的权威性打了折扣，但愿我作的序不会是一脚"乌龙"。

杜鸿生

为什么要写这本书

先从一件小事说起。

两年前在一个公益讲座的茶歇期间，突然有一位听众来到我跟前，她说她几年前听过我的"财务领导力"公开课，深受鼓舞，回去照着我讲的"勇气 + 体贴"影响力模型做了，现在已经从财务经理升为财务总监。

这一偶然事件给了我很大的鼓舞和启发。我何不把过去十几年积累的管理心得与企业案例写成一本书呢？写一部结构完整的以职场发展为主线的书，这样岂不是可以帮到更多的人？

于是，那次公益讲座结束回到家，我就摊开稿纸，构思起本书的内容来。

市场上有关个人成长的书不少，有关成功学与积极心理学方面的书，更是多得让读者目不暇接。所以，我在构思此书时，决定另辟蹊径，从实际案例着手，以职场发展的真实原型为背景，写一部有内容、有情节又具有通用意义的专业小说。

职场发展，首先是思维上的校正与转变。很多专业人士把学习与成长过度聚焦于考证与读学位上，忽视了自己心智模式的重塑与改变。书中有一篇关于"动态思维"的故事，就强调了个人行为与周围环境的互动关系：当我们向前跨出一步时，我们周围的世界已经发生了改变。个人的成长与发展，最重要的是跨出第一步的行动力。有了第一步，先前站在原地思考时困扰自己的假设与问题，会随着自己的学习曲线及他人的跟进互动而自行消失。

其次，除了审视自我的思维校正，另一个需要转变的思维模式是看待周围环境的方式，如个人与组织的关系。我在讲述"去平台能力"的章节中，强调了要按自己的设计生活，而不是人云亦云、随波逐流。一个主动设计生活的人，是"六经注我"，而不是"我注六经"。平时工作中的每一个细节，人际交流中的每一种遭遇，都可以成为磨炼自我的机会。例如，在跨部门的会议中有意识地培养自己做主持人的能力；遇到争议话题时，通过观察对方的核心需求来提升自己的说服力等。这些"去平台能力"的自我设计与开发，可以成为专业人士快速成长的一条可靠路径。

当然，仅有思维是不够的。不管案例有多生动，我在写这本书时每每写到一个有价值的理念，一定会辅以可操作的工具，甚至具体到可复制的模板。例如，在"职场进阶"的章节，我绘制了一张具有 40 多个具体着力点的行动方案，包括专业与非专业方面的各种技能。从冲突管理到下属反馈，从知识文档的编写到沟通次序的清单，这循序渐进的每一步，都凝聚了我过去 30 年的思考总结，以及在美企与德企接受的系统培训。这本书共推出了 20 多个管理工具与模板供读者参考，来自过去十多年在"学习型组织"的实践。这本书的出版，也可以说是十年磨一剑了。

最后，说说这本书的财务视角。本书以一个财务会计的成长路径，带领读者走过各个财务模块，最后落脚在财务如何为企业创造价值这一管理实践上。财务作为一门信息学科，贯穿的是一个企业的资源利用效率，而企业家存在的价值就在于其整合资源的能力。所以，一个财务高手，一定具有企业家思维。我希望读者能够跳出财务专业工具书的角度来读这本书，能以"企业家"的视角，来观察一个出色的企业是如何整合资源的。

自 2021 年第一版出版以来，本书受到广泛好评。其中有一个读者非常好奇地问我：主人公 Bob 的电脑很像哆啦 A 梦的百宝袋，能否打开让读者进一步了解？

在这位读者的号召下，读者群里自发组织了一个深度学习班。为此，我开设了一个网上财务学堂——BOB 学堂，就是以书中主人公的名字命名的。在内容上，我又做了深度开发，形成了较为体系化的内容。

BOB 学堂 I 期：针对本书财务模块展开的专业知识系统学习，有预算管控、业财融合、税务筹划、资金预算等话题。

BOB 学堂 II 期：从本书提到的软技能出发，系统性地学习职场个人成长的系列课程，有时间管理、高效沟通、财务影响力提升等。

管理会计 30 讲：将本书成本模块受篇幅所限未展开的内容一一打开，从数据智慧、成本分析、成本管控等个体能力到资源整合、战略财务、价值管理等一系列组织能力，通过六大模块 30 节课以音频加图文的方式呈现给用户，至今已有上万人次上线学习。

有兴趣的读者可以扫封面前勒口作者介绍下方的二维码加入学堂深度学习。

最后补充说明一点，尽管本书的案例出自生活原型，但在编写此书时，对人物、地点和提及的公司与机构都进行了一定的改编与重构，读者在阅读时请勿对号入座。

目 录

CONTENTS

第一部分
初入新公司，一切重新开始

第二部分
为成为优秀的财务人储备能量

第三部分
职场进阶，成为一个领导者

第四部分
欲戴其冠，必承其重

第五部分
完善自身，在财务领域驰骋

附 录

初入新公司，一切重新开始

01 新公司初印象

今天，是国庆长假期后的第一个工作日，王丽早早地来到了离家不远的班车点。虽然上周也是在这里候车的，但今天她要去一家新公司报到。不一会儿，带着 QMD 标识的班车来到了王丽跟前。QMD 是一家德国公司，是全球知名的半导体生产企业。能被 QMD 录用，王丽倍加喜悦与珍惜。

王丽之前一直在一家台资企业工作，来到一个工作语言是英语的欧洲公司，她对自己磕磕巴巴的英语总是觉得底气不足。好在，凭着自己在同行业的相关经历及面试那天的优异发挥，她还是拿到了录用通知（Offer Letter，通常称为 Offer，是公司开给应聘者的录用书，里面包含了薪酬与福利等主要就职条件），终于走上了进入外企这一条自己设立的重要转型通道。

走进 QMD 的接待大厅，王丽很震撼。大厅的装饰布置很有文化气息，很大气。用马赛克装饰的办公楼颇具现代感，楼与楼之间由一座修剪得整齐漂亮的花园连接，这彻底颠覆了自己对制造型工厂的印象。

原来，工厂也可以如此高大上。很快，王丽被安排到人事部办理入职手续，填表、拍照、领取员工信息牌。员工信息牌的正面是带个人照片的电子存储卡，据说每天的饭钱都打到卡里，食堂旁边的驻厂小卖部也可以刷这张员工信息牌消费。员工信息牌的反面印着 QMD 公司的企业价值观：共同发展，追求卓越。

　　王丽要去的财务部在二楼，在门口刷员工信息牌方能进入。人事部的专员一边为王丽开门，一边说道："员工信息牌一定要戴，我们总经理特别在意，千万不要因为没戴牌被总经理记住。"王丽不禁一愣，以前的公司虽然也有这条规定，但没有什么执行力度，偶尔不戴也没人管。这里这么当回事，看来得改改自己出门丢三落四的习惯。公司的纪律与文化，很大程度上是由大老板塑造的。

　　王丽的岗位是总账，总账的上面是财务经理。一进财务办公室，财务经理方敏先带着王丽在办公室走了一圈，向同事介绍完，就带她到财务总监（CFO）Bob的办公室。对了，Bob就是那个坚持要用英文面试她的"假洋鬼子"，可能是受那天英文面试的紧张情绪影响，王丽伸出去的手微微颤抖。Bob却非常热情，打完招呼后并没有要让王丽回工位的意思，反倒滔滔不绝地讲了起来，当然，每一句都是熟悉的普通话。听着熟悉的普通话，王丽也舒坦了一些。潜意识中，外企的神秘感也淡化许多。

　　Bob说到QMD公司的背景时，来了兴致。站起来，拿了书写笔在墙上的白板上画了起来。很快，Bob就画出了一张组织框架图，其实就是集团CFO的组织框架图（图1-1）。

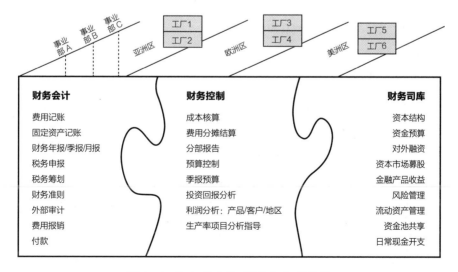

图 1-1　Bob 画出的 CFO 组织框架图

　　一张枯燥的组织框架图，没想到从 Bob 嘴里讲出来这么有趣生动。看着王丽在辛苦地记录，Bob 摆了一下手，按下打印键，一张 A4 纸大小的手绘图就打印了出来。王丽看着这新玩意儿好奇，但心想，这电子白板在原来成本管控很紧的台企是肯定不会买的。联想到刚才经过的配膳室（很多外企会有茶歇休息厅，条件好一些的公司都为员工配好了茶叶和咖啡，刚才人事专员还向王丽介绍说，这里的咖啡豆是总经理要求从国外订购的）装修得那么华丽，王丽心想：这新公司挺舍得花钱的。

　　Bob 富有激情的声音很快把王丽的思绪拉了回来，他开始讲解 CFO 的组织框架图。

02　财务管理的核心智慧

　　"刚才给你看的 CFO 组织框架图，反映了 CFO，也就是一个公司的最高财务管理者需要管控的方面，一共有四大块。

- ·集团共享职能（Corporate Functions）
- ·职能直线部门（Central Functions）
- ·事业部财务部门（BU Organizations）
- ·地区财务部（Regional Organizations）

　　"先说最简单的，集团共享职能，像投资者关系部（IR，Investor Relations）、内审与内控部门（IA，Internal Audit/SOX[①]）、企业并购部（M&A，Merger &

---

① 《萨班斯法案》，美国上市公司会计改革与投资者保护法案。

Acquisition）及风险管理部（Risk Management），这些是典型的总部机构。

"最上面的是按区域分的地区财务部（Regional Organizations），像我们亚洲区的地区总部在新加坡，区域首席财务官是根特（Mr. Gunter），根特先生负责协调亚洲区的财务运作。最左边的事业部 BU（Business Unit），我们最近又搞了拆分，精确地讲，现在是 4 个事业部。

"正面的、版图最大的是财务职能的 3 个核心部分。（见图 1-1）

· 财务会计（CFA，Corporate Financial Accounting）
· 财务控制（CFC，Corporate Financial Controlling）
· 财务司库（CFT，Corporate Financial Treasury）

"左侧的财务会计包含了我们最熟悉的财务基础工作，如记账、做报表、报税及与外部审计的对接等，这些都是一个公司最基础的财务工作。这块工作非常重要，是一个公司运转的基本之需。但是，基本之需做到就好了，这块的内容就像一个人喝水，人离不开水，但多喝也无益。像报销的及时性、报税的准确性，做到一定程度就无须再提升了……

"中间这块是财务控制，书上叫管理会计，国企、民企称之为业务财务。包括预算、预测、关键绩效指标（KPI）报告、利润分析、各种财务分析、宏观层面上的竞争者对标分析、微观层面上的自制还是外购的决策分析。这块是财务管理的核心智慧，以后结合工作实例慢慢讲。

"右边一块比较特别，司库就是钱的运作。小到各个子公司日常的现金管理，大到集团的资本结构（Capital Structure）考虑，总部与子公司往往通过一种叫作流动性计划（Liquidity Planning）的工具来串联与归集资本需求。

"这个表每个子公司都有一张，总部汇总之后就可以做出各种按月、按季、按年的资金需求模拟，并以此为基础确定每年的融资计划，然后下放到各个子公司。

"司库的一个特点是集中管理。因为资金只有整合在一起才最有效率。如果你把所有资金归集在一两家主银行，那么就可以获得比较大的授信额度

（Credit Facility）。

"另外，像融资之类的安排一定是全球统筹规划的。例如，由花旗银行统一融资，那么花旗总部与集团总部就可以做一个统一贷款协议。这种统一安排不仅减少了双方的上下沟通成本，而且可以通过集中谈判获得一个最低利率。当然，得失是平衡的，银行也会因此设立一些排他性条款，如不允许你再找其他银行。因此，司库管理非常强调自上而下的一致性。

"我刚做中国工厂的财务总监时不明白，明明中国的商业银行能提供更好的费率，为什么要坚持使用花旗银行？后来在总部工作的那几年，详细了解了总部司库的运作流程才明白，总部是在下一盘更大的棋。

"给你的这张图反映了财务组织成员之间的分工与汇报关系，用一个人的身体来做比喻，分别是手、脑与血。左侧的是记账与报表的基础操作，相当于一个人的'手'；中间的那块，涉及业务的各种测算与分析，相当于'脑'；右侧的司库，所管的钱相当于一个人身体内的'血'，手再勤快，脑再好用，一旦失血，立刻完蛋。我见过太多账面利润很好，但因为资金链断裂而破产的企业。"

王丽听得有点着迷了，自然而然地开始关联自己的岗位角色。Bob 似乎猜到了王丽的心思，以近似安慰的口吻说道："这三块没有高下之分，跟你讲这些，只是让你从一个大的架构去想，去对接。学财务，做财务，一定要从大处入手，从宏观上去把握，不然会迷失在一堆堆杂乱的细节之中。"

说到这里，Bob 从电脑里调出了一张图（图 1-2），一边将超大的显示屏调转 90 度，一边开始解释："这是一个反映财务信息加工流向的立方体，现在就来谈谈你这个总账最熟悉的报表体系。先从一个公司日常的花销谈起，你知道'谁在花钱'与'为谁花钱'的区别吗？"

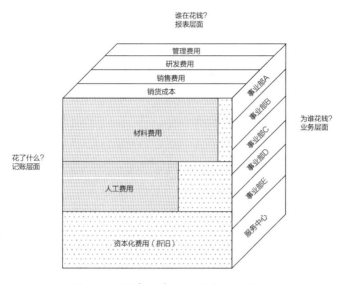

图 1-2　财务信息加工流向立方体

03　财务 3D 架构

Bob 先问了一串问题："一个公司的费用有哪些？这些费用是谁在花？这些费用又是为谁而花的？"

见王丽还在思索，Bob 就直接说了下去："这是一个反映财务信息加工流向的立方体，也可以称作'财务信息 3D 结构图'。"

"正视图是记账层面的，即记账的账套，也就是会计科目（Charter of Account），对应的是费用的类别分类（以利润表为例），比如 6.1 打头的是直接材料，6.2 打头的是间接材料，等等。这一面是你们总账最熟悉的。"Bob 呷了一口茶，继续说道，"我记得我效力的第一个制造型公司，同事们都说我们的财务科长牛。有一次，做业务的我去财务科催款，听到她的下属问了一句，'科长，保险费入哪个科目？'科长马上报出一串账套代码。那时我对财务一无所知，也立刻认同了科长的业务能力。没想到，20 年之后，自己阴差阳错做了财务，而且全面接管这么大一摊子。现在想想，那时佩服得五体投地的财务能力，其实只是一个很窄的面。"

听到这里，王丽隐隐地感到了一丝压力。自己过去积累的所有能力，难道在这家公司要全部清零？

Bob 好像没有留意到王丽的心理活动，继续讲这张图："俯视图代表的是报表层面的内容，其主体架构就是我们日常做的盈亏表，也是财务三大报表中最重要的一张。这张俯视图就是按销货成本、销售费、管理费、研发费分类排列的。这些费用是按发生主体来归集的，简单来说，它告诉我们是谁在花钱。例如，同样的培训费，如果行政部门花得要比研发部门多，这背后的逻辑是什么，是否在哪里出了问题？"

说到这里，王丽问道："我们记账的时候，培训费好像只有一个主科目，在我原来的公司好像是'职工教育经费'那个科目，你刚才说的研发部与行政部又是如何区分的？"

Bob 顿了一下，继续说道："你不是第一个问我这个问题的人。有好多新毕业的财务专业学生，都有类似的疑问。财务是一个采集并加工信息的学科，这是每个财务专业的大学生在大学教科书第一章就能明白的概念。"

"但在企业里又是怎么做的呢？我们有个利润中心记账法（PCA，Profit Center Account）的概念。现在拜 ERP[①] 的强大数据链接功能所赐，每一笔账都不再像原始手工记账那样仅仅交代花了什么钱，如培训费。在我们用的 Oracle[②] 软件中，还有一个成本中心代码要勾选，这样每一笔记账，不仅交代花了什么（What），还同时记录了谁在花钱（Who）。"

"我们在 ERP 软件中设计了同一个交易的二维表达：出租车费用记录在相应的'4'字头的账套科目中时，还可以勾选销售部门代表的'820'成本中心代码。"

见王丽点头，Bob 继续讲了下去。

---

① ERP：Enterprise Resource Planning 的缩写，意为企业资源计划，是企业用于财务管理、人力资源管理、信息管理、物资管理的管理软件。

② Oracle：甲骨文公司（Oracle）推出的一款数据库软件。

"立方体的俯视面似乎是最为人称道的，这个层面的报表很好地反映了企业在某个经营时段的盈利能力——有没有挣钱、挣得是多还是少。但是，这个报表还有一个缺憾，它无法告诉你公司是怎么挣钱的。"

说着，Bob 从电脑中调出了两张图表（表1-1，图1-3）做对比说明。

表1-1 苹果公司利润表（译自苹果公司发布的2010年财务年报）

（百万美元）	2010 年	2009 年	2008 年
销售净额	65 225	42 905	37 491
销货成本	39 541	25 683	24 294
毛利	25 684	17 222	13 197
研发费用	1 782	1 333	1 109
销售与行政费用	5 517	4 149	3 761
营运费用总计	7 299	5 482	4 870
营运利润	18 385	11 740	8 327
其他收入	155	326	620
税前利润	18 540	12 066	8 947
所得税费用	4 527	3 831	2 828
净利润	14 013	8 235	6 119

"上面这张表是苹果公司公示的财务年报。最后一行显示的'净利润'非常可观，你也可以做进一步的利润率计算，甚至除以股份数进而算出每股收益（EPS，Earning Per Share）。但是，仅凭这张表你会买苹果公司的股票吗？假如外汇管制不是一个问题，假设你的钱出得去。

"上面这张表当然非常有用，但只回答了'财务'上的问题——是否赚钱。作为一个资深投资人，还得问一个更有力的问题，一个'业务'上的问题——这钱是怎么赚来的（靠谁赚钱）？投资人投的是未来的驱动力。

"再看下一张柱状图。

销售净额（百万美元）

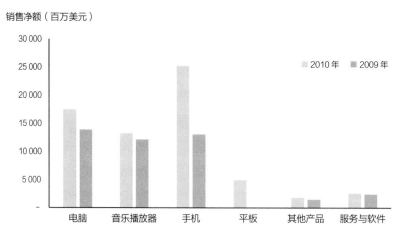

图 1-3　苹果公司分部报告（译自苹果公司发布的 2010 年财务年报）

"看了这张图，你就明白了，苹果公司的钱主要还是靠 iPhone 挣来的，而且对比一年前，又平地生出了一块平板电脑业务，它会不会像手机一样成为另一款明星产品呢？这个分部报告给出了令人鼓舞的想象空间。"

王丽心想，自己做了无数的报表，居然不知道这些数据都用到哪里去了，更没想过"财务"上的"是否赚钱"与"业务"上的"靠谁赚钱"的区别。"那么，这个'靠谁赚钱'的报告又是哪里来的？我们总账好像从来没做过这样的报表。"王丽又问道。

Bob 指着立方体的第三个立面，即侧视面，说道："右侧的这个面反映的才是公司的营业驱动，以花钱为例，它表示了'为谁花钱'。冤有头，债有主，一个公司花的钱，不管是销售部还是研发部花的，最终都要归结到业务部门中去。在微观层面，产生的每一笔销售，更要归结到业务部门对应的产品组（Product lines）中去。"

Bob 停顿了一下，继续说道："世界万物，分久必合，合久必分。整合在一起的大集团虽然有规模优势，但太大之后会失去市场应变能力，这时就得拆分出去。像朗讯就是从美国电话电报公司（AT&T）分拆出来的，2000 年独立上市的英飞凌是原来的西门子半导体事业部。所以，大集团都会让事业部独立营运，有点像美国下面的各个州。

"因此，财务信息也是按这个逻辑来提供相应的报告体系的。这第三个立面提供的信息就是业务驱动。公司挣的钱主要来自哪个事业部？是通信事业部，还是智能卡事业部？是息税前利润（EBIT）贡献最大的汽车电子事业部，还是大起大落的内存事业部？其实，这块事业部分部报告，尽管不直接反映在财务报表上，而是体现在披露信息中的分部报告（Segment Report）里的，却反映了公司的核心商业智慧。"

说到这里，Bob 指了指电脑问王丽："你是做总账的，给你任意一家上市公司，你能在 10 分钟内找出它的分部报告吗？"

每到这种时刻，王丽既兴奋，又紧张。兴奋的是又有开脑洞的东西学了，紧张则是因为每个问题似乎都令自己这个专业做报表的下不来台。

没等王丽回答，Bob 又问了一个问题："你是学财务的，学了财务之后，再来看一个公司，你有什么不一样的视角？"

可能是因为刚才吃得太多，大脑里的血都跑去消化道了，王丽感觉问题越来越陌生。

估摸着王丽答不出来，Bob 便自问自答地替她解了围。Bob 用两根手指指着自己的眼睛，说道："你知道孙悟空为什么打不过二郎神吗？因为孙悟空和我们一样，只有两只眼，而二郎神厉害就厉害在他多了一只眼。我们每学一门学科，就多一只眼去看世界。

"学了财务，我们就能在看待公司时多一只眼睛去分割，用上市公司（Public Companies）/ 非上市公司（Private Companies）这只眼去分割，就比较容易把握公司运作的本质。一旦公司上市，就等于拿了人家的钱，所以你必须以对得起投资者的诚恳心态去做一份真实的述职报告。这在资本市场就是上市公司的年报或者季报。

"事实上，上市公司的年报就像一本百科全书。例如，刚才所说的苹果公司的年报，还涉及了战略与前景等非财务话题，包含了一个公司所有的管理层面。从企业战略谈到产品，从公司治理谈到风险提示，几乎包罗万象。"

说到这里，Bob 又问了王丽一句："你来我们公司面试前读过我们的年报吗？"

王丽有点不好意思地摇了摇头。

Bob 突然用得意的眼光扫了一下王丽，说道："你知道吗？年报里还有大老板们的收入明细。跟你这么说吧，去年有猎头问我是否有兴趣去一家国内上市公司做 CFO。我二话不说，先花了两个小时研究它们的年报，结果发现它们首席执行官（CEO）的工资都不如我，我立马放弃了。当然，我不是奔着钱去的，但钱是一个市场标杆。如果一个上市公司 CEO 的年薪加股票一共不到 100 万元，估计其团队的专业能力也高不到哪儿去。"

听到这里，王丽真有一种刘姥姥进大观园的感觉。怎么有这么多新鲜的事，以前都没听说过呢？

王丽突然想到了刚才"财务眼"将公司分割成上市与非上市的话题，就问道："那么，非上市公司又如何呢？"

Bob 回答："非上市公司的财务嘛，说句夸张的话，想怎么玩就怎么玩。所谓非上市公司，或者说私人公司，没募集别人的资金，就不存在按什么规范与准则来做账的问题。当然，如果有银行借款就另当别论了。"

说到这里，Bob 又从电脑里调出一张表。

然后指着表对王丽说："其实财务的利润表也有三套，分别是这张表（表 1-2）的左、中、右。左边的是按母公司所在的资本市场对应的财务准则做的报表，即美国公认会计准则（US GAAP①）报表，中间的是按中国的财务准则做的报表，最右边的是报税用的报表。

---

① GAAP，Generally Accepted Accouting Principles，一般公认会计原则。

表1-2 财务的三套利润表（单位：千美元）

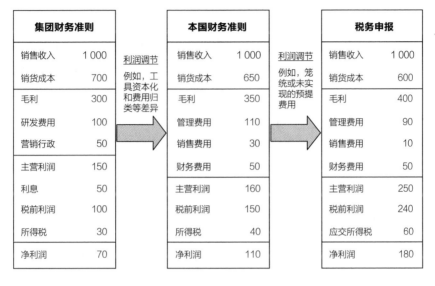

集团财务准则		利润调节 例如,工具资本化和费用归类等差异	本国财务准则		利润调节 例如,笼统或未实现的预提费用	税务申报	
销售收入	1 000		销售收入	1 000		销售收入	1 000
销货成本	700		销货成本	650		销货成本	600
毛利	300		毛利	350		毛利	400
研发费用	100		管理费用	110		管理费用	90
营销行政	50		销售费用	30		销售费用	10
主营利润	150		财务费用	50		财务费用	50
利息	50		主营利润	160		主营利润	250
税前利润	100		税前利润	150		税前利润	240
所得税	30		所得税	40		应交所得税	60
净利润	70		净利润	110		净利润	180

"如果你是一家美国公司的中国区财务总监，你会最看重这三张报表的哪一张？或者说，在哪张报表上你会投注最大的心力？"

王丽没怎么多想，觉得这个问题很明了，当然是中国区子公司的中国公认会计准则（PRC GAAP）报告，就指着屏幕说道："中间那份。"

Bob笑了笑，说道："我就知道你会说这张。而且，我敢保证，你去问所有在校读财务专业的大学生，他们也都会这样选。但我可以告诉你，我不会这样选。而且，中间的那张我会花最少的心力。噢，快十二点半了，我们先去吃饭。"

04 三套财务利润表

午饭之后，王丽继续去找Bob。在走过财务经理方敏的办公室的时候，她突然有一种感觉，这么频繁地出入总监的办公室，跳过直接上司，似乎有点不妥吧。

要不，直接问方经理吧。刚要折返，看到方经理正要拿起电话与人交谈，心想，算了。方经理应该是不会介意的。

Bob 与王丽在一起时，总有一种教授辅导学生的样子，脸上时常挂着慈祥的笑容，说话也不疾不徐。对于王丽，这实在很新鲜。说实在的，工作了十年，经历过五任上司，无论在国企还是台企，从未见过如此循循善诱的好上司，而且，个人见解如此透彻。

一番寒暄之后，Bob 将电脑打开，翻出上午的那张表（表 1-2）。

"你先说说，你最看重中间那套表的理由。"

"子公司的财务总监，所负责的不就是子公司吗？所以，以子公司为经营实体的财报当然最重要。最左边的是给总部合并报表用的，最右边的只是报税用的，税表不能作为衡量绩效的报表来看。"

"你刚才说的最后一句'税表不能作为衡量绩效的报表来看'我特别认同，看来，你这个总账还是有点功底的。"

经过这几轮的交流，在王丽心里，Bob 已经站在了令她仰望的高度。第一次听到 Bob 认可自己，王丽居然愣了一下，手指间转动的笔不自觉地转得更快了。

见王丽愣着，Bob 继续问道："你觉得中间那张重要，那我问你，中间那张以我们苏州公司为会计实体做的报告，其读者是谁？"

王丽被问住了，老实说，这个问题以前她还真没怎么想过。Bob 用鼓励的口气问道："想想看，有谁对这份报表感兴趣？"

王丽脑海里第一个冒出来的自然是税务局。但转念一想，税务局是会关心，但有专门的税务报表，他们是按税务报表来收税的。其他读者，要么就是市场监督管理局，要么就是统计局、海关之类的行政机构。

Bob 继续问道："他们对你的报表有多感兴趣？如果让你打分，从 1 分到 10 分，你觉得他们的兴趣有几分？"

王丽回答："好像不会超过 5 分吧，他们要管那么多企业，估计有的报表压根就不会去翻读。"

"对。所以，一个没有什么读者的报告值得花心思去做吗？让我排序，左边的第一，右边的第二，中间的，要不是我们总部想维持与安永的关系，按我的标准，我可以找个当地的小事务所，花个几万元钱做审计了事。

"当然，必须交代一下政府对企业财报要求的历史背景。改革开放前，中国的财务体制是跟苏联学的，计划经济嘛，企业做账是以配合国家收税为主的。所以，财报与税报高度融合。但 20 世纪 80 年代后，国门一打开，与西方在经济上的合作就带来了一个现实问题：中国的财报西方人看不懂，很多互相作价合资的项目无法进行估值谈判。

"比如一个号称资产上亿的国企，用中国香港的财务准则一核，资产就剩一半都不到了。因为它五年都没收回的应收款居然一分减值准备都不提，这些都是跟着税务抵扣原则走的结果。财务的基本原则是权责发生制，坏账已经发生，应收款必须减值。

"但税务上讲的是实现制，只要法院不宣布债务人破产，坏账费用就不能作为降低应税利润的减项作税前列支[①]。财务是商业的语言，此话一点都不假。人家讲的是普通话，即国际通行准则。而我们说的是方言，只有我们自己看得懂。

"改革开放初期，外资引进都以合资的形式。合资就有出资双方的分配问题，牵涉到利润分配的会计报表，必须经过有资质的审计公司审计并递交政府做稽核用。既然在准则上我们无法用'方言'去抗争人家的'普通话'，那在政府审核的环节，代表中方利益的地方政府在报表要求上就要严格把关了。"

王丽问道："我在刚开始工作的时候，就很少听说合资企业了。好像外企现在都是清一色 100% 独资的，没有了合资企业利润分配的利益纠纷，还有必要让政府把关吗？"

Bob 回答："你说得对。我们现在的业务模式变得非常快，但很多财税准则还停留在 20 世纪。关键是，我们的大学，编写财务类教科书的人，都是八九十年代从税务转型学财务的。以至于读这些书出来的学生，与企业财务实务严重脱节。

---

① 税前列支：在缴纳企业所得税（EIT，Enterprise Income Tax）前获准不计入纳税金额的费用。

现在你明白了吧，为什么我上午会说大部分刚毕业的人都会选中间那张表。"

王丽深深地吸了一口气，心想，这 Bob 看上去比自己大不了多少，怎么连 20 世纪 80 年代的事情都那么清楚。突然，王丽想到了今天的正题，就问道："你说左边那张表你最看重，我也没看出有多重要啊。"

Bob 说："有一句话不知道你听说过没有，'资本的屁股决定准则的脑袋'。"

王丽摇摇头："没听说过。这是哪位大师说的？"

Bob 哈哈一笑，回答道："我说的。不过，这个解释起来得花点时间，还是另外找个时间慢慢讲吧。"

05　资本来源决定准则方向

资本来源决定准则方向，王丽对此百思不得其解。所以，她今天开门见山地把昨天的问题端了出来。

Bob 答道："资本的'屁股'，说的是你的钱是谁给的。因为我们公司是在美国纳斯达克上市的，在美国拿了钱，就得守美国资本市场的规矩。具体而言，我们必须遵守美国证监会（SEC）的法规，法规的其中一条就是会计报表必须按美国财务准则制作。也正是这个原因，我们母公司旗下的所有控股子公司，当然包括我们苏州公司这样的全资子公司，必须按同一个美国财报准则做账。有点'拿人手短，吃人嘴软'的味道。"

王丽又问："听说美国财报准则与中国财报准则差别并不大，是吗？"

Bob 回答："没错。中国改革开放这么多年，规则改了很多回，现在与国际主流的 US GAAP 和 IFRS（国际财务报告准则）非常接近了，但还是有一些差别的。例如，上周我们碰到了一个有趣的问题。我们对面有一栋厂房是租的，按美国财报准则，有个 ARO，也就是 Assets Retirement Obligation，资产弃置义务的做账要求，即对于租用的厂房预提一个负债，对厂房退租时房东要求房客'恢复原状'所产生的恢复费用进行预估，按现值计提 [①] 当期费用。"

王丽完全不明白，就问道："先不说准则差异，什么是'恢复原状'所产生的恢复费用？租期到了，该付清的房租结清了不就结束了吗？"

Bob 点了点头："是啊，这其实就是国情的区别。在欧美国家，恢复原状其实是一个被普遍接受的基本要求。我前几年在德国结束三年派遣合同回国时，就碰到了房东要我恢复原状的要求。在德国，搬家时必须刷墙，这是规矩。我的房东更为过分。当然，事后我的朋友也开导过我，'也怪你，你住了人家的首住新房（Erstbezug），人家要求恢复如新也正常。'

"好吧，算我倒霉。房东不仅要我将门上略带色斑的铜把手全部换新，更可恶的是，她要我将淋浴间下水口的地漏也换新的，那可是一个不小的工程。最后，我不得不留下 1000 欧元，才得以全身而退。"

"啊，还有这样的事，这老外太欺负人了！"

"我一开始也是这么想的，后来，还是经过那里的老中（在海外长期居留的中国人）点拨才明白过来，在欧洲，我们这样的黄皮肤才是真正的老外。不管谁内谁外，在人家的国家，就得按人家的规矩。"

王丽若有所思："你搬个家，都得付 1000 欧元。这么说来，对于一个工厂，这种恢复费用可能会是一笔不小的数目。"

Bob 回道："这种看得见的费用还是小的，如果我们开的是一家化工厂，人家来一个'恢复开厂时的土壤水质指标'的环保要求，你就哭吧。美国有一家公司，曾经在德国办了一个厂，后来嫌成本高，想关厂走人。结果人家提出了类似的环保恢复条款。没办法，公司每年都得雇用专业的环保公司做水处理，一年几百万美元的开销，就这样持续了好几年。"

王丽感叹道："我原来工作的单位和现在的公司就相隔几公里，怎么感觉像生

---

① 计提是预先计入某些可能已经发生的成本费用。

活在两个世界了呢？”

Bob 解释道："这就看你和谁连在一起了。我们的母公司连接的是美国资本市场，我们只能按人家的标准记账。所以，我们必须做这个 ARO 的费用预提。不然，美国母公司对外公布的集团报表上的数字就不是按同一标准做的，这将是一个重大的技术错误，在审计师那儿肯定通不过。"

王丽又问："那么，我好奇的是，中国并没有什么'搬家要刷墙'的要求，我们这种费用又是怎么估算的呢？"

Bob 特别喜欢王丽的这股机灵劲儿，低头看了看手表，爽快地说道："今天多给你半个小时，你算是问到点子上了。这事好玩就好玩在这里，中国的房东想都没想过。不过，你要是一五一十将这件事的原委告诉他，那无疑是在提醒对方的权利，没准对方会来个狮子大开口。我只能要求我们中国区的法务部以后审核合同时在要件清单（Check List）上加上一条：务必在合同上加上一句，房东如无特别指出，房客搬离时只需保持搬离时房子的状况。"

王丽又问："那是将来，现在怎么处理呢？"

Bob 回答："过两个月正好要续租，在续租时加上免责条款吧。现在只能自己预估一个数字了。"

王丽不解地问："这不是给自己下套吗？明明咱中国没有这个行规，凭什么都要按美国的逻辑做？"

Bob 答道："我不是说了吗。资本的屁股决定准则的脑袋。话又说回来，这件事也是公平的。你看，TCL 收购了法国的汤姆逊公司（Thompson），他们法国公司的账，这回也得按中国财报的准则做了。"

Bob 清了清嗓子，继续说道："今天的话题走得有点远了，回到昨天的主题，你现在明白为什么我会把最多的心力放在左边的那套报表上了吧。关键还是因为我们母公司是在美国上市的，尽管母公司是家注册在德国的标标准准的德国公司，而我们苏州公司是家本土运行的中国公司。"

这利润表，原来以为只有一套，没想到有三套，而且里面有这么多讲究。王丽正回味着，经理方敏走了进来。她似乎没有在意王丽，直接对 Bob 说："关于我们的固定资产预算，我必须找你谈谈。"

下班前，方敏把王丽叫进了办公室，详细地问了她与 Bob 讨论的每一个话题。临了，说了句："你好福气。我工作到现在，可没得到 Bob 这么细致的辅导。"

坐在回去的班车上，王丽总觉得方敏话里有话，莫非自己有什么地方做得不妥？

06　职场行为释放信号

今天是周末，王丽接到了大学同学佟梅的电话。佟梅来苏州出差，想找老同学聚聚。刚刚加入新公司的王丽正好感受到了很多有趣的变化，也很想找个人倾诉一下。

佟梅还是大学时那样的急性子，早早地来到饭店，并已经点好了菜。刚一坐定，王丽就兴致勃勃地讲起了在新公司的经历。

佟梅毕业后就在四大会计师事务所之一的普华永道（PWC）工作，每年都要去十几家企业做审计，欧美公司的财务总监也没少见，但像 Bob 这样乐于分享，在对下属培养上如此倾心倾力的还不多见。听着听着，也来了兴趣。

佟梅问："你觉得 Bob 为什么这么喜欢分享？"

其实王丽自己也说不清楚。"不过，我能感觉到，Bob 在讲解的时候特别兴奋，所谓的乐此不疲就是这种状态。"

佟梅点点头："凭我的经验，Bob 一定找到了他的心声。"

王丽问道："心声？怎样才算找到了心声？"

佟梅告诉她："心声就是个人特长与外在需要的交叉点。如果一个人最擅长做的，恰好又有很大的社会需求，这就是找到了心声。"

王丽笑道："社会需求？这么说，我成了他的社会需求？哈哈，太好玩了。"

"所以，你俩，谁在帮谁还说不准呢。"

听佟梅这么说，王丽心里坦然了许多，"那我可以天天用问题去轰炸他了？"

佟梅摇头道："你可要小心，Bob 的下属不止你一个。"

听到这儿，王丽突然想到昨天方经理与她的谈话，就借这件事请教了佟梅。

佟梅仔细听完，悠悠地说了句："你可以做的事，并不是你需要去做的。"

王丽不懂，摇了摇头。

佟梅继续解释道："Bob 说，你随时可以来讨论问题。这是你'可以'做的。但你不需要这样做，因为我们在职场上做的每一件事，都在释放一个信号。"

王丽问道："我这样做会传达什么信号？"

佟梅回答："那多了去了，各种信号任由他人解释。例如，'你很好学''Bob 乐于分享'，这些都是正面的。也有可能被误解为负面的信号，例如，'你喜欢走上层路线''你眼里没有你的直属上司'。"

王丽觉得很无辜，这怎么可能？

佟梅继续说道："这里有一个观念的问题，即'被感知'的与真实的情形往往会很不一样。而且，这种感知存在于他人的大脑里，你并没有机会去澄清。"

王丽渐渐听明白了，看来方经理是在用委婉的方式提醒自己。

佟梅又说："很可能是这样的，不信你可以试一试。我可以和你打一个赌，不，是两个，第一，你从现在开始什么事都去找方经理，方经理一定会有意释放她对你的好感；第二，你不去找 Bob，Bob 定会来找你。"

王丽对第一条能理解，对第二条，觉得有点玄乎，说道："不至于吧。"

佟梅笑着说："反正是打赌呗。"

王丽打心眼里佩服佟梅的阅历，叹了一口气，说："唉，看来我在台企待了这么多年，有点浪费青春了。"

"那倒不必这样想，每段经历都是有用的。只是如果刚工作时有个好的上司来带领，可以有一个更大的格局。"

送走佟梅，在回家的路上，王丽还想着佟梅跟她打的赌：这 Bob 会来找我吗？我倒要试试看。

07 费用分类"零和游戏"

周一，上班的路上，王丽一直在琢磨着怎么与方经理多一些交流，也许可以从公司的财务记账手册（Controlling Manual）入手，找一些技术问题请教她。

可一进办公室，才把包放在桌子上，方经理就拿着一张报表走了进来。只见方经理刚要开口，又把嘴边的话咽了回去，然后说了一句："王丽，你到我办公室来一下。"

一进办公室，方经理就把那张报表推到王丽眼前："你看看，这次的月结，你怎么把班车费用记到'行政管理费用'项下的科目里去了？这应当属于生产制造费用的。"

"不会吧？"

"你自己看吧。"

"班车费用属于员工的附加福利，它与生产的产量并不直接挂钩，性质上应当与人力资源的其他费用一样，都是固定成本。"

"在我们公司，记账有严格的规定，总部在财务记账手册上都有标准的定义。哪些费用进管理费用，哪些应当进制造费用，像我们工厂的费用都进企业报表的主营业务成本（Costs of Goods Sold，COGS），也就是生产制造费用。"

王丽没想到平时看着温和的方经理，在讲到准则、规定时是如此坚定与坚持，呈现出一种不容辩驳的姿态。

王丽试着换个角度来说明自己的观点："我记得教科书里这类辅助费用都记入'行政管理费用'，而且我原来的公司也是这么记账的。"

"不要和我谈教科书，国内那些编写教科书的教授有几个在公司里记过账，特别是在一个大集团里有子公司与母公司需要做合并报表的？"

王丽觉得方经理有点抬杠了，一想到方经理曾在澳大利亚的大学读过财会专业，顿时觉得她有点崇洋媚外。这时的王丽，特别想争一争，因为这件事似乎已经超越本月的报表了。当然，王丽还是意识到方经理是上司，所以说话仍保持着温和态度。

王丽说道："那我想问一下，这个费用的归类错误，是否只影响到类别上的小计数，对最终利润不会有影响？"

王丽的这句话，看似温柔，实质是在将上司一军：这种不影响最终利润数的归类差异，值得这么兴师问罪吗？

而方经理居然说了一句："当然不是。"这让王丽十分惊讶："怎么？费用从第四项移到第六项，都在费用里挪移，怎么会带来最终数字的差异？"

方经理坚定地又说了一遍："当然有差异。"

王丽觉得有必要做一些细致的讨论，就在白板上写了一串数字（表1-3）。

表1-3 一张财务报表（单位：万元）

销售收入	1 000
制造费用	
工人工资	200
材料费	400
折旧	100
班车费用	50
毛利	250
管理费用	150
税前利润	100
所得税	25
净利润	75

"你是说，这张表上的 50 万元班车费用从上面移到下面，会影响最后的 75 万元净利润？"

方经理答道："费用归类，在会计记账中并不是一个零和游戏①（Zero Sum Game）。这样吧，马上要开晨会了，你先拿回去研究一下，回头我们再讨论。"

在原来的公司，王丽是以会计原理扎实著称的。莫非，方经理在小题大做，借这个话题来打压自己？不行，自己非得证明给她看不可。

会后回到办公室，王丽先打开浏览器，敲入"行政管理费用 班车"，页面上给出的答案（见图 1-4）让王丽喜不自禁。是啊，班车费属于职工福利费的范畴，而职工福利费归属于公司行政管理费用。

行政管理费用

公司经费、职工教育经费、业务招待费、税金、技术转让费、无形资产摊销、咨询费、诉讼费、开办费摊销、上缴上级管理费、劳动保险费、待业保险费、董事会会费、财务报告审计费、筹建期间发生的开办费及其他管理费用。

公司经费

总部管理人员工资、职工福利费、差旅费、办公费、董事会会费、折旧费、修理费、物料消耗、低值易耗品摊销及其他公司经费。

图 1-4　有关行政管理费用的搜索截屏

中午，迅速地吃完饭，王丽就去找方经理了，并将打印出来的百度百科答案交给她。

方经理看了一下，说道："这个答案只在局部上正确。站在苏州工厂单独做自己公司年报的角度上讲，是的，它属于行政管理费用。但是，站在集团合并报表的角度，工人的班车费用属于'制造费用'。"

---

① 零和游戏：在一场博弈中，一方获利意味着另一方受损失。

王丽不太明白为什么会有这样的区别，方经理接着说道：“上周 Bob 也跟你解释过了，三张利润表中为何左边的那张对于我们苏州公司最重要。

“我们苏州公司记账最主要的产出是，做出一份供集团合并报表用的财务记录表。从一个'以终为始'的角度来看，以'集团报表'这个终极要求为起始点来做规划，我们每个科目的标准必须重新定义。

“具体以这个案例来说，如果把集团当作一个公司来看，苏州公司只是一个车间，一个纯粹的成本中心。我们一切的活动是用来完成一定量的生产产出的，一个车间有什么行政管理费用可言？所以，我们集团全球的生产工厂，其费用全部归在 ktr.89 项下，ktr 是德文类别的缩写，简单来说，就是都放在这个'生产制造费用'的篮子里。还有，信息技术（IT）是 ktr.96，储运费是 ktr.71，做总账的必须吃透这张表的定义。不然，如果泰国工厂的人事部费用放在制造费用里，苏州工厂放在管理费用里，不同的东西加在一起，集团报表就非驴非马了。”

王丽感觉这种严格分类似乎没那么重要，但方经理说的站在“自己是独立法人”与“集团公司其中一个部门”两个不同角度出报表时，有着不同的账务处理，这一点还是挺新鲜的，也很有道理。

方经理以为王丽会来讨论“分类是否只是一个零和游戏”的问题，没想到王丽还纠结在“费用怎样分类更确切”的问题上。

看王丽还在思考，方敏就接着问道：“上午让你思考的问题，你有答案了吗？”

王丽一直忙着证明自己的归类正确，压根没细想这个问题，依然坚持“费用归类不影响最终利润”的观点。

方敏见此状况，就说道：“那你再思考一下吧。不行的话，你也可以问 Bob。”

此时此刻，把 Bob 牵进来，王丽听着有点不舒服，就说道：“我回去自己再想一想，明天告诉你。”

08 去平台能力

费用划分在不同的类别，怎么会造成最终利润的差异？费用从第四项移到第六项，怎么会带来最终数字的差异？

王丽百思不得其解，说实在的，以前做了那么多年总账，所有的技术储备似乎都只在操练一种"How"的操作技能，什么费用入什么账，哪张报表从哪儿取数。这些操作能力似乎被锁在了以前的台资企业，现在一换公司，王丽感觉自己脑子里一片空白。

王丽突然想起周末与佟梅吃饭时，佟梅提到的一个词：去平台能力。一个职业人士应当培养一种脱离组织平台的本质能力。

当时佟梅还说起了她们另一个同学江婷的例子。江婷在中国银行做了几年客户经理，业绩优异。后来禁不住职位与工资的诱惑，跳槽加入一家地方性银行做业务副总，才发现原来的客户关系一点用都没有。原来的外企客户是看中"中国银行"的品牌才与她合作的，现在换了一家名不见经传的小银行，外企的内部审核流程通不过。江婷这才意识到她的所谓能力是组织的品牌赋予的。

那天吃饭佟梅的一句总结让王丽印象至深：如果你只是成天在"How"的操作细节中打滚，而不去问"Why"的深入问题，你的所谓专业技能就锁死在这家企业里了，你获得的是死知识。

回到现实，王丽发现虽然才来 QMD 一个多月，与 Bob 的几次谈话，以及这几天方经理出的难题，其实都是在回答"Why"的问题。这么一想，王丽一下子跳出了猜想方经理动机的负面思维，而是正能量十足地决心一定要解开这个"为什么利润会不一样"的难题。

王丽毕竟有扎实的财务功底，很快就搞明白了，进入主营业务成本的项目会记录在产品成本里，而产品成本只有在产品卖出去之后才能成为当期的费用。

王丽将这个结果汇报给方经理时，方经理脸上露出了一丝不易察觉的微笑。

方经理肯定了王丽的回答，然后又给了王丽一个课题：能否将账务记录与财报做一张流程总览表。王丽领了题，走出办公室时，方经理又追了一句："记住，你的总表得让一个不懂财务的人也能看懂。你可以让你们家先生过过目。"

王丽很快画了一张图，不满意，又改了几稿，才做出了一版让自己满意的流程图。回到家里，还真让自己学建筑设计的老公看了一下。可是老公草草地看了几分钟，毫不客气地说道："线条太乱，一点都不美观。"王丽心想，谁让你评价美观了，算了，不给你看了。

第二天，王丽去方经理办公室交作业了。方经理看完之后，没做评价，然后从电脑中打印了一份"记账科目与生成报表流程一览图"（图1-5）。

王丽看了，惊呆了，这张图不仅清晰美观，而且整合了从记账到报表的完整流程。

方经理在解释完流程后，做了一句这样的总结：非增值性资源与增值性资源消耗的两个不同周期，决定了其在财务报表上的结算差异。

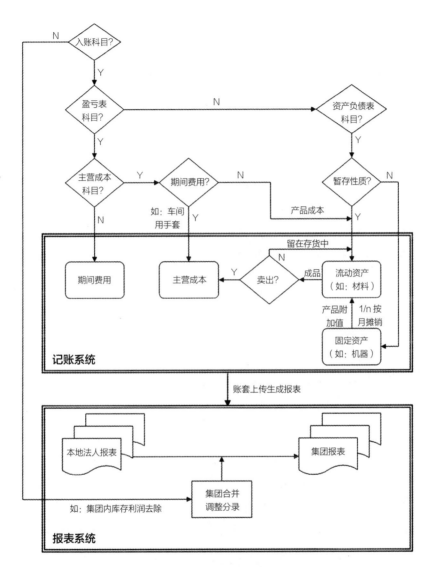

图 1-5 记账科目与生成报表流程一览图

这么一解释就明白了：管理费用消耗的是非增值性资源，如财务与 IT 的日常开支；与产品直接相关的材料与人力费用则是跟着产品的生产与销售周期计入利润表里的。

这句总结，把王丽对记账的认知从"How"带到了"Why"的层级。

管理费用以期间费用（Period Cost）存在，不管产品是否出售，每当发生就要计入当期的费用里，这是为了提醒管理层把控非增值性资源类的固定费用。而料、工、费可以沉入产品成本（Product Cost），它必须跟随产品的周期，在卖出时才匹配收入记录成生产制造费用。

只有当月卖出的产品不多不少正好是当月生产的，这种分类差异才无所谓。但几乎 100% 的企业都做不到生产与销售在当月完全匹配，所以这种时间差异必然存在。

王丽陷入了沉思，看来以前只会"深入"，从来没去做"浅出"的事。方经理的这张图，不仅有细分项目的"深入"，更有提炼性的"浅出"。这张图所总结的知识可以适用于所有公司，这种提炼之后的认知提升，不就是一种脱离了具体某一家组织的"去平台能力"吗？

09　Bottom Line 到底是什么

方经理将那张图交给王丽时，问了她一句："当我们向工厂总经理汇报一桩交易时，你知道我们的总经理 Adam 最常问我的一句话是什么吗？'How would this affect our bottom line？'这笔交易对 Bottom Line 的影响是什么？"

王丽愣了一下，Bottom Line 这个词经常听，但就是不知道确切的意思。

"Bottom Line 是一个形象的说法，处在 Bottom 的 Line，即最后一行的净利润。一个有基本财务素养的职业经理人，如果被问到对'Bottom Line'的影响而答不出，那就很尴尬了。所以，我那张流程一览图（图 1-5）左边的箭头是从利润表开始的。这笔交易是否影响到损益（P&L）利润表？有些像收账之类的交易，只是在应收款（AR）与现金之间移动，对利润不产生影响，对绩效的考核不起作用。属于 P&L 科目的，只有一个分叉——它是进主营业务成本，还是进期间费用？

　　"英文中有两个'P'打头的词，十分形象：期间费用（Period Costs）和产品成本（Product Costs）。若是构成产品料工费的费用，它们不直接进期间费用。材料、人工与车间费用会先沉入每个单一的产品中（很多公司用标准成本，以标准的费率加上物料清单计价），在入库时这些费用像被一个挂架挂着一样带入资产负债表的存货中。很多初学财务的小朋友就会看不懂，明明工人的工资是一种'费用'，怎么跑到资产负债表去了？"

　　这时，刚走进来旁听的 Bob 开口了，他指着一览图中右边的菱形问题框说："这个资本化是否是'暂存性质'？如果只是暂存的，迟早是要离开的，那还是越早离开越好。注意，你怎么叫它，会影响到你的管理方式。如果你不特意强调'暂存'性质，潜意识里会以为是永久性资产，像机器与厂房一样，放在那不动也有价值。但存货就不一样，不尽早出手就会掉价。喏，就像我们现在喝的碧螺春，清明前采的叫明前茶，最好在清明前卖出，可以卖高价。

　　"存货在卖出的时候，通常是出库的那一刻，这个挂架就把先前沉入的各项产品料工费一起带到利润表里去了，进入一个叫作主营业务成本的费用类别。现在是 4 月，我们利润表中有关工人工资的费用也许对应的是 1 月份工资的开支。

　　"好，现在进入了中间这个双线框的各个科目大类，这些就构成了子公司入账的基本账套，如我们每天在 Oracle 软件里记的 JE（Journal Entry）——会计分录。

　　"我们苏州公司的账套是以美国财报准则的格式与定义来建立的，可以说与中国财报准则很不一样。例如，中国 1 打头是现金，5 打头是销售，这是财政部制定的通用格式，但在我们 QMD，我们完全按另一套模板记账。"

　　王丽又有疑惑了："那我们当地财政局、统计局要看的 QMD 的报表也是按 US GAAP 做的？"

　　Bob 回答道："当然不是。我们需要做一张我们 QMD 的单体报告，是以 QMD 为法人单位做的，按 PRC GAAP 中国财报准则来做。由于前面提到的准则差异，我们有一组 L-Account，即连接科目，通过一些调整分录，将美国财报转换成中国财报。这些转换有的比较简单，只是类别上换个位置，如 US GAAP 的研发费在中国财报中以管理费出现。有些要复杂些，如模具费要从利润表调出，调入资产负债表。"

回到办公室，王丽感觉像吃了一大包压缩饼干，信息太多，得慢慢消化。不过，方经理给的流程图既清晰又实用。想到这儿，王丽觉得以前对方敏的态度有点小家子气了。

10 财务怎么做账，要总经理来指示

今天是星期一，因为下午有与审计师的会议，王丽特意穿了一身新买的浅蓝色套装。经过长长的办公区走廊，居然没有一个同事留意到她这身亮眼的套装。终于，在茶水间倒茶时，身后传来一个成熟的男中音，"Nice dress"。回头一看，原来是Bob，毫无思想准备的王丽笑得反而有一点尴尬，不过心里还是有点开心：这Bob怎么如此善解人意呢。

回到座位，刚刚坐定，王丽就被方经理叫进了办公室。方经理指着屏幕上的当季度盈亏表分析（表1-4）问道："这个汇兑损益是怎么回事？比起上月，怎么会有这么大的金额变动？"

王丽看了一下报表，没有反应过来，方经理让她回去好好研究一下，中午前给答复。

走出方经理办公室，一大早的好心情全被这份报告给毁了。王丽问过下属Tina，了解到这是由外籍员工的一次性奖金引起的。

表 1-4　QMD 第二季度盈亏表分析报告（单位：千元）

盈亏表	Q1	Q2	差异	分析说明
第三方销售	59 648	63 258	3 610	销售环比增长6%
集团内销售	391 694	414 733	23 039	美国公司+1 105，德国公司+1 297
总销售	451 342	477 991	26 649	环比增长6%
直接材料	244 299	257 911	13 612	环比增长6%，与销售增长同步
间接辅材	13 915	16 780	2 865	环比增长21%，黏合剂+2 850
工人费用	18 640	21 193	2 553	加班工资增加2 450
外加工	171	322	151	外包给柯城科技多了150
车间可变成本	35 305	37 264	1 959	销售增多，费用上升6%
生产固定成本	57 974	58 131	157	制造费用持平
销货成本	370 304	391 602	21 298	成本与销售持平
毛利	81 038	86 389	5 351	
管理费用	1 146	1 345	199	管理费用上升17%
利息费用	1 512	1 265	-247	利息下降17%
汇兑损失（收益）	-3	-32	-29	外币付款结算汇率差+29
税前利润	78 383	83 811	5 428	利润增加7%
所得税	19 275	21 312	2 037	
净利润	59 108	62 499	3 391	净利润同比增长6%

　　王丽就用其中的一个外籍员工 Tom 的工资数据做了一个穿行测试[①]（Walk Through Testing）。

　　公司一共有 50 名外籍员工，按公司与员工的劳动合同规定，员工的工资以固定的人民币金额支付，员工有权选择一定比例的税后工资支付到其境外账户。

　　为方便每个外籍员工，人事部会提供代理汇款服务，按照每个员工指定的金额和账号以相应的币种汇出。考虑到个人完税税单要在次月 10 日左右才能从税务局拿到，在合同中，公司指明外币工资部分将于次月的 15 日汇出。汇率以财务部月末的结账汇率为准。

　　以外籍员工 Tom 的汇款为例，按其要求，公司会在每月 15 日将 2 万元人民币兑换成美元汇到其在美国的个人账户。下面是交易的明细。

---

① 穿行测试：是财务行业常用的一种测试方式，用于追踪交易在财务报告信息系统中的处理过程。

A. 3 月 30 日，人事部 Matt 递交一份总额为人民币 500 多万元的工资费用，其中 Tom 的税前工资为人民币 5 万元。

B. 4 月 1 日，财务会计 Tina 将 Tom 的个人工资人民币 5 万元记入 3 月份的工资费用中。

C. 4 月 8 日，付薪日，Tom 5 万元的工资税后得 4.2 万元。该员工事先提出 2 万元付境外账户，境内工行账户上收到工资 2.2 万元人民币。

D. 4 月 13 日，公司代付 Tom 的个人所得税，Matt 凭个人完税税单提交 3150 美元付款申请。（2 万元人民币按 3 月 30 日的结账汇率 6.35 折成 3150 美元）

E. 4 月 15 日，出纳 Maggie 从公司的美元账户付出 3150 美元。（4 月 15 日汇率为 6.33）

王丽终于理出了头绪，汇兑损益产生的原因是不同日期产生的汇率有差异：月末结账时是以月末 6.35 的汇率计提工资费用的，而实际付出日在次月月中，汇率成了 6.33。

王丽将这一发现报告了方经理。方经理问道："你的结论没什么问题，但这个差异具体是怎么产生的？你可以用财务的语言来描述一项具体的商业交易吗？"

说着，方经理在画板上"唰"地画了一组 T 型账（T-Account）（表 1-5）。

表 1-5　T 型账财务分录解析（单位：元）

	工资费用	应付工资	银行存款	汇兑损益	应交税金（个税）
A）3/30 人事给工资信息，仅核查					
B）4/1 总账计提工资	50 000	42 000			8 000
C）4/8 支付人民币部分工资		22 000	22 000		
D）4/13 代付个税			8 000		8 000
E）4/15 支付境外工资		20 000	19 940	60	

20 000/6.35=3 150（月末汇率）
3 150×6.33=19 940（交易日汇率）
汇兑损益 =20 000−19 940=60

方经理边写边说道："你列出的 A 事项，只是核对人事部的信息，不算是一笔交易，不需要记账。对账务开始产生的影响，是从 B 项开始的，计提核准过的工资费用。"

方经理每写一段交易文字描述，就在右边对应的 T 型账户上标出数字，而且总是左右相等（左，即 Debit，借记；右，即 Credit，贷记）。就这样一笔笔分析，清清楚楚、工工整整地把整个商业交易记录了下来。

王丽看呆了，这总账做了这么多年，从未有人会用如此直观的 T 型账把交易交代得如此通俗易懂。

莫非，这就是传说中的四大会计师事务所的专业训练？在得到方敏的证实之后，王丽对方经理又多了一份佩服，心里也在嘀咕：为什么本科毕业时不去投身"四大"呢？

方经理的话打断了王丽的思考："我们刚才所做的，只解释了这个差异是怎么产生的，从专业角度上讲，我们是搞清楚了造成差异的原因。但是，你知道 Bob 给总经理 Adam 解释时，Adam 是怎么回应的吗？"

王丽问："总经理说了什么？"

方经理答道："Adam 毫不留情地来了这么一句，'我不想看到这个'。"

王丽不满地说："这也太霸道了吧？这对我们财务的专业性太不尊重了，账上的东西岂是我们想改就改的？"

"面对这样的指示，三年前的我也会和你反应一样。但是，这就是外行与内行的区别。内行往往会扎在专业的圈子里走不出来，甚至对一些习惯性现象熟视无睹；而外行，特别是 Adam 这样强势的老板，往往会以简单粗暴的方式让我们跳出框架来推动改善。

"你回去好好思考一下，有没有从源头上解决这个汇兑损益的方法，明天我们再继续聊。"

11 做对的事，然后才是把事做对

王丽专门查了公司的财务记账手册，又上网搜了相关的技术处理，答案都是一样的：只要汇率不一致，汇兑损益就无法从财报上去除。

实在想不出解决之道，王丽决定去找方经理。可惜方经理的门是关着的，刚要折身返回，就听到 Bob 在后面喊自己。

Bob 让王丽坐下，热情地招呼道："怎么，最近没见你来找我，没有问题要问了？"

王丽尴尬地笑了笑，"也不是，最近看你挺忙的，没好意思打扰，我就问方经理了。"

王丽暗自在想：老同学佟梅算得真准，Bob 憋不住还是找上门来了。既来之，则问之。王丽就把自己的困惑和盘托出，还追问了一句："我们财务是直线汇报给总部的，为什么一定要听从总经理的指示来做账呢？"

Bob 摆了摆手，说道："看来，你已经有了一个预设立场——要让某条记录从财报上消失，一定要做账务改动。你站在'已经发生了，如何将它抹掉'这个框架内去思考，那当然就是'不做假账达不成'的逻辑了。我认同这个逻辑，但我是不会让下属做假账的。你放心，合规操作，是我们上市公司的基本准则。"

"那还有什么办法？"

"你有没有想过，让这笔汇兑损益从来没发生过？"

"……"

"我们每个部门貌似都在按自己的职能规范进行各种操作，但有些操作有可能本身就不应该存在。说具体点，这个案例中的汇率差异是人为造成的，我们用精益法则去思考各个具体流程，就可以避免出现这个所谓的汇兑差异。"

说着，Bob 在画板上画出了三个方案，然后标出了每个方案的优劣（表 1-6）。

表 1-6 汇兑差异问题解决方案比较

	方案	优劣比照
A	本案方案	产生人为的汇兑损益，入账的工资费用与实际付出的有出入
B	财务按人事实汇的数字将差异调入工资费用中	两个部门额外增加手工调整劳动，但可消除人为汇兑损益
C	合同条款改为：境外实收外币以汇出日的汇率而定	无汇兑损益，记账一次就正确

写完最后一个字，Bob 用画笔用力地在画板上画了一个圈，说道："何谓正确？我们习惯性地认为是用正确的方法做事，为此，可以说用尽了各种方法。但你有没有想过，比做事方法正确更高的境界是做正确的事，就是我们常说的'First do right things，then do things right'。回到本案，做正确的事就是修正与外籍员工签的合同，修改那条'境外部分工资由公司代付，汇率以月末报表日汇率为准'。请问，外籍人士会特别在意一定要用 30 日的汇率，不能用汇出日 15 日的汇率吗？"

王丽想了想说："那肯定不介意，谁能肯定月末的汇率更有利于自己？再说，这么小的差异谁会在乎啊？"

"说得是。既然对员工及公司都没益处，我们凭什么要弄出记账日与付款日的汇率差异呢？然后让人事部一顿忙乱，让财务部忙着去排查与解释各种差异？典型的无效劳动！"

"也就是说，我们定死一个日期的汇率就行了，比如，一律规定'以购汇支付当日的汇率结算'？"

"这下你是说对了。"

王丽不解地问："我只是好奇，这么简单的解决方案，怎么没人提出来过？"

Bob 解释说："这是大公司的一个典型问题，我们分工太细之后，就带来一个流程负责人（Process Owner）与知识掌握者（Knowledge Owner）错位的问题。流程负责人，在这个案例中是人事，但知识掌握者却是财务。所以，我们经常要做打穿的动作。"

王丽问道："打穿的动作？怎么打穿？"

Bob 回答："Lean Operation，精益经营。将一系列动作分解，把非增值部分去掉。在这件事上，人事以为这是财务的要求，按月末汇率更科学；而财务以为这是人事全球统一的政策。这就造成了一大堆无效计算、无效审核、无效分析。"

说到这里，Bob 指了指墙上的一张漫画——一艘船上有一大堆工具，最后鱼上了钩却被一大堆线缠绕着提不上来。Bob 继续说道："精益的思维方式是紧扣价值创造的核心，剔除一切非增值劳动。本案具体的实施方案就是将财务知识前移并嵌入人事部的合同起草流程。"

王丽不住地点头，原来财务报表的分析不只展现了一堆数字，还要通过数字发现问题，并敏锐地抓住异常，进而改革，从源头解决问题。

但王丽还是有点好奇，总经理 Adam 又是怎么知道人事与财务在付汇环节这些细节问题的呢？

"总经理 Adam 最令人佩服的一点是他的'原点思维'，据说是他以前在通用电气（简称 GE）时从杰克·韦尔奇的训话中学到的。所谓的原点思维就是撇开中间环节，直接将结果与起点拎到一起，去思考是否有道理。当时 Adam 在会上是这样说的，'怎么会有汇兑差异出现在公司账本上？我们定这样的人事政策只是为了省去外籍人士个人去柜面操作的麻烦，既然是代他们付钱到各自的境外账户，与公司有何干系？'"

王丽听得出神了，心想：Adam 真是牛人，什么时候能列席他的会议就好了！

12　如何才能提升得快

与王丽之间高质量的专业对话，让 Bob 深信王丽身上有不可估量的潜力，

Bob 决定多给王丽一些让上司了解和观察的机会。回想自己在 QMD 快速提升的过程，Bob 深感幸运，自己有一个热心培养下属的好上司。Bob 的上司是中国区总裁 Powel，一有机会与总部大佬开会，他总要拉上自己。有一次他还带自己到德国总部开会，甚至让自己的另一个财务直线上司都感到奇怪。

Bob 还记得，那次会后坐飞机回来的路上，Powel 与他说起的大公司晋级三元论。那次的对话，Bob 至今记忆犹新。

"你觉得，要提升得快，什么最关键？"

"当然是能力了。"

"你觉得能力能起到多少作用？"

"至少 50% 吧。"

对中国历史深有研究的 Powel，意味深长地说了一句："你太天真了。古今中外，有关人性的道理都是相通的。无论是在官场还是职场，要升得快，就靠三样——能力（Capabilities）、关系（Networking）及可视度（Visibility）。而我们通常认为最重要的一能力，其重要性不足 20%。如果没有 Visibility，你能力再强，做决定的大佬们看不到，一样没用。人总是习惯重用自己熟悉的人，我们的泰国工厂总经理，在首席运营官（Chief Operating Officer，COO）身边做了 5 年助理，一下子就成了区域高管。从另一个角度看，这更说明了人脉的重要性，好的人脉可以轻松地把你与重要人物联系起来。"

说着，Powel 用手中的笔在餐巾纸上画了一个三元关系图，将上面的三个要素用图形关联了起来。

那张餐巾纸，Bob 至今仍作为书签夹在他的书里。更让 Bob 铭记在心的是 Powel 倾力培养自己的一番苦心。他至今仍然没有解开这个谜：为什么这个在新加坡土生土长的老头儿对自己一见如故，仅仅因为都是华人吗？

对，王丽要快速成长，得给她一些 Visibility，让她多在大佬们面前露露脸。先让她在总经理 Adam 面前建立一个好印象吧。想到这里，Bob 有了方案。

Bob 对王丽说："这样吧，我下周去德国出差，我们的季度营业回顾会（Quarterly Business Review，QBR），你和方经理一起代我参加吧，在太湖山庄。

对了，那个酒店特别美，运气好的话，在房间就可以看到日出。"

对于王丽来说，这真是想睡觉就来了枕头。早就听闻总经理 Adam 的各种传奇，这次可以真正一睹风采了。

下班前，王丽将这个安排告诉方经理时，方经理先是愣了一下，然后淡淡地说了一句："哦，Bob 没跟我说起，那我们得好好准备了。"

QBR 召开的前两天，方经理突然找到王丽。

"要不，这次有关公司财务汇报的展示说明就由你来做吧。"

"啊？我以为只是与你一起列席。"

方经理安慰道："其实也没什么大不了的，就以你发给我的月报分析报告为基础，加些点评就行了。"

能有这样的机会，王丽既兴奋又担心，担心两天时间太短，来不及准备。然而最终还是好胜心占了上风，就对方经理说道："行，不过你得帮我把把关。"

王丽准备得特别用心，对于数字之间的关系还特别做了一些逻辑验证。

QBR 会议是 Adam 很看重的会议，这次还特意邀请了深圳的销售团队一起参加，尽管这些人不向 Adam 汇报。

这次的会议议程有些改动，财务成了第一个做汇报的。

一身正装的 Adam 一走进会场，刚才还三三两两交头接耳的同事们纷纷坐回座位，屋里一下子静了下来。大家将目光投向投影幕布，王丽一下子紧张了起来，真没想到自己会是在这样肃静的会场中第一个发言的人。

第一张 PPT，是公司上季度的盈亏表（表 1-7）。

表1-7　QMD 第二季度盈亏表分析（单位：千元）

盈亏表	Q1	Q2	差异	分析说明
第三方销售	59 648	63 258	3 610	销售环比增长6%
集团内销售	391 694	414 733	23 039	美国公司+1 105，德国公司+1 297
总销售	451 342	477 991	26 649	环比增长6%
直接材料	244 299	257 911	13 612	**环比增长6%，与销售增长同步**
间接辅材	13 915	16 780	2 865	环比增长21%，黏合剂+2 850
工人费用	18 640	21 193	2 553	加班工资增加2 450
外加工	171	322	151	外包给柯城科技多了150
车间可变成本	35 305	37 264	1 959	销售增多，费用增长6%
生产固定成本	57 974	58 131	157	制造费用持平
销货成本	370 304	391 602	21 298	**成本与销售持平**
毛利	81 038	86 389	5 351	
管理费用	1 146	1 345	199	管理费用上升17%
利息费用	1 512	1 265	-247	利息下降17%
汇兑损失（收益）	-3	-32	-29	外币付款结算汇率差+29
税前利润	78 383	83 811	5 428	利润增加7%
所得税	19 275	21 312	2 037	
净利润	59 108	62 499	3 391	**净利润同比增长6%**

"从这张表我们可以看出，本季度的销售比上季度增加了6%。"

才说到这儿，Adam 就将她打断了："我们的出货量有没有增加？"

王丽没有准备这组数据，愣在那儿，幸好方经理及时给了回答："我们的出货量增加了9%。"

Adam 又问："那这张表的结论就有问题了。销货成本增加6%，是在出货量增加9%的情况下发生的，说明我们一定存在成本节约的向好表现，你怎么能说'成本与销售持平'呢？"

Adam 嗓门渐渐提高，"这张表是谁做的？我早就说过，我不想看从数字解释到数字的财务分析报告，这最右边一列所谓分析说明中的6%、21%，这哪儿是分析？拉一个 Excel 公式，差异不就出来了？我要的是内容，与业务相关的内容解释。怎么 Bob 一出差，你们报告的水平就大幅下滑了呢？"

全场屏气凝神，王丽站在那里，脑子一片空白。她握着激光笔的手指忘了松开，激光红点一直射在对面同事的额头上。坐在一旁的方经理轻轻地取下了王丽手中的激光笔，先进行了一番道歉："不好意思，这是我的疏忽，王丽是新来的，我没把好关。会后我会把更新的报告发给总经办的。"

一心想着在 Adam 面前留下正面印象的王丽，没想到第一次做报告就搞砸了。

13　财务部的"宫斗"剧

为期两天的 QBR 会议，正式会议是一天半，还有半天是团队活动。苏州的南部，有山有水，这次团建安排在幽静的旺山，还请了外部公司玩了鸡毛信的游戏。

大家都沉浸在儿时玩过的游戏中，唯独王丽一个人游离在外，一副闷闷不乐的样子。王丽此刻只恨这 QBR 会议太长，就想早点回家，重新调整一下自己的心情。要说开会被 Adam 呛了一通确实让人沮丧，但看过第二天方经理存入"QBR 共享文件夹"的分析报告（表 1-8），王丽开始担心自己的处境了。

表 1-8　方敏的分析报告（单位：千元）

盈亏表	Q1	Q2	差异	分析说明
第三方销售	59 648	63 258	3 610	新客户 ADS 首次出货销售 +3 595
集团内销售	391 694	414 733	23 039	出货 +9%，转移定价 -3%。A 客户 +12%，B 客户 -3%
总销售	451 342	477 991	26 649	
直接材料	244 299	257 911	13 612	出货 +9%，结构差异 -2%，铜板启用当地供应商 -1%
间接辅材	13 915	16 780	2 865	泰国洪水，黏合剂改用日本原厂商 +2 850
工人费用	18 640	21 193	2 553	民工过年回家离职率 +25%，导致加班工资 +2 450
外加工	171	322	151	王巷工厂停电两天外加工 +150
车间可变成本	35 305	37 264	1 959	发货增加 9%；夹具 +325（A 客户 β 项目一次性购买）
生产固定成本	57 974	58 131	157	新厂房开始提折旧 +510；自建气站启用：氮气 -355；
销货成本	370 304	391 602	21 298	成本下降主因：材料结构优化，主材启用本地供应商
毛利	81 038	86 389	5 351	
管理费用	1 146	1 345	199	停产项目专项设备提前报废费用 +210
利息费用	1 512	1 265	-247	一厂工程借款上月到期已还清
汇兑损失（收益）	-3	-32	-29	外籍人士年终奖境外支付，付款日与月末汇率差
税前利润	78 383	83 811	5 428	
所得税	19 275	21 312	2 037	
净利润	59 108	62 499	3 391	材料成本下降与内部转移定价调整抵销

　　王丽仔细研究了方经理的报告，发现不是一般的好，比起自己做的，那真是更有内容，更有价值。关键是，自己"成本与销售同步"的结论，完全误导了管理层。

　　自己的那份报告，基本上是照着 Oracle 系统里设置的账套架构做的，如集团内销售的子科目就是"美国公司""德国公司"，而人家方敏都能给出"销售 +6% 是出货 +9% 与转移定价 -3%"的细分解释。转移定价（TP，Transfer Price）是集团内部的事，这 3% 的单价损失是个虚假损失，肉都在汤里，集团是不伤毫发的。唉，自己瞄着销售做的分析，全做偏了。

　　还有，费用部分，像泰国洪水造成的材料费上涨，民工过年导致的加班工资上升，多有洞见的分析啊！还有，哪些是不用操心的一次性突发开支，哪些是趋势信号需要管理层警惕的，这每一条的解释都包含了丰富的经营信息与决策依据。这不正是总经理 Adam 要的"业务内容解释"吗？

　　很显然，这样一份报告不是方经理一蹴而就在会议期间完成的。想到这里，王丽的后背有一种凉飕飕的感觉。难道是方经理摆了一个局，有意让自己出丑？这也太阴了吧！

　　没到活动结束，王丽就以身体不适为由提前离开了。还好这几周老同学佟梅在苏州做项目，王丽迫不及待地约了佟梅。

　　晚饭约在园区湖边的一个西餐厅，这季节，冷暖适宜，最适合室外临湖而坐了。

　　王丽三下五除二地随便点了几个菜，就向佟梅倾诉起来。

　　听完王丽的一番倾诉，佟梅用方巾擦了擦嘴，喝了口水，问道："你怎么评价你的直属上司方敏？"

　　王丽回答："我这两天认真地想了一下过去与方敏的种种交往，我也有点糊涂了。她要是存心害我，那为何要教我呢？有一点我很肯定，她是毫无保留地分享她的账务知识的。"

---

① 转移定价：跨国公司使利益最大化的手段。

佟梅提示道："当然，你可以说是无私分享。不过，我站在一个局外人的角度看，更像是给你一个下马威。让你从专业上彻底臣服的最好办法，就是在知识环节压倒你。而且，她也知道 Bob 是推崇知识分享的，她可不想在 Bob 面前显得小家子气。"

王丽不解道："啊？心计好深啊！我也没招惹她，她为什么这么狠呢？"

"你没惹她？只怕你惹了人家还不自知吧。"

"有吗？我对她一直是很尊重的。"

"你好好想想，方敏是怎么知道你要参加 QBR 会议的？"

"我告诉她的呀。"

佟梅分析道："这就是问题所在。这种对她有刺激的消息你为什么要主动告诉她？要得知，她也得从她的上司那儿知道。"

"有这么大的区别？"

"当然，这件事不是方敏乐见的，而你又是受益者。你一个受益者当面把一件不爽的事告诉受害者，你想想呢，方敏当下的感受如何？"

"我还真没想那么多，当时只想着与她讨论这件事。"

佟梅又说："我要是方敏，腹黑一点，没准会这样想——Bob 被这小妖精灌了什么迷魂汤，要让她参加高级经理才能列席的会议？不行，我得给她点颜色看看，杀杀她的威风，不然哪天她取代了我的位置也说不准。"

王丽不屑地说："你还什么小妖精，说得像宫斗剧似的。"

"你还真说对了。《甄嬛传》你看过吗？"

"我都忙死了，哪有时间看剧啊？"

"亲爱的，听我的，回去多看看，对你有好处的。"

显然，王丽没把宫斗剧当回事，摆了摆手，说道："你说，这事我要跟 Bob 说吗？"

佟梅回答："如果你去寻找安慰，我估计你会失望的。不信，我们可以再打一个赌。对了，上次的两个赌我都赢了吧？"

"一半一半吧，Bob 确实来找过我，这点算你说对了。不过，这方敏，非但没有示好，反而给我挖了个坑。"

佟梅一脸坏笑着说道："那也不能怪人家方敏，谁让你往 Bob 的办公室走得那么勤呢？你当着大家的面，走过她的办公室却视而不见，直奔 Bob 那儿，在她看来，这完全是在公然挑衅啊！不过，言归正传，Bob 那儿你还真可以向他说说，看看他到底怎么处理这件事。"

回去的路上，王丽愈发好奇了。对，我倒要看看处事周全的 Bob 要用什么高招来处理这件事。

14 关注圈与影响圈

周一，从德国出差回来的 Bob 来上班了。焦虑的王丽本想一上班就去找 Bob，但突然想到了佟梅的忠告，"在办公室，你怎么做有时比你做了什么更重要"，考虑再三，还是等一等吧。这么高调进出 Bob 的办公室，本身就是对方经理的不尊重，到那个时候，我再解释谈了什么就不重要了。更要命的是，很多时候，连解释的机会都没有。

于是，王丽找了一个机会。等到周三，方经理去上海开会的时候，王丽才去见了 Bob。而且为了避免不必要的猜疑，王丽特意等到下班大家都走了的时候才过去。

王丽将自己在 QBR 上做报告的前因后果讲了一遍，特意强调了自己的难堪局面。末了，还加了一句："这事给财务丢脸了。"

没想到 Bob 呵呵一笑，轻描淡写地说道："你以为你一次的报告就能把财务抹黑了？不过，你的报告水准确实有待提高，我下个月正准备给大家做一个'财务表达力'的培训。"

王丽觉得 Bob 在有意回避，就直白地补了一句："那你觉得方经理这样不顾大局的做法合适吗？"

Bob 没有正面回答，只是说："方经理的事，我自有判断，我们今天不谈，还是来说说你的事吧。"

王丽被 Bob 这么一说，反倒不知所措了。说实在的，王丽是来向 Bob 讨说法的，怎么现在话题绕回到自己身上了呢？

Bob 当然明白王丽的来意，就换了一个角度，问道："来，说一说，如果我对此事什么都不做，你最大的担心、顾虑是什么？"

王丽回答："我最大的顾虑是，方经理给我穿小鞋。她若变着法来整我，我就惨了。"

"好，这是你的顾虑。那我问你，对此，你的影响力是什么？"

"什么叫我的影响力？"

Bob 拿出了一张打印过的纸，翻到背面的白页，在上面画了起来（图 1-6）。

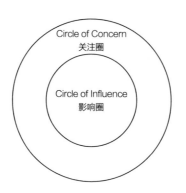

图 1-6 关注圈与影响圈的模型

Bob 一边画一遍解释道："外面的圈是我们的关注圈，我们可以关注很多事情，例如，日本的核泄漏是否会影响到我们，希拉里能否成为美国首位女总统，所以我们的关注圈可以很大。但是，我们真正能施展影响力的圈，往往很小，是内在的圈。

"这两个圈的原理告诉我们，人生苦短，要有所作为，需要把能量聚焦在影响圈上。一个做事积极的人会把精力聚焦在自己能掌控的内圈，然后随着专注行动带来的积极改变，这个内圈会不断向外扩张，外面的关注圈也随之缩小了。

"我的大学校长曾在我们的毕业致辞里，引用过美国主流社会非常流行的祷文：

'上帝啊！

'请赐予我宁静，好让我能接受，我无法改变的事情；

'请赐予我勇气，好让我能改变，我能去改变的事情；

'请赐予我睿智，好让我能区别，以上这两者的不同。'

"好，来做个练习，就上面你提到的关注点和你对方经理的顾虑，你列一个清单——我可以做哪些事，使得我的顾虑点能朝着对我有利的方向发展。"

王丽想了一会儿，写出了下面一组清单：

1. 主动与方经理打招呼

2. 多向她汇报工作进程

3. 不懂的地方，多向她讨教

4. 若有与 Bob 想讨论的话题，尽量趁方经理共同在场的时候提出

5. 在部门里方经理有需要帮助的地方，做第一个响应者

Bob 看了一下清单，评价道："很好，现在你再按难度排个序，哪一个是最容易的，明天就可以开始实施？"

王丽看了一下清单，心想，当然是第一条了，但转念一想，不对，这不是我一个人的事，就问道："万一我向她打招呼，她不理我怎么办？"

"你好不容易走进了影响圈，现在又退回了关注圈，你的这个问题，又变成一个顾虑点了。"

说着，Bob 走到文件柜旁，从中取出了一本书——《高效能人士的七个习惯》。他把书递给王丽，"这本书送你了，这本书对我影响非常大，我能从一个财务的门外汉，在短短的五年里，成为集团内第一个本土 CFO，很大一部分要归功于这本书。对于我，这本书是人生跳跃式发展的启示录。"

"这么神奇啊！我怎么从未听说过呢？"

"可能是圈子的问题吧。在外企的圈子里，特别是世界五百强的欧美企业里，这本书几乎是企业文化与价值观的基石了。比如我们的 CEO Larry，他要求公司的高级经理都去做这门课的内训讲师，以此来塑造员工的核心价值观。"

"我猜，你也是这门课的讲师了。"

"嗯，我学这本书的时候，那是第一次提升——认知上的提升；然后去教，站在讲台上去讲那些好习惯，如守时、倾听等，你必须身体力行，即所谓的 Walk the Talk，这是第二次提升——实践上的提升。"

"那我回去一定要好好读这本书。不过，你刚才的故事还没讲完，这本书如何令你的职业生涯有了跳跃式发展，我很好奇。"

Bob 抬腕看了一下表："哦，七点了，你也饿了吧。走，我们找个饭店，边吃边聊。"

15　静态思维 vs 动态思维

点好菜，Bob 翻开《高效能人士的七个习惯》，讲起了他的故事。

"十多年前，我碰到了一件类似的事情，我当时的一大顾虑就是：这家德国公在全球各个公司的 CFO，都是清一色的德国人，我这个中国人恐怕再努力也打不破这个玻璃天花板。

"当时，我正在上《高效能人士的七个习惯》的培训课，而我的上司 Powel 正好是讲师之一。Powel 也让我列了一个个人影响圈的清单。我想，要成为 CFO 俱乐部的一员，就得去总部工作几年，获得必要的 Visibility，这一点 Powel 也高度认同。

"要去德国总部，我能做什么呢？我没你那么幸运，不像你有那么长的清单。

我思来想去，能做的就一件——学好德语。"

"这么小概率的事，你也为此学德语？"

"我当时提了一个和你一样的问题，一个把行动方案从影响圈又拉回到关注圈的问题：万一我学了而没去成总部，怎么办？"

Bob 拍了拍书中关于影响圈与关注圈的那一页，继续说道："Powel 给了我这样一个回答，当你向前跨出一步的时候，你周围的世界就不再一样了。

"我当时也没完全听明白这句话，不过还是决定试一试。德语学好了，对德国文化应当会有更好的理解，与德国同事沟通起来也会更顺畅。"

王丽问道："你就这样开始学了？"

Bob 答道："对，我可是认真学的。我请到了我们那个小城市里唯一的德语教授，是同济大学退休的，然后每周两次，跟他练口语、学语法。同时，我买了一本《德语生活会话》，用我学英文的诀窍，把整本书一篇一篇课文地背下来，每天早上起来背 1 个小时，效果非常棒。

"跟你说个小插曲。有一次我与老师就一个语法点发生了争论，我就站起来，从他的书柜里拿出《德语生活会话》，翻到当中的一页。我指着倒数第二段的一句原文告诉他，书上就是这么用的。老师当时看我的眼神，我至今仍然记得——呆了。

"然后，过了大概七八个月吧，我用德文写了一封邮件，发给我在财务线上的直属上司，也是那个最反对我去总部工作的德国人。"

"哇！对方一定很震惊吧。如果哪天有一个老外给我写一封中文信，我一定会对他刮目相看的。"

"通过他的邮件回复我看不到他的表情。三年后的一个夏天，在他慕尼黑家中的院子里，那时的他不仅是我的上司，还是我的一个好朋友了，你知道，德国人只会把有相当私交的人带回家吃饭。我们一边吃烤肉，一边闲聊着。他突然告诉我，'Bob，你知道你今天能在我的房子里做客，你能如愿以偿来到德国，是因为什么吗？你得感谢你自己，感谢你三年前写给我的那封德文邮件。读完你的邮件，我被你的决心打动了。我当下决定，要用我所有的人脉关系，帮你把这件事做成。凡事只怕认真，像你这样认真的人，一定会有所作为的。'"

王丽点点头："这么说来，是你自己的努力打动了别人。"

Bob 又说："在那一刻，我想到了 Powel 在上培训课时跟我说的那句话，'当你向前跨出一步的时候，你周围的世界就不再一样了'。"

王丽认同地说："我明白了，这第一步最关键。"

"当你朝目标的方向把自己扔出去，余下的，你就不用管了。《圣经》里有一句话，'万事都互相效力，叫爱神的人得益处'。"

"你信'上帝'？"

"不管你是否信'上帝'，我认为这条法则适用于任何人。相信，是一种动态思维；怀疑，是一种静态思维。人生要有收获，你总得信点什么，哪怕相信自己也行。"

突然，Bob 转而问了一个不相关的问题："你高考考得怎么样？"

王丽答道："挺好的，重点高中的尖子班，正常发挥，考入了重点大学。"

"那你的障碍比我要大，你需要 De-Learn 的东西比我多。"

王丽不解地问："De-Learn？纠正思维？"

Bob 补充道："不仅如此，还要清空以前学到的消极东西。我发现，高中，包括大学里，成绩越好的同学，越喜欢用理性思维去考虑各种困难。一项任务刚布置时，如成本削减 20%，他瞬间就可以预见到各种将会面对的具体困难。什么裁员会有额外开支，折旧之类的固定费用很难同步削减，诸如此类，这就是我说的静态思维，他没有看到世界是有互动性的。当我们开始努力的时候，其他人会有回应，90%×90%=81%，互相一作用，各自提升 10% 的效率，这不就只有 81% 的成本了吗？从自身出发，先行动起来，用自己带动周围，这就是动态思维的神奇所在。"

王丽看了一下 Bob，先前崇拜总经理 Adam 是因为他的霸气；而眼前的 Bob，更像一个魔术师，一个哲学家，简直是谜一样的人物。

Bob 一边喝着汤，一边问道："对了，你听说过罗宋汤吗？"

王丽答道："听说过，我爸是上海人，听他说起过。"

"你知道这道菜出自哪个国家吗？"

"不知道。罗宋，宋朝的哪个藩属国吗？"

"罗宋，乃 Russian 的音译，俄罗斯人的汤。"

王丽恍然大悟："啊？原来是这样翻译的。"

Bob 继续说道："对了，周五的英语角，我可以给大家讲讲，在我们中文里，特别是在吴语方言里有一大堆英文词。这些词，我们经常使用却不知其出处。"

王丽没想到，今晚的谈话会以如此轻松的话题结束，与方经理相处的种种顾虑一下子就被抛到了脑后。

每次与 Bob 谈话，总能看到一片新的天地。这中文里的英文词，好玩，周五一定要好好领教。

16   别开生面的英语角

周五的英语角，因为是讲"中文里的英文词"，一些来公司做 ERP 升级的外部咨询师也被吸引来参加了。

这次的主讲是 Bob。一开始，Bob 先放了一张精益六西格玛[①]的宣传画：

---

① 编者注：精益六西格玛是由精益生产方法和六西格玛方法相结合的一种质量管理方法。

低垂的果子

图 1-7

"大家都听说过'Low Hanging Fruits'吧，低垂的果子。今天我们来说说，我们费了那么多劲儿背的英文单词中，有哪些是已经渗透到我们日常用语中的？这些词一点即通，一经解释大家就可以马上记住，就如同我们六西格玛中讲的'Low Hanging Fruits'，那些唾手可得的节约项目。

"我们先来说说普通话里的英文词吧，有谁能列举一些？"

大家给了相应的例子：

马达 Motor，色拉 Salad，沙发 Sofa，坦克 Tank……

渐渐地，没有人回答了。

这时 Bob 放了第一张 PPT（图 1-8），列了一些大家非常熟悉的词：例如，马赛克 Mosaic、幽默 Humor、时髦 Smart、咖喱 Curry。然后又列举了一些生僻的英文词，但在中文里一说就明白，比如，贝雷（帽）Beret、来复（枪）Rifle、托拉斯 Trust、抬头 Title。

普通话里的英文词					
Motor	马达	Neon	霓虹	Waltz	华尔兹
Salad	色拉	Pound	磅（镑）	Humor	幽默
Saxophone	萨克斯	Golf	高尔夫	Sandwich	三明治
Title	抬头	Soda	苏打	Curry	咖喱
Carbine	卡宾（枪）	Jeep	吉普	Party	派对
Beret	贝雷帽	Pudding	布丁	Bar	（酒）吧
Mosaic	马赛克	Typhoon	台风	Tire	（轮）胎
Toast	吐司	Tin	听（量词）	Utopia	乌托邦
Tank	坦克	Nicotine	尼古丁	Trust	托拉斯

图 1-8　普通话里的英文词

每说一个词，大家都"噢"的一声，既新鲜又熟悉。

说到这里，Bob 问了一下大家："听得懂上海话的举手。"绝大部分人举了手，其中有一位来自中国台湾的 Oracle（甲骨文公司）员工也举了手。

Bob 先放了下面一张图片（图 1-9），然后问王丽："你爸是上海人，这个你一定听他说过的吧。"

图 1-9　老虎天窗

王丽："上海人管它叫老虎天窗，小时候我在爷爷家住的就是这种房子。"

Bob："那你知道为什么管它叫老虎天窗吗，为什么不叫狮子、大象天窗？"

下面没人回答。

Bob 继续说道："这是英文的 roof。上海方言里没有'r'这个音，大家就用

Loof 来代替，很像上海方言中的'老虎'，所以就叫它老虎天窗了。"

接着，Bob 又问了一个问题："你们都知道'十三点'是什么意思吧，有谁知道它的英文对应词？"

这时，培训室里热闹了，大家热烈地讨论着，但没有一个人猜到，居然是这个词：society（社会），上海人的想象力真丰富啊！

看着 society 旁的配图（图 1-10），有人发表了评论："这个与 society 有点远吧？"

图 1-10 "十三点"

Bob："这些英文词都是七八十年前上海租界上流行的词，例如，'盎三货'的'盎三'是 on sale 的东西，'促伢'来自 trick，'吞头势'是 tendency 的形象表达，'戆大'则是 gander 的音译，society 是指那些交际花。

"这些词单独抽出来考你们，即使你们考过了六级，都未必答得上来，但我可以告诉你们，这些词是 20 世纪三四十年代上海人都会讲的。你问拉黄包车的，他可以不识一个字，但这些英文词他都会说。你再看今天的出租车司机，又有多少人听得懂最简单的英语？我上个月接到一个电话，我们的一个德国同事要去上海的 Marriott Hotel，司机听不懂，我在电话里翻译给司机听，司机回了我一句，'万豪，早说嘛。'"

突然有一位同事发言道："你说的这些是'洋泾浜英语'，不是标准英语。"

Bob："没错，有些发音是不太准，但语言是用来交流的。我们现在发音是更准了，但我们学的是死的英语，与生活完全分离，而那个时代，像我外婆，一个没读过一天书的家庭妇女，满嘴蹦出来的都是英文词（图1-11）——老太太早上一起床，就跟女儿说给我换件'四围套'（sweater），走进房间，一摸门把手便说，这'司拔灵锁'（spring，弹簧锁取其'弹簧'之意）要加点油了；顺手拉一下开关，日光灯不亮，就会问是'斯达特'（starter）坏了还是要换插'飞斯'（fuse，熔断丝）；看到我躺地上，马上说道，'水门汀'（cement，水泥地）上不能睡觉的……"

上海方言中的英文词					
Ace	扑克中的A	No. 1	拿摩温		
On Sale	盎三（货）	Society	十三点	Smart	时髦
Sweater	四围套	Cement	水门汀	Roof	老虎（天窗）
Clark	（老）克勒	Steam	水汀（片）	Gander	戆大
Spring	司拔灵（锁）	Shit	噱头	Tendency	吞头势
Starter	斯达特	Trick	促住	Russian	罗宋（汤）
Butter	白脱	Too Bad	推板	Charter	差头
Litter	邋遢	Pass	（硬）派司	Monkey	门槛（精）

图 1-11　上海方言中的英文词

说到这里，Bob停顿了一下，又说道："我们今天的英语角，讲这么多洋泾浜英语，只是想告诉大家一点——语言是活的东西，重要的是会用，而不是有多标准。"

突然，Bob话锋一转，说道："我们学的财务其实也是一门语言，一种商务交流的语言。同样，财务也有这样的语言特性——重在应用。为什么大家都觉得大学里学的财务在实务中用不上呢？想一想，我们学了十几年的所谓标准英语与三四十年代上海社会底层人说的英语，区别就在于应用。财务是一门以实操为主的学科，现在你们明白我为什么一定要坚持用 T 型账做记账效果分析了吧。"

王丽听着听着，就在想："这个 Bob 是怎么回事？怎么什么样的话题他都能连得上呢？嗨，今天的英语角又变成财务课了。"

于是，王丽给 Bob 发了一条消息（图1-12）。

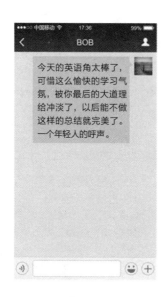

图 1-12

到下班前 Bob 都没有回复。Bob 会回吗？

17　内审发现的记账问题

整个周末，王丽都没有收到 Bob 的回复，她一直担心自己是否太过直接，让 Bob 不开心了。周一上班的班车上，车子经过上次的西餐馆时，王丽一下子想起了那天吃晚饭时 Bob 画的两个圈。

对啊，这是我的关注点，我给他提建设性的意见，是出于好意。至于 Bob 是否会不爽，对于他的态度我是无能为力的。既然如此，我为什么还要挂在心上呢？这样一想，王丽顿时解脱了。

下了车，在厂门口换鞋的地方与方经理照了个正面，王丽用很清亮的声音打了个招呼："早！"有了这个"关注圈—影响圈"法则，王丽发现自己处理事情时不再那么纠结了：我做我认为正确的事，这是我在影响圈里能做的，至于别人的态度，那不是我能影响的，何必操心呢？

方经理先是愣了一下，但马上也笑着回了一句："早！"

王丽一边把高跟鞋放进鞋柜，一边与方经理闲谈："唉，这无尘办公室搞得太隆重了吧。你看，我们的高跟鞋都得换成胶鞋，太丑了。"

"不过，这样也好，可以省掉我们的一些开支。我早就想明白了，这高跟鞋只有班车司机能看到，太不值了。你看，我都穿平底鞋。"方敏应和道。二人有说有笑地走进办公区。

还没走进办公室，她们就撞上了 Bob。Bob 一脸严肃地跟方经理说道："这次总部来的内审小组有一个发现，是和我们财务做账相关的，你一会儿到我办公室来一下。"

按王丽的性格，她应当会主动去询问方经理这件事的，毕竟是自己管的账务。但这次王丽吸取了教训，决定低调一些，耐心等着，等方经理来找自己谈。

周一一整天，方经理都没来找王丽谈这件事。

周二中午，吃完午饭，刚进办公室，方经理就找过来了，终于和她谈起了审计的发现。

方经理拿出一张单面打印的纸，用笔画了个叉，翻过来，就当作一张全新的白纸用。王丽在一旁看着，这一招一式与 Bob 是如此相像，心中不由感叹：德国人的环保意识不仅在本土开花结果，还延伸到千里之外的子公司了。

王丽还在发愣，方经理已经利落地把流程画了下来（图 1–13）。

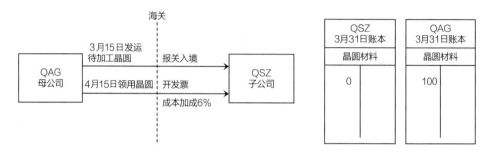

图 1-13　母公司与子公司材料发运流程图

按 1 月 1 日集团执行的新流程，QAG 在发运晶圆给 QSZ 时，是以寄售（Consign）的方式进行的，即 QSZ 在报关收货时，货权仍属于 QAG，直至 4 月 15 日 QSZ 领用这些材料，才算交割。

以上面的例子，3 月 15 日入境的货，在上海海关报关的进口人是 QSZ，中国的海关不接受境外公司在中国关境内设立离岸仓库。进口人一旦报进，就视为物权拥有者，以便海关监管本地的货主。这样一来就有问题了，3 月 31 日尚未领取使用的材料，按公司规定，QSZ 不应该记在其账上，但这与"海关实物和账本必须一致"的要求冲突。这是内审小组发现的问题点。

画完这个案例，方经理又做了进一步的交代："Bob 觉得这个案例很经典，要我们做一个技术文档（Technical Documentation），在下周三的每周学习会（L&L，Lunch&Learn）上跟大家分享。"

王丽想了一下，说道："这个案例听上去挺复杂的，我拿不准。要不我回去先写个初稿，咱们讨论一下，将内容定稿之后再来看谁上去分享。"

方敏点了点头，然后又交代了几个要点。

王丽与方敏讨论了好几次，都觉得这的确是个复杂的案例，有海关的政策，还有税与报表方面的技术问题。所以，她俩去找了 Bob，希望将内容先搞清楚。

Bob 听了她俩的分析之后，问了一个几乎不相关的问题："你们听说过批判性思考（Critical Thinking）的工具吗？"

方敏以前在"四大"之一的德勤工作时听说过"批判性思考"这个词，但更多的是以一种开放自我的心态去接触的。把"批判性思考"当作一种工具，还真没听说过。

Bob 解释道："好，我们就来用一下这个工具，四步法，即 What（性质）—Where（范围）—Why（根源）—How（对策）。What 是给问题定性，这是一个什么样的问题，是合规性的问题、内部结算的问题，还是上市公司报表的问题？然后用 Where 来限定问题范围，是整个集团的问题，还是某个子公司的问题？再进行 Why 的分析，这个 Why 比较烧脑，如果前端在 What 的定性上可以简单处理，就没必要走这一步。在了解了 Why 分析中的根本原因之后，再来寻找 How 的应对措施。有道理吧？"

方敏与王丽都在点头。

"好，那我们就用这个 What—Where—Why—How 的模型走一遍。"说完，Bob 就在白板上画出了一张表（表1-9）。

表1-9 批判性思考工具的使用：母子公司货权案例

	Issues（问题点）	Impact（后果）
What（性质）	内部流程与外部（海关）规定的冲突	海关惩罚及上市公司形象问题
Where（范围）	只有 QAG 与 QSZ 的交易有问题	QAG 的税报不一致
Why（根源）	其他国家，QAG 可以注册保税仓库，中国不行	中国海关不会改变
How（对策）	内部服从外部，做两份不同的报表	外部审计师要认同

这张表这么一写，方敏与王丽觉得思路一下就清晰了——哪些是外部制约，哪些是内部流程，以及如何用外审的专业认可来消除内审的顾虑。

不过，在"QAG 的税报不一致"这一点上，王丽还不太清楚 QAG 是怎么在报税环节上因 QSZ 的交易而出现不一致性的。

Bob 看了一下手表，说道："都十二点半了，还是先吃饭吧，下午接着讨论你的问题。"

18　到底会有什么问题

匆匆地吃完饭，三个人又回到了 Bob 的办公室继续讨论。

Bob 指着图 1-13（见第 56 页），说道："为什么只有 QAG 在报税时有影响？我们分两种情况来讨论。第一种情况，3 月 15 日没有交割，也就是按集团新的流程，尽管 3 月 15 日货物就报关进入 QSZ，货权仍然在 QAG 手上；第二种情况，3 月 15 日货权转移了。为方便讨论，我们只看 3 月 31 日的账本（图 1-14）。

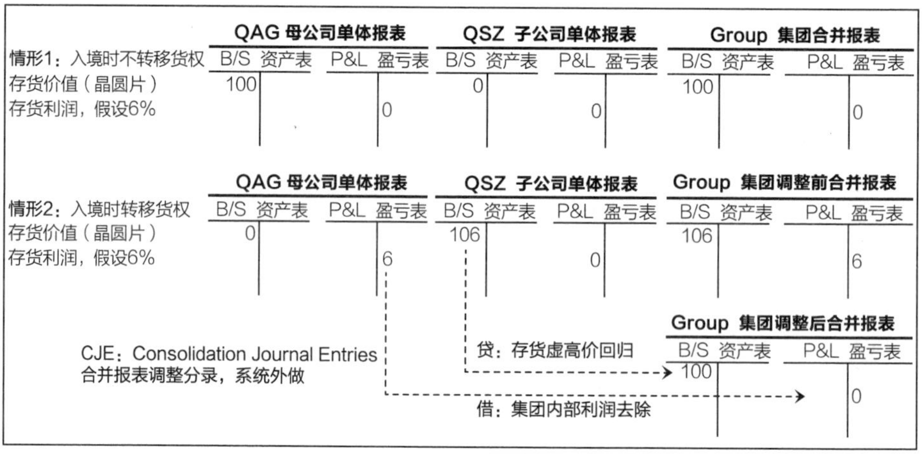

图 1-14　3 月 31 日的账本

"从 3 月 31 日的账本可以看出，无论第一种情况还是第二种情况，合并报表后，对集团报表都没有影响，问题只在于 QAG 是否要提前确认给德国税务局 6 元钱的报税利润。

"当然，新的内部流程有物料计划的好处，如果只涉及 QAG 与 QSZ 这两家，问题不大。因为还有其他子公司，在新流程不废除的情况下，QAG 报税时就有收入确认上的不一致问题。"

方敏又问了一个问题："那两套不同的报表怎么做？"

Bob 又画了下面一张表（表 1-10）。

表 1-10　有关货权记录的两套报表差异比较表

	第一套报表 QSZ—US GAAP	第二套报表 QSZ—PRC GAAP
发送对象	集团和 QAG	中国相关政府机构
系统入账	0	100（系统的 L-Account）
B/S 上的存货	0	100
海关核查	不关心	√ 与进口记录一致
事务所审计	√ 集团内部一致	√ 按本地法律操作

方经理看了 Bob 画的表，说道："我总感觉，一笔交易，买卖双方同时声称有货权的情况不太对。"

Bob 说："你们都是在财务专业上经过系统训练的，但我要告诉你们，会计就是这样一门无奈的学科。其实你以前在'四大'审计时，应当见过一些跨境交易。卖方说已经符合收入确认的条件，已经计了销售收入，但买方呢，却以诸如尚未收到内部的质量检测报告等技术原因迟迟不做收货入账处理，常有这样的情形吧？"

方敏回答："这样的情形是碰到过的。以前我审过的一家韩国公司特别牛，坚持按'历史惯例'，待检验合格后才确认收货。"

Bob 又说："我教你们一条经典法则，即'What can go wrong'。用'这样处理到底会出什么问题'做测试，只要原则上不违规，就没问题了。如我上面列的表，中国海关、普华永道外审都没有什么可质疑的，那就可以去做。

"我们财务的很多准则本身就是自相矛盾的，如折旧用直线折旧法，5 万元的设备，每年折损 1 万元，这种算法符合了可靠性法则，但它是以牺牲相关性法则为前提的。相关性法则要求旺季的 6 个月与淡季的 6 个月反映出资产不同的折损价值。反过来，可靠性法则有时也会让位给相关性法则，如房地产项目允许在未完工的情况下按进度百分比确认销售收入。这些原则间的冲突，我们常常以两害相权取其轻的方法来处理。如何取其轻呢？教科书上总结为真实合理。这句财务真理就像所有的真理一样简单，简单到不能称为操作指南。一条可操作的方法就是用'What can go wrong'的问题来测试，只要不"Wrong"得太离谱，就是解决之道。

"我们今天讲的不同原则间的权变之术，同样适用于生活。'What can go wrong'不失为一条进退有据的实用标准，例如，小孩子耍脾气不吃饭，不妨饿他一顿，What can go wrong？

"What can go wrong，既是一种做账态度，也是一种生活态度。"

19　海外培训的美差该给谁

时间过得真快，转眼王丽来 QMD 已经快半年了。王丽给自己做了一个半年总结（表 1-11），将学到的要点梳理了一遍。

表 1-11　专业知识总结表

周	知识点	案例
二	财务功能的三大板块 FA、FC、FT（手、脑、血）	CFO 组织框架图
三	"谁在花钱" vs "为谁花钱"	财务 3D 图、上市公司分部报告
四	"财务眼"看公司：上市 vs 非上市	上市公司年报
五	三套利润表的侧重点	本国报表、集团报表、当地税表
六	资本的屁股决定准则的脑袋	中国企业为何按美国市场租房要求计提 ARO 费用
八	Period Cost（期间费用）vs Product Cost（产品成本）	费用分类不只是个零和游戏
九	本地记账与集团报表的关系	记账与报表生成流程图
十	专业英语：Capex、Opex、Bottom line	财务常用英文术语及关系
十一	用财务语言描述商务交易：T 型账	外籍人士奖金产生的汇兑损益
十二	比记对账更重要的是不记"无用账"	汇兑损益完全可以规避在合同中
十四	从数字到业务内容的分析报告	（季度经营会）季报利润分析表
十八	一鱼二吃，一笔交易会有两种记账处理	内审发现：内部寄售与海关规定相冲突
十九	What can go wrong 测试	内审：子公司 QSZ 只影响资产负债表

做完总结之后，王丽正要用电子邮件发给 Bob，突然一想，不对，应当发给方经理，就把 Bob 放入了抄送。

方经理还没有回复，倒是 Bob 先回了。"很好，有没有想过做个管理思维上的总结？如我们讨论过的《高效能人士的七个习惯》那本书。"

王丽仔细一想，对啊，自己确实学到了很多软技能。于是又做了下面一张总结表（表1-12）。

表1-12 管理技能总结表

周	知识点	案例
三	跨国公司的事业部驱动法则	分部报告、财务3D图
九	从how到why的去平台能力	记账与报表生成流程图
十一	精益管理：做事正确vs做正确的事	外籍工资合同条款
十二	原点思维：透过表象看本质	Adam对汇兑差异的快速反应
十三	提升三要素：visibility可视度	列席QBR会议
十四	越级汇报背后的不友好信号：被感知	QBR会议的难堪
十五	关注圈与影响圈	《高效能人士的七个习惯》
十六	静态思维与动态思维	Bob学德语的启发
十七	批判性思考工具：3W+H	内审发现：内外规定不符

由于有与方经理交流中的教训，王丽就没将这张表发给方经理，只发给了Bob。

Bob看了这份总结，很是欣慰：看来没看走眼，能写出这样的总结，这个王丽进步真是快。Bob心想，总算找到了一个好苗子。以前他不断撒网，无论每周学习会还是个别辅导，不断地在寻找有积极回应的培养对象，但既有态度又有头脑的后备人员实在少之又少。

不过，这表格中"越级汇报背后的不友好信号"一项还是引起了Bob的警觉，Bob很快联想到了QBR会议期间王丽遭受的难堪，一定是方敏与王丽之间发生了什么。

Bob深深地叹了一口气。Bob没有去想方敏的问题，更多的是在反思自己是否有哪里做得不妥，导致了下属的猜忌。

本来Bob打算直接告诉王丽，准备派她去新加坡参加总部每年一度的US GAAP培训班，但通过王丽的这份总结，Bob改变了主意，他决定先去找方敏商量。

方敏说："老板，这事你定就是了，我听你的。"

按Bob惯常的做法，此刻就自己决定了，但今天他决定做得更为稳妥一些。

"财报是你主抓的，你对下属更了解一些，毕竟去新加坡几天的费用也不低，想多听听你的意见。"

方敏觉得今天的 Bob 有点反常，他这么偏心王丽，这事还要问我？莫非老板有什么不方便说出口的话，要通过自己来说？方敏很快有了主意，她决定借此机会试探一下 Bob。

方敏回答道："我觉得王丽进步很大，也很有潜力，她是必然的人选。另一个名额呢，去年我参加了，今年就不必去了。倒是你，老板，你有好几年没参加了，今年讲 US GAAP 与国际财务报告准则（IFRS）的并轨，这有利于你对大方向的把握，你去吧。"

Bob 想都没想，直接回复道："我常去新加坡，新加坡对我没吸引力，这样的出国机会一定要给下属，我就不凑这个热闹了。这样吧，另一个名额你定，找不出别人，那还是你去。不过，不管谁去，回来要给大家做内训。"

说完，Bob 离开了方敏的办公室。

方敏望着 Bob 的背影，居然有点小小的失落，因为剧情没有按她想象的发展。不过转念一想，自己去就自己去，这也挺好，顺便可以去乌节路为自己淘几件时新的夏装。

20 资产在集团内转了一圈怎么增值了

新加坡的培训是周一到周三。照常规，需要提前一天到，王丽与方敏准备订周日的机票出发。Bob 听说后，就把她俩叫进了办公室。"难得有机会出趟国，给自己留点时间逛逛吧。这样，你们周六飞，周日可以有一天自由时间。你们多住一晚的房费，我来承担。"

王丽有点诧异，没听说上司为下属掏腰包的，毕竟都是打工的。倒是方敏在一旁劝说："没事的，Bob 不是第一次这样做，我们成本组的 Willa 去年去美国出差，赶上黑色星期五（Black Friday[①]），Bob 也为她出了房费。"

新加坡只有一座城市的大小，上午去圣淘沙转转，下午还有时间逛街购物。这个周日，王丽与方敏过得充实而开心。

这次的培训师 Fred 是光头，他虽然已经谢顶，但长得极像影星凯文·科斯特纳，帅呆了。Fred 还挺幽默，居然戴着夸张的大礼帽走进培训室。

作为开场破冰游戏，Fred 发给每人两张纸，一张白色的，一张红色的，然后让大家折出一顶白帽子、一顶红帽子，每问一个问题，就换一顶帽子来回答，挺好玩的。

本以为 US GAAP 培训都是些枯燥的规则与概念，但 Fred 讲解时用了很多实战的案例，很有意思。其中一个关于资产转移的案例（见图 1-15）让王丽大开眼界。

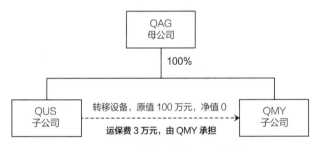

图 1-15　资产转移案例示意图

QUS（美国公司）与 QMY（马来西亚公司）都是母公司 QAG 100% 拥有的子公司。由于产能转移的需要，QUS 需转移一些设备到 QMY，从美国转到马来西亚。假设其中一台测试仪原值 100 万元，5 年折旧已跑完。NBV，即账面净值为 0。运输中产生 3 万元的运保费，由 QMY 承担。

问题是：QMY 接受这笔固定资产入账的价值是多少？每个月计提多少折旧？

---

① Black Friday，黑色星期五，在美国指感恩节之后的第一个星期五，在此期间商家有大幅度的降价促销活动。

　　王丽很快写出了答案，举手回答道："入账价值 3 万元，每月折旧为 3 万元除以 60 个月，等于 500 元。"

　　Fred 问她："请问你刚才是戴什么帽子回答的？"

　　王丽不解："这有什么关系？好吧，我戴白帽子。"

　　"好，我们就把刚才王丽戴的白帽子定义为 Legal Entity，即单体独立公司的帽子。大家用马克笔在白帽子上写'LE'。"

　　Fred 接着说道："现在我要你们换上红帽子，并在红帽子上写下 Group——集团公司。我问你们，你们现在的答案还是王丽刚才说的那个吗？"

　　这时 QMY 的总账 Jessica 回答道："不一样了，站在集团角度上看，两个子公司之间的资产转移不能发生增值，这笔运保费是一种无效劳动，这 3 万元应当100% 进入当月的费用，而不是以资本化的形式沉入资产中用折旧按月摊销。"

　　大家都向 Jessica 投去敬佩的眼光，Jessica 笑了一下："不好意思，这个案例就是上个季度发生在我们身上的，我们发给集团合并用的报表也是资本化的。总部指正了我们，所以记得特别清楚。"

　　Fred 继续说："谢谢 Jessica 的坦诚。好，我们现在再换上白帽子。作为独立公司做账时，QMY 到底该以什么价值给资产入账呢？"

　　说到这里，Fred 让大家翻开公司的财务手册，翻到资产转移的章节（图 1-16），看一下集团内资产转移的定价规则。

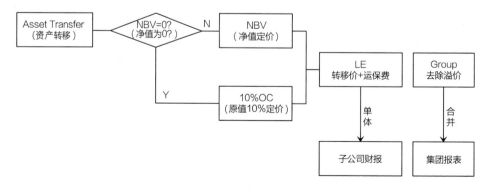

图 1-16　资产转移定价规则示意图

待大家读完集团的做账准则，Fred 又问道："在白帽子下，你们该以什么价格对设备入账？"

方敏举手回答道："应该是 13 万元。10% 的原值（OC，Original Cost）为 100 × 10%= 10 万元。由于设备的净值为 0，所以套用集团规定的 10% 原价视同公允值，不然，以 0 单价报关，当地海关都不让你报进。再加上 3 万元运保费，因为站在独立公司的角度，这 3 万元是符合资本化规定的，是机器运转必须发生的费用。日后的折旧，先估计一个可能的寿命，假如还能用 2 年，就每月提 5416 元（130000 ÷ 2 ÷ 12）。"

"完美。好，我们再换上红帽子，站在集团的角度，如何处理这 13 万元？我要求你们用 T 型账表达。"

还是 Jessica 上前在画板上写下了下面的 T 型账处理示意图（图 1-17）。

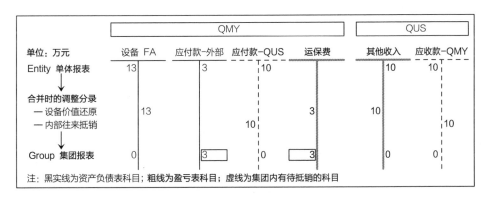

图 1-17　T 型账处理示意图

经过调整分录的处理，集团报告最后呈现的是：欠供应商 3 万元，同时，记录运保费 3 万元进期间费用。所有集团的内部交易，全部清零。

王丽又问："那么，LE 单体报告与给集团的两套报告之间的差别，要永远保留下去了吗？"

Fred 说道："我与中国区 CFO Bob 在这个话题上有过深入的交流，下面这张图（图 1-18）是 Bob 贡献的，尽管是以中国财报为例的，但我觉得很有通用意义。

"Bob 跟我说，所谓的 GAAP 准则差异，也就是我们每个子公司要面对的两套报表，很多人只关注了纯技术层面的差异，如在中国准则下，减值后的存货允许日后价值回调，但在美国财报要求下，一经减值，不得回调。

"这类差异现在越来越小，不同体系的准则融合度越来越高。但是，还有一个报表层面的差异一直被人忽略，就是'身份'不同，做账方法就不一样。

"我们为什么用一个上午讨论这个话题呢？因为这是我们各个子公司都常犯的错误。我想，背后的原因很可能是这样的——你们在学校里学的所有做账逻辑都基于'你在为一个独立的单体公司记账'这样一个假设，但是，作为一个集团的子公司，你们的身份是部门。所以，在日常记账的时候，你们都必须以'部门'的身份来记账，按母公司遵行的美国财报下的账套与定义来记账。

图 1-18　准则差异与报表角度的做账差异

"只有在发单体报告时，通过连接账户做适当的调整，你们才能过一下当家长的瘾，做一份在当地单独公布的法人报表。所以，总账的原则是要以'部门'的眼光来配合集团完成一张合并报表。"

王丽问道："那不是要做两套报表了？"

　　"只要有母公司与子公司的控股关系，合并报表就绕不开，也就必然会有两套报表。我们平时一直鄙视的'两套报表'，是那些为了逃税、漏税做假账的做法。而这里讲的两套报表不是税务报表，而是财务报表，是为了满足集团和子公司公布财报的不同要求特别制作的。"

　　听完这堂课，王丽在想：是啊，以前也上过美国与中国财报准则的培训课，通篇都在谈各种技术差异，没想到还有这么频繁的"身份切换"带来的报表差异。

　　Bob 以前讲的那句"财务是一门实践的学科"，今天自己可是亲身体验了。

第二部分

为成为优秀的财务人储备能量

21　霸气的 Bob 怎么不拿主意了

Bob 去总部开一年一度的财务研讨会（Global Finance Workshop，GFW），出席对象一般是各个分公司高级经理以上职位的人。例如，Bob 下面的方敏与财务控制部经理 Lily 都可以出席。但是，Bob 总会争取多带一个人。

Bob 的上司、公司的全球 CFO Tim 十分欣赏 Bob 的能力，这样的要求虽然有点特殊化，但考虑到 Bob 卓越的工作表现与不可替代的作用，Tim 还是同意了。规定是死的，但适当给予出类拔萃的人才一些照顾也是应该的。不过，Tim 提了一个要求：可以额外带一个下属，但这个人必须做些分享，与大家交流一些先进的工作经验与心得。

Bob 这次没有像上次一样钦点，有了方敏与王丽的不愉快事件，现在再遇到涉及个人利益的敏感事件，他都会找下属商量。Bob 把方敏与 Lily 叫到了办公室，询问她俩的意见，这次的额外名额该给谁。

负责财务控制的 Lily 是典型的东北人，做事麻利，为人直爽，但有时会给人一种咄咄逼人的压迫感。在这种事情上，Lily 的想法很直接：我们财务控制是给公司带来直接效益的，一个项目就能节约好几百万元，利益与贡献应当对等，这样的好事情，默认就得属于财务控制部。所以 Lily 就推举了她下面的 Willa，声称 Willa 主导的消除差额（Close the Gap，CtG）项目实现了很大的成本节约，光水电费一块，一个月就省了将近一百万元。

方敏的性格则不太一样，名牌大学财务专业毕业，天资聪颖，一毕业就被"四大"之一的德勤作为校招生录取。在德勤的三年超负荷工作，让方敏萌生了去大公司做职业白领的想法，正好用这段时间解决结婚育儿的问题。所以，来到QMD，方敏完全变了一个节奏，特别是生了孩子之后，整个人彻底松弛下来了。

方敏本身就不是喜欢与他人起冲突的人，所以，即使与 Lily 常在工作上有不同意见，方敏一般都选择隐忍。反正工作嘛，就是 8 小时在外赚养家糊口的钱，自己业余生活的质量、与家人在一起的时间才是最值得在意的。

但这次 Lily 提出的候选人 Willa，方敏很不能接受，Willa 是那种特别会蹭露脸机会（Face Time）的人，一天到晚找机会去总经理办公室向 Adam 汇报她的所谓项目进展。关键的是，Willa 对她的总账与应付款（AP）成员态度极差，所以方敏打心眼里鄙视 Willa 这样的势利小人。

于是，方敏表达了不同的意见："我不同意。论贡献，大家都有，我们两个组只是前后工序不同，没有我们会计组精确有序的数据，成本组哪做得了什么分析。这样，大家轮吧，去年是你们组的 Cindy 去的，这次应当轮到我们会计组了。"

一向善于争辩的 Lily 没想到方敏会如此坚定明确地提出反对意见，一时竟不知道该怎么应答。

这时，Bob 发声了："去德国总部参加全球会议，我额外带一个人的目的是展现我们苏州公司的管理水平与人才储备，这也有利于 Adam 向总部争取将更多的项目转到我们苏州工厂。所以，我们可以展示一些多样性，不仅我们的成本组贡献突出，这次我要让他们看到，在平凡的会计工作上，我们一样有值得展示的亮点。"

Lily 基本上能赢得与其他所有人的争辩，唯独在 Bob 这儿，她实在没招。因为 Bob 太狡猾，每次和他谈具体问题，他总是不直接回答，先跳到一个大原则上，让你无法否定，然后沿着这个逻辑再迂回到眼下的问题，这个时候，你才发现自己已经无以应答了。你看，他居然能谈到一个优秀的财务团队可以帮总经理在总部争取更多项目，这还有什么好说的。

就这样，人选确定在会计组。这时，Lily 说道："既然是定在会计组，你俩定具体人选吧，我先走了。"

Bob 依然没有开口，他在等方敏提人选。在最近结束的 360 度评估反馈中，Bob 让两个上司、四个同僚与六个下属填了对他工作的反馈意见表，其中有一条，下属关于他工作中"公平公正地做出决策"方面的反馈，得分偏低。

大家没有明说，他估计是自己对王丽的培养力度过大所致的。Bob 认定的事，会十分坚定地做下去，他不会因此调整方向。但他也做了反思，觉得在具体的做法上可以柔和些。

见 Bob 不开口，方敏知道他在等她提议。敏感细腻的方敏很容易捕捉到上司的心思，哪怕是一点细微的变化。方敏打破了沉默："你刚才说到，要去总部做分享，就工作能力与知识面而言，王丽是最佳人选，只是王丽的英文不怎么流利。我一时还想不出完美的人选。"

Bob 又问："你的团队中，谁的英文流利？"

方敏答道："Peter 英文还不错，只是这家伙情商太低，群众关系太差，专业上也一般，派这样的人去还不如不派。"

Bob 继续问："你觉得要做好一场演讲，最关键的素质是什么？"

方敏想了一下，回答道："其实，胆量比技能更为关键。在大场面上，敢讲比能讲更重要。"

"是的，这也是我的一个非常深刻的生活观察。一个人如果有敢于表现自我的勇气，即便底子差些，临场的自信也可以弥补过来。管理人员的各项素质中，我最看重的一条就是勇气，而这一条，好多人天生稀缺。"

"所以，你发现王丽之后，就像找到了宝贝似的拼命培养她。"

方敏对 Bob 有很深的了解，她知道，在这种私下交流的场合，Bob 是一个很包容的人，跟他说得直接一点也无所谓。

Bob 回答："没错。技能与知识是容易教的，但像勇气这种性格要素，是可遇不可求的，或者说要经历很多磨炼才能培养起来。咱们毕竟是企业，不是培训中心。"

"这句话从你嘴里说出来让我惊讶，你搞的学习型组织，每周有技术分享会，每季有财务工作坊，还逼着我们每个人写'错误归集'，简直就是一所财务大学了。"

"财务大学，这还真是我的梦想，不过，那是我退休之后的事了，现在也算是在积累经验吧。"

方敏没想到 Bob 会如此坦诚，原来这家伙也是在为自己公司职业生涯（Corporate Life）结束后的梦想练兵。看来，每个人都有自己的小算盘，只是这个 Bob，是以一种无私的方式自私着。

想到这里，方敏爽快地说道："好吧，我决定把王丽送进你的财务大学深造。"

Bob 又说："王丽首先是你的部下，她快速成长，你是最大的直接受益者。"

"老板，我发现你最近变了，以前你都是自己做决定的，现在喜欢找我们商量了。在我们面前，不再是那个霸气的老板，更像是一个儒雅的教授了。有什么事情触发这一改变吗？"

方敏真是机敏，连这点变化她都察觉到了。

"好，咱就聊聊这件事。哟，不早了，你先叫个外卖吧，咱边吃边聊。"

22　废弃的荒野与甜蜜的事业

办公室的人都下班了，财务办公区只有 Bob 的房间灯亮着，方敏与 Bob 一边啃着比萨饼，一边聊着。

Bob 问方敏："你觉得一个人的性格能改变吗？"

方敏回答："局部可以，整体很难。有些是基因决定的，如 Lily，像她那种逢利必争、逢争必赢的强势性格，估计我怎么都学不来。"

"改变与否，是跟着需求来的。"说着 Bob 起身在白板上画了一个矩阵图（图 2-1）。

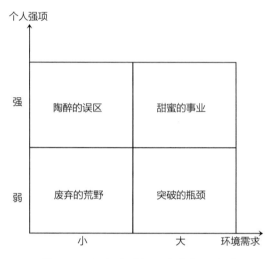

图 2-1　个人强项与环境需求矩阵图

"我们可以按环境需求与个人强项这两个维度画出四个象限。右上角，你很擅长的领域又是这个岗位非常需要的，这是甜蜜的事业，好好享受，好好发挥。例如，你很细心，现在管账务就非常合适。

"但事情并不总是如此顺利的，左下角，一个人既不擅长，也没需求的，那就弃而远之，例如，我不擅长喝酒应酬，在外企也没这个需要，那就不用去操心。

"左上角的这个区有点诡异，是你的强项，但没有需求，会特别憋屈。"

方敏突然插话道："我想起来了，我刚进'四大'的时候很痛苦。大学时我是系里的学生会主席，分配工作与横向协调是我的强项，可是进'四大'的第一年，我是给经理打杂的。我可羡慕经理的工作了，制订审计时间表，给下属分配工作，自己坐镇督军，太酷了。可我每天不得不面对装订、核验和整理的杂活，太委屈了。"

Bob 问她："那你当时是怎么过来的？"

"还能怎样？那不是我的舞台，只能调整自己的心态咯。"

　　"对，你在那个时间必须从基层做起。你做经理的潜质只能先收着，待技术能力上到一个台阶，才能启动你的管理能力。这个次序与节奏不能搞乱了。

　　"好，我们再来说说右下角的象限，你不擅长却是岗位最需要的。身处这个象限该怎么办？"

　　方敏回答："那还用说，提升自我，迎头赶上啊。"

　　"对，提升自我。一个人要改变自己的性格很难，得有一定的生活智慧与定力。现在市场上有两类书，我觉得都有问题。一类书是打鸡血的，一切皆有可能，要你发明自己，而不是发现自己。这没必要，我们锁定这第四象限，在有巨大社会需求的地方修正自己就行了。另一类书，特别具有蛊惑力，叫作'经营自己的强项'。没错，从大面上讲，人要照右上角第二象限去规划自己的人生，但就具体的当下而言，你在面对一个绕不过的坎时，转身去经营所谓的强项其实就是在逃避现实。我们有很多小朋友，学了财务却发现自己存在着马虎、粗心的缺点，怎么办？重新学一门专业肯定不现实，还是要老老实实地克服自己身上的不足，因为这是当务之急。"

　　"明白。但你只说了要不要改变，以及何种情形下需要改变，而我很想知道如何改变。江山易改，本性难移，我特别想听听你的故事。"

　　Bob 继续说："就说眼下的事吧，你问了我最近的变化，我确实在有意识地调整自己。上次去总部开会，中间有一个环节，人事部安排了外部测评专家给我们做了职业性格色彩测评。人的职业性格^①分红宝石、绿宝石、蓝宝石三种基本色调，红宝石做事以目标为驱动，快速决策，但给人以压迫感，容易造成同事间的摩擦。"

　　方敏插话道："这说的不就是我们家 Lily 吗？"

　　Bob 没接话，继续说道："还有一类人，做事不紧不慢，特别讲究合理性，强调方法与技术手段，但太过于纠结技术细节时往往会失去大目标。"Bob 顿了一

---

① 出自 Effectiveness Dimensions International, LLC. 公司的 John W. Hanes 的职业性格色彩测评工具。

下，接着说道："这说的不就是我们家方敏吗？"

方敏笑了，问道："那蓝宝石又是怎样的？"

Bob 回答："蓝宝石完全是另外一个维度，红、绿两种都是以事情为中心的，而蓝宝石是以人为本的，工作中非常在意团队氛围、与他人的关系是否融洽。蓝宝石最有人缘，情商特别高，乐于分享。但每种性格都有负面色彩，蓝宝石会因害怕起冲突而放弃自己的原则。而作为一个带团队的经理，有时放弃自己的原则，为了息事宁人接了不该接的活，是会被下属恨死的。长期地让团队陷于无价值劳动之中，有才干的下属会离开。所以，并不是做老好人就能留住自己的团队。"

"那你是什么颜色的呢？我看你分配任务那不容商讨的霸气，可红了。我觉得吧，本质上你与 Lily 是同一类的。但是，你又有你的绿，有些细节上你可在意了，像报表的格式，特别是对 T 型账的执着，你又像一个技术控。但你还在不遗余力地推行学习型组织，看到像王丽那样的可塑之才，你会投入极大的耐心培养。这些似乎只有超蓝超蓝的性格才会去做。你是混合色吗？"

Bob 回道："其实每个人都是不同配比的混合色，我很喜欢给我们上领导力课的外部咨询师 John 的量子叠加态模型。

"学物理出身的 John 用量子理论来形容一个人的个性。量子理论是动态哲学，它不强调'是什么'，而是用'成为什么的概率有多大'来定义。它的关键词是叠加态，那个著名的薛定谔[①]的猫的实验告诉我们，猫随时处于生与死的叠加态。

"我们每一时点的个性也处于这样一种红、绿、蓝三色的叠加态，你在任何一种颜色上着力表现得多一些，这种颜色的特性就明显一些。"

"叠加态，好有趣。"

---

① 薛定谔，奥地利著名物理学家，曾以著名的"薛定谔的猫"的思想实验通俗易懂地说明了量子叠加原理。

23 做一个会讲故事的财务人

当王丽得知自己要去德国总部开年度财务研讨会时，她既兴奋又紧张。而且这次开会的地点在阿尔卑斯山脚下的一个小镇，终于可以亲眼一睹童话世界般的新天鹅堡了，幸福真是来得太突然了。但回过神来，这次作为特邀代表要做展示报告，又不免让她紧张了起来。

王丽想不出有什么合适的话题，就去找方经理商量。方经理笑道："解铃还须系铃人。Bob 让你去，自有办法帮你解围，你何不直接问他去。"

方经理实在找不到激情去培养什么下属，8 小时里管好自己财务这一大摊事就够忙乎的了，这种事情能推则推，再说 Bob 好为人师，何不做个顺水人情呢。

王丽就去找 Bob 了，有了上次 QBR 上的不愉快事件，王丽始终掌握一个原则：每次要找 Bob 都事先让方经理知道，免得她产生误会。

Bob 了解了王丽的来意之后就问她："来公司快一年了，你觉得最有成就感的一件事是什么？"

王丽想了一下说道："要说成就感嘛，就是将月结从原来的七天减到了三天。不过，月结这种常规工作有什么好讲的？"

Bob 问："你做得容易吗？"

王丽回答："一点也不容易，牵涉好多部门呢。"

"那就对了，你从精益财务的角度去讲，砍掉了哪些非增值劳动，如何实现系统自动化，怎么利用外界资源，怎么减少部门间的无效报告，这里边可有得总结了。"

经 Bob 这么一提点，王丽突然找到了方向，说："要不我做个初稿先给你看看。"

过了几天，王丽拿了打印的初稿来找 Bob。当然，王丽还是先将电子邮件抄送了方经理。事关对人的尊重，没有一项细节小到可以忽略。

王丽这样开始了她的介绍：

"我们这个项目涉及仓库、采购和人事等好几个部门，我们在重新定义了流程之后，一共找出了三个大类的二十几个小项目作为行动方案……"

听到这里，Bob 做了一个暂停的手势。"停。你这样讲没人听得明白，用不了两分钟，你就会失去听众。你这是一种典型的自传体报告形式，一切从自我出发，以自己对这件事的知识水平作为起点，丝毫没有考虑听众的了解程度。一个好的报告必须由外向里，以终为始，从轻到重。这样，我还是先给你讲一讲如何做一份好的展示报告吧。"

说着，Bob 就去他的电脑里搜自己的宝贝了。Bob 找出了一份名为《财务表达力——做一个会讲故事的财务人》的报告。Bob 一边打开文件，一边得意地说："我在大学给会计系的学生做这个讲座时，可是获得满堂彩的。"

"好吧，我就坐回课堂，再做一次学生吧。"

Bob 喝了一口水，像现场做报告那样开始了他的讲解。

"我们财务专业人士常常给人谨慎保守和不善表达的职业形象，这也不能全部说是偏见，主要还是大多数财务人员自己'闷'出来的。专业训练中要求的严谨性让我们潜意识中将工作重心聚焦于数字，而忽略了数字报告背后的沟通对象，这是我们财务人在沟通交流上常常不知不觉陷入的第一个误区，也是一个 Who 的问题，没有搞清楚所表达的东西是给谁看的，你的沟通对象到底是谁。

"一份报告所要表达的中心主题与技术复杂程度往往需因人而异，给总经理看的就要简明扼要，避免生僻却不做交代的专业术语，而给直属上司的可以多些技术论证。如果你的报告对象是其他地区的同行，我们工厂的内部流程他们不了解，你就必须先退出来让大家看到一个大局。

"你犯的这个错也是财务专业人士的通病，就是一开始就扎到技术细节中，让人看得一头雾水。一个真正懂得表达的人一定会遵循由外而内的思维过程，根据读者对报告内容的了解程度而做必要的调整，或加入背景介绍，或提出关键问题等。"

看到王丽在埋头记录，Bob 继续说了下去。

"第二个误区是数据多，提炼少，缺乏要点，这是 What 的问题，核心内容不够精练深刻。很多人的报告，无论演示稿还是数据表，洋洋洒洒地写了一大堆，多半是数据的罗列，听报告的人听完之后，走出会议室，什么都没带走。

"数据只能说是基本素材，只有经过整理加工之后才能成为有价值的信息，而信息如果过于繁杂，还需要提炼出一条信息。

"举个例子。这张表（表2-1）为一张实际费用与预算的对照表，在算出各个部门的各项支出对比之后，你最好能整理出一条'用一句话就能概括'的信息，例如，'除了市场部门三月份的一次性广告支出，其他部门的费用都在预算之内'，这才是画龙点睛之笔。

表 2-1　实际费用与预算的对照表

除了市场部门三月的一次性广告支出，总体各部门的费用都在预算范围内

数据 ——加工——→ 信息 ——提炼——→ 情报

单位：万元

部门	CC	全年预算 (a)	一月	二月	三月	四月	五月	年度累计 (b)	同比预算 (c=a/12×5)	差异 (d=b-c)
人事部	CC1000	13 982	1 163	801	1 019	755	915	4 653	5 826	-1 173
财务部	CC1050	3 265	162	99	180	135	136	712	1 360	-648
采购部	CC1120	4 077	232	153	217	192	179	973	1 699	-726
销售部	CC1380	3 039	213	212	261	213	191	1 090	1 266	-176
物流部	CC1510	2 324	130	135	143	132	121	661	968	-307
市场部	CC1560	2 404	136	230	800	123	162	1 451	1 002	449
质检部	CC1580	2 359	93	83	140	115	97	528	983	-455
生产部	CC1650	2 144	151	123	173	142	131	720	893	-173
技术部	CC1730	3 258	226	189	284	211	184	1 094	1 358	-264
研发部	CC1750	5 092	454	398	539	293	284	1 968	2 122	-154
总数		41 944	2 960	2 423	3 756	2 311	2 400	13 850	17 477	-3 627

"我在德国工作时，常与世界知名的麦肯锡咨询公司共事，从他们那里学到的一个超强公式，就是表达力 = 图表 + 说明 + 情报，分别对应了上述的数据、信息

和情报的三个层次。

　　"第三个误区是头重脚轻，结构混乱，也是 How 的问题。很多人习惯把自己耗时最长、研磨最深或最有心得的那块内容拿出来作为重点讲解，自以为展现的是精华，却不知整个结构零乱无序，让听者无所适从。

　　"我有一个在'四大'会计师事务所工作的资深合伙人朋友，他说他们'四大'非常讲究的一点就是做事的方法结构。要把一个主题表达清楚，结构最重要。应当由粗到细，由大到小。

　　"在起草一个报告的时候，第一步不是动笔就写，而是先花时间设计结构，如分哪几个部分来讲，每个部分又有几个小点，数据图表又该在哪里作为辅助材料切入。这种'以终为始'的写报告方法往往有一个特征——头轻脚重。这里的'轻'是简洁轻灵的意思。演示报告的第一页常常就是结论或核心观点，然后点击相关要点，再弹出数据支持的明细。有时正文可能就一页而已，所有的支持材料都作为链接文件放在附录里。

　　"再举个例子。这是我给其他部门做'书面沟通'培训时用的一个案例，取材于我们财务去客户端寄售仓做盘点用的总结报告（表 2-2）。

　　"这份呈现给总经理看的报告，直接把细致的数据细节丢进附件里去。第一页就把最重要的内容呈现出来，有问题分析，有解决方案，最后还有一句重点标出的总结性建议。至于细节数据，总经理有兴趣才点链接切换到后面去看。

表 2-2　一份由大到小的报告

鉴于此次抽查发现的多种问题，建议加强客户端仓库管理，增加抽查！

本次出差发现6个问题，3个主要问题，3个次要问题。

1）主要问题：

问题概述	业务影响	建议措施
与客户S在厦门的收款流程未理顺，付款单据存在争议	短期：3月共 163 万元 长期：后期每笔收款麻烦	财务/业务部成立课题小组与客户的财务/业务对接沟通
与客户K在惠州仓库存在销售数量差异	短期：收入确认17万元 长期：潜在的争议坏账	香港应收款负责人拜访客户，找出差异根源
客户指定的货代丢失单据却不愿承担全部损失	短期：不愿赔付 2 万元的关税 长期：潜在的低质量服务	分管业务员向客户反映，列入未来价格谈判的备选项目

2）次要问题：

- 退货中的"市场原因"有滥用倾向，实际数字调整后为0.53% 附件1
- 香港特区销售与内地工厂由谁承担检验费的问题应内部事先厘清
- 成都小仓库的盘点可以不必动用香港的员工出差，以节省开支

"其实大公司的演示会，留给演讲者阐述一个主题的时间往往只有 5~7 分钟，如果不把重点放在最显要的位置，无法在前 30 秒抓住与会者的兴趣，这个讲演很可能会以失败告终。

"从埋头于数字到面对沟通对象，不只是表达力的提升，更是一个财务人的职业转型过程，即从一个素材的加工者变成一个故事的叙述者。说到底，一个公司能得到资本市场追捧，靠的不就是故事精彩吗！"

王丽叹了一口气："我爸我妈都是做会计的，从小对我的教育就是做事要认真踏实。所以，我一直以为'会做'才是最重要的。没想到，'会说'也这么重要。"

Bob 纠正道："不是'也这么重要'，而是你的职位越高，'会说'就越重要。你就从这次的演示报告开始打造这项能力吧。"

24 以价值创造为核心的精益财务

王丽听了 Bob 的展示报告辅导，回去按 Bob 讲的思维导图法做了一个总结（图 2-2），并将这次培训令自己印象至深的一段话写在了下面。

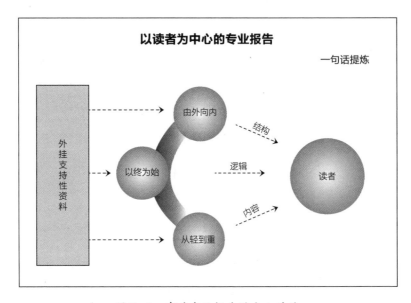

图 2-2 有关专业报告的个人总结

你就把财务报告当一个产品来做就是了。它也要考虑用户体验，如生僻的术语要在第一次出现时加以解释；它还要考虑成本控制，如能用一两页解释清楚的就不要写第三、第四页，投入的精力都是成本；最后，一个报告也有它的质量检验流程，在发出去之前要做所有的链接检查与数据核对。财务报告是财务人亲手制作的产品，把报告做得逻辑清晰又通俗易懂，这就是一个财务人工匠精神的具体体现。时间久了，就会形成一种品牌。

财务人的工匠精神，王丽是第一次体会到。有了这个目标，王丽很受启发，一定要做出一个让大家眼前一亮的报告来。

王丽摊开了一张 A4 纸，当她写下"如何缩短结账时间"这个标题时，一想到 Bob 的报告原则，马上就把这个标题给划掉了，不行，这个标题太具体太琐碎了，尽管它是我要呈现的主干部分。先从以终为始的原则出发，我这次去是 Bob 额外争取的机会，目的是展现 QSZ 工厂的管理水平与人才储备。所以，这次的关键读者就是 Tim，Bob 的上司，全球 CFO。

既然是给全球 CFO 看的，其他人只是"陪太子读书"，那主题一定要拔高。于是王丽写下了这样的一个标题：Finance Lean Operation，财务精益。

这时，Bob 正好来找王丽问一组数据，王丽就征求了一下 Bob 的意见。Bob 看了以后，说道："思路对了，但可以更有力度一些，我们应当拔高到 Tim 可以拿到他的同僚那里去做宣传的高度。例如，想象一下这样的场景，有一天他可以在他们的总裁圈子里这样为自己宣传，'亲爱的 COO，不只你们有精益管理，我们财务也能做，你看我们 QSZ 的总账做的财务精益报告'。我们作为专业人士，要提升自己的影响力，一个有效的方法就是将自己对接到上司的协作体系中。想老板所想，设身处地考虑上司可能遇到的场景，并为此提供相应的解决方案。职场上最高级的'拍马屁'方式就是不断去做那些让你的上司在他的圈子里感到脸上有光的事情。"

王丽愣了一下，'拍马屁'这三个字从 Bob 嘴里说出来让她有点惊讶。当然，王丽一点也不反感，用提升价值的方式去取悦上司，这也够专业了。此时，Bob 已经将王丽的题目改成了：Lean Finance toward Operation Excellence，致力于卓越运营的财务精益管理。

看到这样一个题目，王丽都有点不敢写了，感觉这牛吹大了。Bob 马上在一旁打气："想一想我们这个项目的成果，从 7 天到 3 天完成结账，可以让管理层在结账后的第一周看到上个月的经营状况，还有，我们节省了那么多加班时间，关键还带动了其他部门的效率提升。"

看王丽还在沉思之中，Bob 进一步激励道："你听说过 IBM 首位女 CEO 罗睿兰的故事吗？她的上司要破格提拔她，她的回应却是，'我担心自己还没准备好，再等一两年吧'。但是她回去跟丈夫一说，她丈夫问了她一个问题，'如果你是一个男人，你还会拒绝吗？'罗睿兰说，那她一定会接受。经过丈夫的这番提点，第二天，自信满满的罗睿兰接受了这份工作。"

Bob 的这番话既是激励，也是安慰。人家 IBM CEO 那样的女强人都有怯懦的时候，那自己也没必要顾虑那么多了。

经过几轮修改，加上 Bob 的指点，王丽将第一页的内容以图 2-3 的形式呈现。

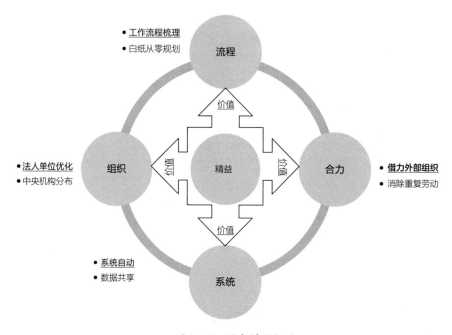

图 2-3　财务精益报告

这张图突出了精益管理的核心——创造价值。一个组织之所以变得臃肿低效，是因为有很多与价值创造无关的无效劳动。QSZ 的财务精益围绕流程、合力、系统与组织四个方面来排查各种非增值操作，并以此列出一系列整改措施，最终不仅达成了"从 7 天到 3 天"的结账速度，还将整个财务团队的人均加班时间从30 多小时缩短到不足 10 小时。

这张幻灯片是所要呈现的内容主页，然后，具体内容可以通过点击这一页的相关词自动跳到链接页展开说明，带下划线的词都是可以点击转到链接细节

中去的。例如，点击"价值"这个词，就跳到"财务精益—价值取向"这一页
（图2-4）。

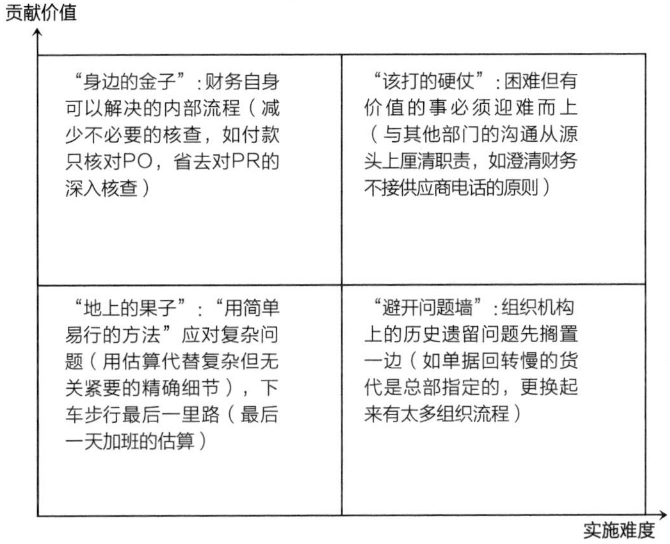

图 2-4　价值取向图

讲到价值，Tim 这个大老板可能最关心的是，你们说的价值创造到底是如何
定义的？这张四象限图就是用来回答这个问题的，这一页也是第二张要呈现的幻
灯片，因为其中的价值要点适用于所有子公司，Tim 关心的肯定不是只在某一家
子公司适用的操作方法。有关 QSZ 的具体操作还是要先保留一下，稍后再说。

25　身边的金子与地上的果子

上面的价值取向图（图2-4）将财务精益按"贡献价值与实施难度"来展开，
形成四个象限。

1. 左上角的象限，"身边的金子"

贡献价值大且实施难度小的，人们称之为"身边的金子"。如财务自身可以解决的内部流程，不涉及其他部门的合作，执行起来要容易得多。因为效果明显，所以必须是最为紧要去落实的。

例如，减少不必要的核查。Bob 的前任曾经因为公司的采购发生过一次订单额超过管理层批准用款额的事件［PO（订单）> PR（采购申请单）金额］，就定了一个规定：AP 应付款项付款小组在付款时，不仅要核对发票与订单的金额，还要将 PO 与 PR 的金额进行核对。这是一件工作量巨大却没有任何价值的多余劳动!

先来看工作量大的问题。因为每次核查至少要花 10 分钟，一个月几千张发票做下来，几百个小时就搭了进去。关键是，这项工作毫无意义，因为在 AP 进行付款的环节，只要 PO 发出并收货，在价格与质量上不存在异议，对外付款是一个必须要发生的操作。这个时点上，即使发现采购的金额大于管理层授权的金额，那只是采购、财务与管理层的内部操作问题，它与外部付款毫不相干。这就相当于你拿 10 元钱给儿子，让他去打一瓶酱油，儿子回来时将找零买了一根冰棍，你不能因为儿子的越权行为找到店主要求退还买冰棍的钱。打酱油也是一件严肃的事。

当那天向大家宣布以后付款不用再去核对 PR 金额时，大家一片雀跃，因为99.99% 的核对结果都是没问题的。这类偶尔的小概率事件，应当用例外管理法（Management by Exception，MBE，见图 2-5）进行控制管理。以无罪假设一律放行，一旦发现有人违规，以加大惩罚力度的方式给予警戒。

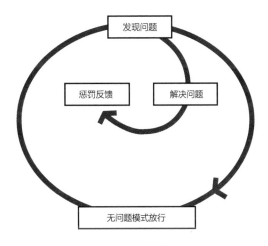

图 2-5　例外管理法

2. 左下角的象限，"地上的果子"

一弯腰就能捡到的果子，虽然成效不是很大，但因为是举手之劳，也要优先去落实。

用一种简单易行的方法来解决复杂案例中的主要问题，有四两拨千斤的妙用。如在结账环节中使用估算来代替原始数据的烦琐计算。作为一个有上千人的工厂，QSZ 财务组结账被拖慢的关键在于最后一天的加班记录，人事部要在结账后的第三天才能算出加班费给财务。用一个简单易行的方法估一下，以前 29 天的平均数作为一个代理值（Proxy），其实误差是极小的。算一个粗账就行：加班工资只占所有工资费用的 30%，最后一天只占一个月的 1/30，估一个平均值的差异，历史公式计算结果显示差异不超过 10%，而最后，工资费用这块只占公司成本的 10%，这么一推算，30%×1/30×10%×10%＝0.01%，这万分之一的差异是完全在可接受范围内的，对外审计时，用一个专业的词，只要没到重要性上限（Materiality Level），就不必太计较。

在推行估算这个方法时，内部曾有人质疑过：为什么明明可以算出精确值却要去估计？这个问题不问不知道，一算吓一跳。我们财务估得还少吗？折旧按 5 年或 8 年直接一除，坏账率按国家商业风险来个 1%、2% 的，这些不都是估算吗？

Bob 是用"最后一里路"的比喻来定性这类问题的。出差途中，你从机场打车去酒店，高速下来都一路顺畅，但最后一里路，堵得水泄不通。有些人就是不下车，反正公司报销车费。为什么不下车步行这最后的 500 米呢？因为"反正公司报销"这条元程序在作怪。

类似的元程序，我们财务人身上也有。我们在内部讨论这个处理方法时，其实挖出了一块财务人普遍存在的惯性思维盲区。我们学财务的，都觉得客观精确是职业操守中最重要的原则，在一定程度上，我们为了追求数字上的精确完美而忘掉了财务的另一个本质：财务的信息充其量只是一个近似值。因为近似，所以在能够精准的地方一定要精准；但反过来，不能为了精准而精准，毕竟财务的信息是有成本的，闰年的折旧按 366 天摊与非闰年按 365 天摊，这样的差异有必要调整吗？

做一个好的财务信息提供者，一定要有一个"尺度感"，什么多做，什么精做，唯一的尺度就是价值这杆标尺。专业与业余的区别，其实就是对尺度的拿捏。组织在演化过程中，会有许多原先觉得有意义的活动突然变得毫无价值，例如，你曾经的客户公司被集团收购为姐妹公司后，你与他之间的坏账准备金计提在报表层面上就没有任何价值了。

3. 再来看右上角，"该打的硬仗"

前面两个象限，都在左边，是执行难度低的。而右上角则是价值大但有推动难度的。因为价值大，所以有困难也得迎难而上。组织中很多低效率重复劳动都是部门之间的职责不清造成的，这时就有必要去澄清责任，梳理流程。

我们在做这个精益项目时，发现 AP 付款小组很多人的时间浪费在了与供应商的交流上，我们是用一个作业价值模型（ATM Model，表 2-3）来梳理并解决这个痛点问题的。

为了精确定位存在的问题，我们进行了分组讨论，按 AP、司库、税务等各子模块分组，每组使用了一个 Bob 给我们设计的作业价值模型。AP 付款模块一度是我们 QSZ 的瓶颈岗位，这个模型就特别有用。

表 2-3　作业价值模型（ATM Model）

Activities（作业）	Time（时间）	Merits（价值）
核对价格差异	35%	★
准备付款单据	20%	★★★
接供应商电话	15%	★
录入会计分录	10%	★★★
月底结账工作	10%	★★★★
分析付款趋势	5%	★★★★★
改善付款流程	5%	★★★★★
知识总结分享	0%	★★★★★
	价值系数	2.3

　　A 即 Activities，我们将每个岗位细分成各项具体的作业；T 为 Time，代表各项作业占用的时间比例；M 为 Merits 的首字母，代表价值分数。5 颗星为价值分数最高的 5 分，1 颗星为 1 分，这样可以算出每个模块的加权平均分值，如 AP 组作为重灾区，其分数只有 2.3 分。

　　这张表的好处是，能够让我们从日常的工作中退出来，后退一步，用价值系数的标尺重新衡量我们工作中的每一项操作。例如，与供应商的交流、回他们的邮件、接他们的问款电话，甚至照着他们报出的订单号核查付款进度，这些工作，无论是对 AP 小组还是财务部，甚至整个公司，都毫无价值。

　　作为一个负责任、守信用的企业，QSZ 从未有过故意拖欠供应商货款的行为，按每月固定付款日操作，供应商应当自己去核查。

　　但是，这项工作吃掉了 AP 成员平均 15% 的时间。这样的清晰列表，让大家一下子找到了准确的方向与行动计划。这个作业价值模型的通用价值就是提供了概念问题数据化的解决思路。AP 效率低，这是一个概念问题，但怎么做，从哪儿着手，这就需要量化模型了。

　　下一步就是行动计划的落实了，找采购部沟通，财务不再接供应商电话，有问题找采购。此时，Bob 挺身而出，去说服采购总监 Ben，这种部门间责任的切割，基层人员之间吵再久也没用，必须得两个部门的领导达成共识后再由上往下贯彻才行得通。

采购总监听到 Bob 的想法后，第一反应是反对的，认为这些信息总得有人提供，但是采购现在在忙重要的基建项目。

Bob 还是沿用他的惯常策略，用无法否认的原则来推进。

"我不知道由我们财务人员直接面对供应商是否是个好主意？"

Ben 回道："这有什么的？你的前任都不曾有过异议，我没觉得有什么问题。"

"也许到现在没什么问题，但其中潜在的风险一直存在。不管是财务还是采购，我们都是代表 QMD 面对外部供应商的，对吧？"

Ben 回答："这没错。"

Bob 继续说："不管用什么方式交流，我们应当坚守一条原则——不能让第三方运用信息不对称获利。这一点你认同吧？"

"当然。不过，我没看出有什么让供应商获利的可能。"

"既然价格与付款等合同条款是采购与供应商谈妥的，那么，所有与供应商的交流最好都归口在同一个人，免得换一拨人不知深浅地中他人圈套，无意中泄露商业机密。"

Ben 不以为意地说："你言重了吧。"

Bob 说道："你们采购面对的是供应商的销售人员，每个公司的销售人员几乎都是人精，获取信息乃他们最基本的吃饭本领。我以前做过销售，当时，我怀疑客户给我 20% 的预付款是偏低的，但对方的采购员就是铁嘴一张，'我们都是一视同仁的，最多只给 20%。'

"所以，我就用迂回作战的方式打破了僵局。有一天，我去位于静安寺的高级写字楼里的客户公司时，特意到他们财务科发了一大袋巧克力，就说自己刚从德国黑森林回来，给他们带些黑巧克力尝尝。其实只是找个理由套近乎，这黑森林与黑巧克力到底是什么关系，我至今都不清楚。反正，他们公司上到总经理助理下到门卫，和我关系都不错。

"看他们开心地吃着巧克力，我就跟他们 AP 组的 Vivian 聊了起来，'唉，你们上海人什么都好，就是有一点不好，你们上海人有点抱团。而且，你们把这一点带到做生意上面了，比方说，给我们公司只给 20% 预付款，但我们的竞争对手，

方博公司，只因他们是上海公司，你们就给到 50%。'

"说到这里，Vivian 马上打断我，'净瞎说，我们顶多给到 40%，方博也只有 30%，哪有你说的 50%。'

"那天离开客户公司时，我如愿以偿地拿到了 30% 的条款。一袋巧克力，太值了。"

说到这里，Bob 又加了一句："我们这些 AP 与那个 Vivian 一样，都是些单纯的女孩子，只知道记账，哪里是对方销售员的对手，遇到对方这样的突击根本防不胜防。所以，很多公司有这样的规定，没有经过专业训练的内部职员不得对外提供信息。"

听到这里，Ben 爽快地答应了："好，我回去跟我们采购定这个规矩。"

关键场合的关键支持，这是一个上司最值得期待的作为。这就是该打的硬仗。王丽在她的演讲稿里，特别标注了这么一句结语。

4. 最后一个象限，右下角的"避开问题墙"

"每个组织都有其特有的历史遗留问题，我们在做这个精益项目时，在开研讨会的当天列出了七十几项行动计划。但第二周进行进度跟踪时，我们决定舍弃其中的十几项，因为这些问题不是一两个部门能解决的。有的甚至牵涉到总部部门之间的利益平衡，例如，我们出口报关单不能及时回笼，因为总部指定的货代牛得不行，不愿配合。要改一个货代，太费心力了。所以，不是所有的问题我们都需要迎难而上的。把握住主要问题就行了。"

Bob 听完王丽的这番陈述演练，非常满意，特别是他以前分享给下属的与 Ben 的交涉，这类话是不适合自己在其他人面前提的，以项目成果展示的方式由别人结合案例讲出来，那就十分自然了。这个王丽，情商也提升得这么快，真是一块可造之材。

26　有趣有料的全球财务研讨会

总部的全球财务研讨会为期三天，在总部办公室 30 千米外的一个叫作沃夫豪森的小镇举行。

从这次会议的议程看，内容很丰富。

为了活跃气氛，组织者先让大家玩了一个 Bingo 的热身游戏。

Bingo 是英文中从人堆里找到一个人时脱口而出的词，相当于"就是你"。

王丽觉得这个游戏不仅有趣，还有助于促进彼此的了解。于是将游戏认真地记录了下来，准备回去与自己的团队也玩一次。

组织者事先从每个人那里搜集了一条非常有个人特征的信息，然后选取比较出彩或有意思的 9 条，组成了一个 3×3 的方框。游戏时每人手拿一张打印好的九宫格纸，在人堆里找特征相符的人签字。看谁能把 9 个格子签满（见图 2-6）。

YOUR NAME *Wang Li*

Bingo		
Has seen all 8 Harry potter movies Ata Sam	Has changed jobs in the last year Mamtu	Has an unusual pet (What is it?) Eric
Can speak more than 2 languages Bob Sean	Runs marathon contest every year Shana Crau	Has traveled to 5 continents or more than 20 countries Michal
Has played in an orchestra (What instrument?) Jean	Has been on a cruise Take	Has more than 5 siblings Finn

图 2-6　Bingo 游戏九宫格

这个游戏看似自然、随意，实则有不少的刻意准备。事先的信息征集与筛选，包括方便大家边走边签字用的写字托板，背后都有精心的准备。王丽再次感受到了德国人做事的细节掌控力。此刻，有一句话突然从她的脑海中冒了出来，是原先在读《高效能人士的七个习惯》时没读懂的那句"Mental Creation Precedes Physical Creation"（在一切有形的物质创造之前，必定先有无形的心智创造）。这小小的 Bingo 游戏不正说明了这条二次创造法则嘛！这张表格上的每条内容都先经过了组织者的心智创造，才会有最后如此完美的表现方式。看来，美好的事物是不可能偶然形成的。以前学的"物质决定意识"论得重新审视了。

王丽的演示被安排在户外游玩活动之前的最后一项，很多同事已经有点心不在焉了。但王丽不在意，因为她最在意的听众——集团 CFO Tim 听得非常认真。

"哗哗哗"地，王丽居然一口气用英文讲了 45 分钟，连她自己都不敢相信。在一片掌声中回位入座的王丽，此刻难以平复心情。脑海里一边回放着演讲的情形，一边想起了为这次演讲所做的各种练习准备。

来德国之前，王丽心里特别没底。即使内容已做到了几乎完美的地步，王丽仍然担心自己的英语会卡壳。真的该感谢 Bob，要不是他的鼓励与经验传授，自己真的没有这么强的自信。特别是 Bob 的 3R 模型，正是准备大场面的实用法宝。这 3R 是：Recital，背诵；Rehearsal，演练；Refresh，唤醒。

第一个 R，Recital，背诵。将写好的讲稿背下来，例子可以外挂单独背，先确保内容大纲完整地背下来。自信心来自准备，准备得越充分，临场就会越自信。

第二个 R，Rehearsal，演练。自己背完了就找人演练。Bob 在内容上帮自己过了一遍，回去又把老公当观众预演了一遍。从内容呈现到肢体语言，用"照镜子"的方式得到反馈并进行改善，确保最终的呈现质量。

最后一个 R 是 Refresh，唤醒。据 Bob 讲，这是他以前在海外找工作时一个面试达人指点的独门秘诀，在上场前的 5 分钟，将英文稿件快速地读一遍。一方面可以润润口，毕竟是非母语演讲，还没到张嘴就来的地步；同时，念上几分钟可以让自己迅速进入状态，也可以给自己一个积极的心理暗示。

中午吃饭时，王丽特意走到 Bob 面前，和他碰了一杯，表示感谢。

Bob 笑着说了一句："我是以帮你的方式在帮自己。你讲得好，我在 Tim 面前也是脸上有光的。"

这话王丽信，只是心中生出这样的感慨：一个人的高度真是由格局决定的。什么时候自己可以自然而然地进入这样一种利己利人的模式呢？

27　玩也认真

研讨会第二天的下午是 Social Activities。王丽第一次参加，就问 Lily："Social Activities 到底是什么？"Lily 想了一下，说道："中文还真找不出一个完全对应的词，相当于加强交流的活动吧。"这次组织者安排了户外骑车，沿着伊萨河骑到南部的一个小镇。全程 25 千米，一路在森林中穿越，沿着清澈的河流，头顶蓝天白云，呼吸着负离子的森林空气，这是德国人夏天最喜欢的户外活动。

主人总是想着用最拿得出手的东西招待客人，但客人却未必领情。王丽与方敏她们此刻的心思全飞到市中心的购物商场了。

既来之，则安之。已经十几年没骑车的几个城市人，这 25 千米的路程，简直像是一场拉练，因为这是一路爬坡。在出发地，她们看到了顺势而下的木筏船，当时组织者给大家出了一道题：这个为了环保而不设动力装置的木筏，只能顺流而下，那这些木筏又是怎样回到上游的起点的呢？可以说，对这个谜题的好奇心给了她们一大半的动力。但是，骑到一半时，她们真骑不动了。

这时，有一个德国同事过来看了个究竟，而后说道："你们在租车点出发前没调车座，下次我们的组织清单里要加上这一条。像我们出门前，会针对是山路还是平路调座椅高度，哪怕是调低 1 厘米，对骑山路时蹬腿的效率都会有明显的提升。"说着，他从随身带的工具包里拿出一个扳手，帮她们调了车座。这财务人加工具男，考虑周到又善于动手，实在是旅行的最佳伙伴。方敏感叹道："嫁人要嫁德国的财务男。"Lily 还是那样的直白："下辈子吧你。"

在一旁看着德国同事弯腰调座位的样子，王丽突然想到第一天参观当地工厂时看到的一幕——几个工程师在改装供应商标准设备的连接高度。据带她们参观的厂长介绍说："这调高的 20 厘米，可以将工人每分钟取料的张数从 30 张提升到 60 张，将这个工位的产量提升一倍。"难怪，德国人一年可以享受 30 天年假，平时省出来的效率都是为了今天的享受。

调完座椅，顿时给力，大家感觉脚下生风，骑起来信心倍增。很快，几个人有说有笑地赶上了大部队。

王丽边骑边问大家："你们觉得这木筏船是怎么回到起点的？"

方敏答："那肯定是用车运回去的喽。"

Lily 不同意这个观点："这不可能吧。这么宽的木筏，得用多宽的车装载？你看，德国的马路大部分是两车道的，这么窄的车道，而且要盘山上行，肯定不能用大卡车运回去。"

王丽说："那怎么办呢？总不能把木筏船拆成一根根木头运上去吧。"

这时，在一旁骑行的 Bob 听到了，对王丽神秘地一笑，说道："你很快就会知道了，而且一定会让你惊讶的。"

经过大约两小时的骑行，终于到了上游的终点。这时，德国同事指着一辆开上来的小卡车，说道："看见了吧，船是拆成木棍运到上面再组装成木筏下水的。"

王丽"啊"了一声，实在惊讶于自己的发现。这德国人的环保真是认真彻底。不过细想一下，也是，只要随便搞点污染，这伊萨河就成不了大众的福利了！

晚上的烧烤安排在河边，德国的夏天简直就是天堂般的季节。干爽适宜的温度，一直到晚上九点天还亮着，走出去随处都是森林、溪流，还有野鸭与在树丛中穿梭的小松鼠，真正是天人合一的美景。

这时，突然飘来了音乐，在烧烤架旁不远的地方，几个德国同事搭出了一个小乐队所需的所有设施：电吉他、乐谱架、架子鼓。

一边啃着鸡腿，一边喝着爽口的德国黑啤，方敏又来感叹了："你看，这弹吉他的 Eddy 真是帅呆了。这飘逸的长发，这眼神，太像贝克汉姆了，怎么办，我要给他献花。"

王丽笑言道："你要是单身，估计还真有故事要发生了。"

"其实，只要有那么一瞬间的浪漫，那种极致的浪漫，就值得了……"

可轮到 Lily 一开口，情调一下全没了："这浪漫也不是白给的，你看人家这小鼓，这小音箱，那可都是精心准备的。我算是整明白了一件事，这德国人玩也玩得那么认真，难怪他们的产品质量好得没法比，都是细节啊。"

方敏看了一眼 Lily，Lily 是以粗犷干练著称的，"细节"二字从她的口中说出来，看来这几天她是被德国的见闻给彻底征服了，就顺了她一句："那你以后不许嫌弃我们报表出得慢了，我们都是在雕琢细节。"

Lily 笑道："没问题。反正你今天喝高了，我答应什么你也记不住。"

"我有王丽帮我记着就行了。你看，我带王丽出来有多英明。"

这时，Bob 走过来，让大家一起去跳舞。二十几个人围成一个大圈，手拉着手，围着一堆篝火。

活动结束时，已经十点了，天居然才开始慢慢黑下来。回程之路，大家坐上了提前安排好的大巴，想得真是周到啊。王丽坐定，才发现前面的方敏与 Eddy 开心地聊着。

方敏说："在我以前的印象中你们德国人刻板木讷，不好玩。今天才发现，你们原来这么会玩。"

Eddy："我在日本住过两年。我发现那里的人是为工作而生活的，而我们是为生活而工作的。你们中国人是哪一种？"

王丽在后排听着，陷入了沉思。

28　无风险套利的产品怎么会通不过

研讨会的最后一天下午，是财务行动方案讨论会，讨论提升财务效益与管理的各种建设性意见。

Bob 介绍了他与当地的中国银行共同开发的一款全新产品，T/T Financing，融资汇款。

这是一个零风险套利产品，目前的数字是纯假设性的，100M 代表 100 个百万，也就是 1 亿元。

整个交易有点复杂，所以在演示中 Bob 用了动画展示模式（见图 2-7）。虚线上面的常规模式演示了 QSZ 支付境外供应商货款最平常的 T/T 汇款方式，用账上的资金向银行提交支付申请，然后银行划款出去就行了，但这样没有收益。

如果用融资汇款做，就可以凭空产生一笔收益，而且是零风险的。

假设即期，今天 5 月 3 日 1 美元兑换 6.493 元人民币，在 5 月 3 日这一天得到的银行 6 个月远期购汇报价是 6.414，即 11 月 3 日以 6.414 元人民币买 1 美元的交割价。

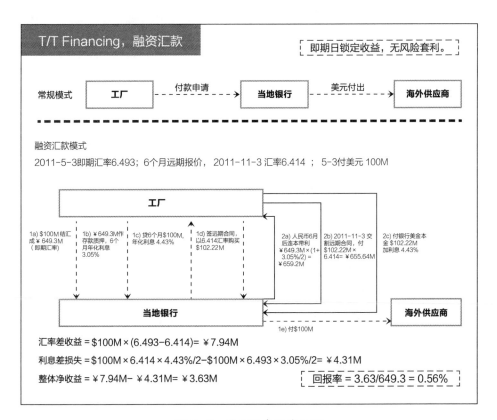

图 2-7 零风险套利产品图

假设 5 月 3 日要支付 100M 美元，用"融资汇款"是这样操作的。

1a 将手头原先准备付款的 100M 美元按即期汇率转换成 649.3M 元人民币

1b 将这 649.3M 元人民币存一个 6 个月的存款，年化利息 3.05%

1c 用这笔人民币存款质押，贷 6 个月的 100M 美元，利息为 LIBOR+400 点 = 4.43%（LIBOR 为伦敦同行利息折借的利率，此处的 LIBOR 6 个月的利息为 0.43%。400 点的点数为金融术语，以 1‰为单位，400 点相当于 0.04，或者 4%），即 11 月 3 日连本带息会还银行 102.22M 美元

1d 买一份 6 个月远期购汇合同，将 11 月 3 日的购汇价格锁定在 6.414

1e 用借来的 100M 美元提交付款申请，付给境外供应商

以上是 5 月 3 日完成的操作。

到了 6 个月之后的 11 月 3 日，进行如下操作：

2a 取出人民币连本带利 ¥649.3 M+（1+3.05%/2）= ¥659.2M

2b 交割远期购汇合同，按合同约定的汇率 6.414 付 ¥655.64M

2c 将购得的 $102.22M 连本带息还给银行，勾销 5 月 3 日的美元借款

经过以上一系列的操作之后，收入与成本如下：

汇率差收益 = $100M ×（6.493-6.414）= ¥7.94M

利息差损失 = $100M × 6.414 × 4.43%/2 - $100M × 6.493 × 3.05%/2 = ¥4.31M

整体净收益 = ¥7.94M - ¥4.31M = ¥3.63M

收益率 = 3.63/649.3/100 = 0.56%

Tim 听明白了，这是一个利差与汇率间的套利产品，可以通过远期合同的方式锁定风险，实现无风险套利。但有一个问题，Tim 不明白，就问了 Bob："这么

好的事情，以前为什么不做？"

Bob 答道："做这个产品得有两个条件。第一，要有真实的贸易背景。这个没问题，我们 QSZ 每月要支付上亿元的晶圆货款给 QAG。第二，远期与即期的汇率要有足够的价差。现在国内外市场都一致认为人民币被高估了，远期兑美元可能会有较大幅度的贬值，所以远期合同上反映出较大的汇率差。我们应当抓住这个市场窗口，每做一笔赚 0.56%，以我们一年支付 20 亿美元的体量算，一年能挣 1000 多万美元。"

这时，全球财会部门的头儿 Edward 发表了他的意见："这个产品有一个技术问题，在财务记账上我们有两个麻烦。第一是账上同时出现一笔大额存款与大额借款，而存款是以限制性现金（Restricted Cash）来体现的，这样我们的财务比例会很难看。第二，更麻烦的是这会构成套期保值记账（Hedge Accounting）。你现在演示给大家看的是经济利润（Economic Profit）没错，我不想贬低这个产品的价值，确实，这是真金白银的利润。但这未必是会计利润（Accounting Profit），会计利润可能会很不一样。我们要在每个期末做调整至市场价（Mark to market）的市场汇率对比，来计算潜在的利益与损失。假如是一笔跨年度的交易，在 11 月 3 日做，第二年 5 月交割，整体有 3.63M 的收益，这笔收益可能会在 12 月底的报表上出现 1M 的亏损，在第二年 5 月呈现 4.63M 的收益。虽然整体上看是一致的，但落到某个期间，财务上有可能是亏损的。我们的 CEO 未必会喜欢这样的东西，因为投资者特别讨厌管理层用复杂的财务概念解释经营亏损。"

听到这里，Tim 赞同地点了点头。

这时，负责全球司库的 Greg 发话了："我的手下 Alex 跟我说起过这个产品，从司库的角度看，我认可它的专业价值。但刚才 Edward 提醒了我另一个问题，因为这笔借款的出现，与花旗银行的全球贷款协议上的排外条款就有冲突了。"

大家发完言，Tim 起身做了总结："非常感谢 Bob 的探索。我们今天这个改进议案环节，讲的就是探索与尝试。这确实给了我们一些创造收益的空间，而且一年上千万美元的收益不是一个小数。但是，在账务，特别是司库与现行银行协议的条款上，这个产品听上去有着难以克服的障碍。所以，这个产品暂时先放一放。"

Tim 说到这里，转过脸来对大家说道："不过，QSZ 的这种探索精神还是值得肯定的。我希望大家勇于探索，并且在探索的过程中多与集团职能部门讨论一下可行性，在分公司局部看来有利可图的交易，站在集团整体来评价，可能会弊大于利。当然，话又说回来，这正是我们每年召开一次这样的全球会议的作用之所在，你看，经过这么一讨论……"

Bob 对 Tim 后面的话一点都不感兴趣，不管职位多高，每个人都在证明其行为的合理性。Bob 觉得很失落，与银行精心开发的产品就这样不了了之了，看着明显的收益而不去挣，太可惜了。

这个讨论，让 Bob 想到了上市公司的种种牵绊。要是和私人老板提议就简单多了：做，有钱就赚。

回来的飞机上，Bob 拿出他的幻灯片，看了又看，并用笔做了一些修改。直到餐车推过来时，Bob 才很不情愿地将物品收起，放回了包里。

王丽在一旁目睹这一切，便开始猜想：Bob 会不会继续探索下去呢？

29　如何推动影响利益相关方

Bob 回到公司，第一件事就是找方敏讨论"融资汇款"的产品。

"你跟银行约一下，我想找他们再谈谈。"

"总部不是枪毙了这个产品吗，怎么还要谈？"

"总部只是表达了他们的顾虑点，我们把这些问题解决了不就行了吗？"

"可是，财务记账上的问题还是绕不开的啊。"

"我知道。可是放着一年上千万美元的利润不赚，岂不可惜？我想再试试。"

方敏见上司如此坚持，就去约了银行的人。

银行一行来了三人，客户经理张萍、支行副行长顾行长，以及分行负责外汇业务的专家老丁。老丁曾在某国有银行的纽约分行工作过，非常熟悉国际业务。

Bob 先将上次总部的意见列了个表单给顾行长。

融资产品的技术问题：

1. 表内贷款能否移到表外？

2. 如何规避有可能出现的亏损会计利润？

3. 如何解决集团与花旗银行之间的贷款冲突？

顾行长简单表了一下态，他对 QMD 总部的顾虑表示理解，但这是银行的标准产品，恐怕难以变通。

接着他们的专家老丁发言了："利润的问题你们不应该有顾虑，报表上某个月的亏损后续是会被拉平的，这只是财务记账的问题，企业最该关心的应当是实实在在的经济利润。"

Bob 一听这个就来火了。企业该有怎样的顾虑难道要你来定？企业最该关心的也要你说了算？

于是，Bob 匆匆地讲了两句就走出了办公室。

等客人走后，Bob 把方敏叫进了办公室。

Bob 问道："你怎么看待他们那个丁专家的话？"

方敏回答："我觉得他讲的确实是事实啊。"

Bob 又说："他是一只只会钻洞的兔子。你看他讲的，没搞清楚大局，一下子就钻进他那个技术细节的洞穴里不出来了。技术上的那些我根本不想听，他讲得越多，越强化这样一条信息——算了吧，到此为止吧。这哪是做业务的样子啊？我最讨厌这样的所谓技术骨干，你在跟他讲方向，他却跟你强调技术细节上的问题。"

方敏虽然觉得老丁的困难说得多了点，但人家说的毕竟是事实嘛，感觉现在银行是求着大客户的，Bob 有点仗势欺人。于是就劝慰道："上面也没逼着咱们做，咱们也尽力了，做不成是因为技术障碍嘛。"

"不行，我们还没进一步探索呢，不能就这样放弃。我们现在碰到的核心问题是，银行的标准产品与企业的具体要求不匹配，他们为何不做些客制化的产品呢？"

方敏见老板坚持，就说道："要不我再约一下顾行长。"

Bob 挥了挥手，说道："算了，我来约，要约就约他们做主的人。"

Bob 一边说着，一边拿起手机拨通了他们一把手王行长的电话。

"王行长，你们的那个融资汇款产品我们总部很感兴趣，只是与我们的业务之间有一些小小的技术障碍，以我们的体量，这个产品一旦做通，对我们双方都是大有作为的啊。"

王行长答道："那当然，困难总会有，我派人一起攻关就是了。今天我们顾行长回来后我再与他碰一碰，让分行的老丁再出出主意。"

"谢谢，有你这句话就行了。但那个老丁，就免了，换个年轻一点的吧。"

"老丁专业知识丰富，就怕年轻人做不来这么复杂的产品。"

"我要的是干劲与冲劲。这样吧，周一你亲自挂帅，挑个积极肯干的年轻人专攻这个项目。"

"没问题，周一见。"

等 Bob 挂了电话，方敏迫不及待地问道："我没听错吧，怎么成了总部对这个产品很感兴趣呢？"

Bob 解释说："事情还没完全铺开，我不希望他们的信心受打击。"

方敏顿时觉得虽然级别上 Bob 只比自己高一级，但在对大局的掌控力上，自己实在连 Bob 的一半都不及。

周一，王行长带了客户经理张萍，又从分行公司找了一个刚毕业的小李，三人与 Bob 和方敏还有王丽一起又开了个会。自从上次一对一月度交流中王丽表达了对了解其他模块的兴趣，Bob 开始有意识地让王丽多参加一些总账以外的会议。

会上，Bob 提出了一个惊人的建议。融资汇款的原型不变，但是，企业不参与其中所有的实质性交易，存款、贷款，还有那个关键的远期合同，统统由银行操办。然后 QSZ 让利 20% 给你们，这样有关总部的报表与贷款冲突问题全没了。

客户经理张萍说道："这合同范本是总行定的，我们这样报上去是通不过的。"

王行长也表态道："这二八开，你们拿大头，我可以去说服上面，毕竟银行离开企业真实的贸易背景没有办法做这款产品，而且这些远期外汇合同我们都轻车熟路，这些都不是问题。但是让总行改合同，这样的先例很难开。"

Bob 接着说："你们的问题我也想过。我虽然这样狠狠逼你，但我们是利益相通的。站在你的角度上考虑，我得给你提供些子弹，你可以跟你们总部说，QMD 反映的问题，你们已经做了调研。哎，对了，小李，你要辛苦一点，多走访一些上市的外企，然后给总行这样一个报告——避免报表上出现借款是上市公司的普遍要求，如果我们能开发出一款有针对性的产品，就可以引吸许多优质客户，有了这款产品，他们的外汇付款全部都会转到我们银行。"

王行长说："哦，你这样一说我们就有信心了。行，我们回去就开始做调研。"

送走了银行的客人，方敏对一旁的王丽说道："你看，今天是老板拿银行的客人为你免费开了一课——如何推动影响利益相关方。"

Bob 说："你要这么说，倒还真是的。王丽，你觉得今天的会议让你学到了什么？"

王丽想了想，回答道："换位思考。"

"对，要说服对方，一定要想对方所想。说得具体点，你要想对方的 KPI（绩效指标考核），从对方的 KPI 去找关联，对方就会与你共情。例如，王行长最关心的是绝对业务量，但这点额外的业务在总部那儿算不得什么，总部的 KPI 往往是与市场占有率等相对指标挂钩的。想象一下，如果他们总行的沙盘上，能在苏州插一面红旗，让苏州成为他们银行业务全面超越其他几大行的城市，那给总行领导写年终报告就有东西表功了。"

王丽看了一下 Bob，越发疑惑了。Bob 的肚子里到底有多少料，怎么他连体制内的运作模式都吃得这么透？

　　Bob 好像看明白王丽在想什么似的，用手指点了点，对她俩说道："要做好财务，必须得懂点政治。"

　　说着，Bob 走向白板，画了这样一个权力兴趣模型（见图 2-8）。

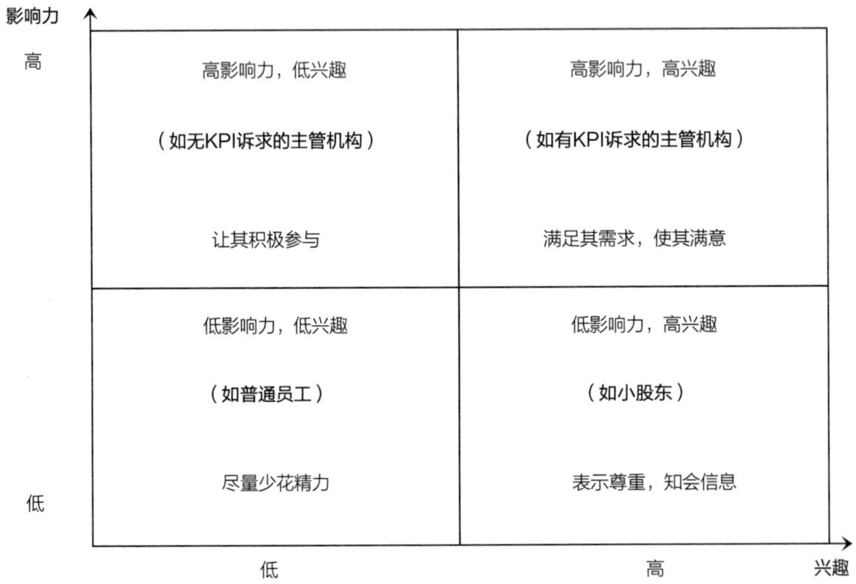

图 2-8　利益相关者权力兴趣模型

　　"我说的懂政治，不是教你们察言观色去选择站队，所谓政治，利益也。这里的政治指的是利益相关者的兴趣点。这个权力兴趣模型告诉我们，要获得高权力、低兴趣利益相关者的支持，我们要多吸引他们，让他们从旁观者成为参与者，而撬动他们兴趣的支点就是考核他们的 KPI。我会盯着小李多跑跑他们总行，让他们总行从左上角的旁观者变成右上角的参与者。"

　　王丽觉得特别有意思的一点就是，Bob 居然能把银行的人当成自己的手下使唤，这等影响力绝非一天两天能练就的。自己得多跟着 Bob 学学，职业发展的步子才能迈得更快。

30　做难事必有回报

　　分行派来的小李果真是一个得力帮手。他先走访了开发区的多家上市公司，特别是在美国上市的，将他们的要求整理归类。最后整理出来的结果还真如 Bob 所料，80% 的外企都对报表上的借款披露有顾虑。

　　为了这个项目，小李经常跑 QSZ。小李特别喜欢与 Bob 聊天，每次都能从他身上学到许多东西。最近一次的走访，Bob 给小李讲了 Lobby 的重要性。Lobby 在英文中有两个释义：大厅与游说。其实这两者是有关联的，因为西方政界的很多游说都是在政客名流们聚会的大厅里发生的。在美国，游说者（Lobbist）就像足球经纪人一样，是一个很细分的赚钱职业。

　　Bob 说道："我让你们先做一个企业调查，其实就是通过你们的口去做游说。我们中国人似乎天生都没有游说的意识，特别是难以组团形成一股力量去影响决策者。但反过来这也是机会，正因为想到的人太少，你作为为数不多的尝试者，很可能一试就灵。环境越差，机会越多。"

　　Bob 在送走小李时特别语重心长地说了一句："小伙子，送你一句让你终身受用的话，做难事必有回报。"

　　Bob 的话，对于小李，既是经验传授，又是精神激励，毕竟去总行十有八九是会被弹回来的。经过好多回合的磋商，小李和他们王行长终于说服了总行先做一单买断型合同试试。希望这个将客户烦恼全部由银行承担的解决方案可以在同质化竞争的银行间打开一个缺口，赢得竞争优势。

　　这个皆大欢喜的产品执行不到两个月，王行长不爽了，因为他发现交易份额在减少，原来这个 Bob 又暗度陈仓与另一家银行开展了同样的业务。

　　为此，王行长领着一干人马找到了 Bob。当然，客户毕竟是客户，王行长表达得还是挺委婉的："Bob，你知道，我们在开发这个产品的过程中，为了你们的要求与总行是磨破了嘴皮才打开的局面，我们小李总行都跑了两趟，真心不容易啊！可别的银行却白捡一个便宜，抢了我们的份额。希望 Bob 高抬贵手，让我们可以交个差。"

王丽在一旁听着，有点为 Bob 着急，这样做是有点不太厚道。

但 Bob 回复的第一句话就彻底扭转了局面："王行长，你们不是为我们公司去磨嘴皮子的，你们是在为自己的利益忙乎。"

见王行长没有反应，Bob 继续说道："王行长你真精明，要算钱的话，估计我们企业永远算不过你们银行。没错，别的银行也跟了你们的风说服他们的总行开发了同样的买断型产品，因为他们有更大的优惠折扣所以我们之间的业务量有一定的减少。但是，我们事先向你们询过价，你们做不来才转走一部分给他们，这也是公平的。不过，据我了解，因为与我们的成功合作，你成功地在其他几家外企那里推广了同样的产品。别的银行给的价格更高一些，我赚的只是存量中的一小块改进收益。而你，可是成倍成倍地扩大业务额啊！按道理，我们 QSZ 被你免费当小白鼠做试验，我们应该在其中抽成才对。"

王丽在自己的本子上记下了这样一条总结启示：知彼知己，才能在谈判桌上做到游刃有余，事先的功课要做足。

王行长张到一半的嘴又合上了，此刻，他无言以对。Bob 真是铁嘴一张，本来是上门来倒苦水的，却被说成是大赢家。仔细一想也对，QSZ 这下降的份额只是小数，从其他企业那获得的增量业务，那可是上百倍数量级的。得，这个话题就当没说。

Bob 倒是来了兴趣，继续说道："我一直把企业与银行看作价值链伙伴。作为伙伴，我们可以彼此帮扶，提升整个价值链的整体效用。例如信息交流，我们可以经常形成这样的良性互动。银行每天见各种各样的企业，你们可以充当授粉的蜜蜂，当你们在不同的平台间飞来飞去的时候，你们可以观察并总结各种最佳实践，如丰田公司的资金池做得最有效率，西门子的集中付款最省人力，戴尔的银企系统对接做得最好。你们可以将这些见识像蜜蜂授粉一样在企业间传播，让我们的管理水平也上一个台阶。"

Bob 继续说道："同理，我们也可以做类似的最优实践分享。如我们可以将外资银行的先进做法介绍给你们，以提高你们的专业能力。再如信用的审核，你们的信贷员分工是按企业区域划分的，小王做欧美企业，懂日语的小曾做日本企业。但外资银行的划分更专业，他们按行业划分，高科技企业让有工程背景的信贷员来负责，房地产因为行业特殊性，甚至直接从房地产企业挖专业人士来管理信贷。用行业知识来降低银企之间的信息不对称造成的信贷风险，这对你们也是有提升价值的。

"所以，我每个月都会与银行的朋友见个面，哪怕不说正事，聊聊各自的见识，这种经验交流对双方都是一种很好的专业滋养。我不必在银行上班，但也能了解到你们行业的运作模式。像我上次跟你们说的总行沙盘上多插一面苏州的旗，这可不是我随口说的，这是我跟建行行长喝茶时听来的。"

王行长答道："当然，当然。不客气地讲，你的指教我们一直非常受用，倒是我们有点惭愧，这类的经验介绍以后要多做。"

王丽在一旁听得十分入神。上次与银行开会，王丽特别佩服 Bob 精深的司库专业知识，而这次却突然发现，Bob 身上更为闪光的是他的大局观。他总能从一个不经意的产品聊到蜜蜂授粉这样既形象又可广泛推广的经验提炼。

王丽不太喜欢说奉承上司的话，但最近在柯维的《高效能人士的七个习惯》一书中读到：由衷的赞美就是一个很好的情感账户存款（EBA）。是啊，Bob 在我这里有这么多的 EBA，我也该还一还了。

于是，王丽对 Bob 说道："老板，你刚才说的那个蜜蜂授粉的例子真形象。"

Bob 看着王丽与方敏，说道："银行是一只在企业平台间穿梭的蜜蜂。你们想想，我们财务身边还有哪些蜜蜂常飞来飞去？"

王丽想了很久，也没想出来，倒是方敏想到了："外审，每个季度都来做审计的会计师事务所安永（EY），他们也是吃百家饭的。"

Bob 兴奋地说："对啦。我们可以常与他们做经验分享。他们这只蜜蜂带来的可不只是当地的花蜜，他们飞越的可是国际平台。"

方敏应和道："是啊，我特别想了解一下，其他企业有什么妙招值得我们学习。"

"做难事必有回报。别人做的难事，我们为什么不能毫不费力地享受成果呢？关键是分享。"你们回去也要准备一些值得分享的东西。

31 留住人才的 3M 法宝

两个月后的审计公司企业年度回顾会议在 QSZ 如期举行了。领头的 Alex 是安永中国区负责 QMD 的执行合伙人，以前在德国做审计时，曾经与 Bob 门对门办公，所以 Alex 很爽快地答应了 Bob 提出的最佳实践分享的要求。

除了常规的审计事项回顾，王丽与方敏这次最期待的就是安永这只小蜜蜂会带来什么样的花蜜。

分享部分是由安永的高级经理 Ruby 来展示的。首先，Ruby 的第一页 PPT 介绍了当前 SAS（Shared Accounting Service，共享财务中心）的通行做法以及普遍存在的一个问题：留不住人。因为以一天处理多少张发票为 KPI 的操作让受过高等教育的会计沦落为白领操作工了。单调的工作，毫无成就感的重复劳动，造成了极高的流失率，一年之内走掉一半人太正常不过了。

在安永审计过的企业中，他们发现有一家叫阿尔法的美国企业做得非常好。阿尔法用了一个留才 3M 法（3M Approach），如图 2-9 所示。

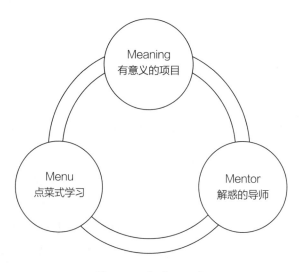

图 2-9 留才 3M 法

这个 3M 模型旨在解决以下三个核心问题：

1. 通过项目找到工作的意义与成就感（Meaning）
2. 用点菜的自主式学习方法获得专业技术上的成长（Menu）
3. 由释疑解惑的导师指点迷津（Mentor）

这个 3M 模式对于王丽来说是全新的，听上去很不错，但具体怎么实施才是关键。于是王丽举手问了一个问题："做项目与学习都要花时间，这样不会牺牲每天的发票处理量吗？"

Ruby 回答道："这是每个人从直觉上马上会想到的一个问题。是的，阿尔法公司在执行这个 3M 项目时专门为这 3 个 M 预留了 20% 的工作时间，供他们做项目、接受培训以及咨询导师。阿尔法公司认为，50% 以上的离职率造成的重复培训及花在错误纠正上的时间成本，远远超过 20% 这个比例。实际做下来，他们发现员工积极性提升之后带来的工作效率提升，完全可以弥补这 20% 的所谓非产出时间（Non-Productive Hour）。"

接着，Ruby 开始介绍第一个 M，Meaningful Project，是指让大家通过参与一些有意义的项目找到工作成就感。阿尔法公司有上千家供应商，他们第一个小项目是让大家在各自分到的供应商里按重要性与关注度分出 A、B、C 三等。

· A 类重要供应商：客户指定的供应商，或者 single source（独此一家）
· B 类一般供应商：介于 A 与 C 之间的中间类
· C 类次要供应商：对账不积极的，年采购额不足公司销售千分之一的

于是每个 AP 满怀好奇地将各自负责的供应商分出了 A、B、C 三类，有一种当法官的感觉，用自己的数据判定供应商的命运。

接着，大家坐下来审核上榜的 A 类企业，让每个 AP 充分发表观点，尽量遵从他们的意见来确定最终的 A 类企业。然后将选定的五十多家 A 类企业编号，让

二十几个 AP 抽签，每人可以抽 2 个。多出来的 5 家再问大家怎么办。最后，一群年轻人决定按工龄排序，在本岗位做得最久的 5 个人额外领了一个 A 类供应商。

"在整个过程中，经理只是主持人，不参与意见。自己选择的，哪怕是自己抽签抽来的，做起来的自主性，也和硬性分配的大不一样。据他们的经理回忆，分完供应商，AP 都有一种领自己孩子回家的感觉。其实这里边是有科学依据的。"说着，Ruby 调出了一张行为动机原理图（见图 2-10）。

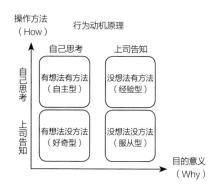

图 2-10　行为动机原理图

右下角的区域中，那些特别强调员工的服从性的组织，会渐渐地把员工当作机器使，这势必造成员工的低参与度与低主动性。很多 SAS 的高离职率基本上都是员工行为滑落到了这个区域造成的。

阿尔法公司的指导原则是激发员工成为左上角自主型的员工。有行为心理学家的企业研究表明，第一时间让员工参与并与他们就目标和方法达成共识的企业，生产效率要比不这样做的高出好几倍。

赋予目的与意义的方式有时比目的与意义本身更重要。再微不足道的任务，激发员工的参与感也可以极大程度地提升员工的自我成就感。

那天在供应商分好类之后，为了进一步调动大家的积极性，他们的经理问了大家这样的一个问题："如果这个公司是你老爸开的，你们觉得你们现在做的工作最有价值的地方在哪里？"

这时，茶歇时间到了，大家三三两两地走出会议室，同时热烈地讨论着。

32 他山之石，可以攻玉

茶歇回来，Ruby 指着白板上的问题，继续转述阿尔法公司的内部讨论。

"如果这个公司是你老爸开的，你觉得你现在做的工作最有价值的地方在哪里？"

下面的人给出了这样一些答案：

对账

付款

登账

发现发票问题

Ruby 在大家一致认可了付款是最重要的项目之后，进一步启发他们。

"教科书上说财务是一门提供信息的学科，从信息的角度看，付款信息在什么地方用得着？"

这对平时只懂一些财务术语却远离业务的小朋友们有点难，但经过一番引导，他们还是找到了最重要的场景：谈判。在一年一度的供应商降价谈判中，采购员（Buyer）手头如果有一份公司与该供应商详细的月度付款统计，谈判时会有很大的主动权。

听到这里，Bob 表示了赞同："没错，我以前去工厂谈判时，刚要砍价，对方就一通哭诉——哎呀，你们公司的业务真难做，说好的 60 天付款，总是拖欠，有的时候要超过 100 天，我们垫进去的钱都是 1 分息借来的，这些都是成本啊！这个时候若有一份财务部提供的付款明细，供应商的夸大之词就无处遁形了。"

Ruby 回应道："就是这么回事。现在为了效率而分工分得那么细，造成了对外谈判无法形成合力。自己内部的信息不整合，外部第三方就有了可乘之机。"所以，那天他们就定下了这样一个项目：每人跟踪两三家 A 类重要供应商的付款情况，针对这类供应商每天送货却每月集中一次付款的特性，算出一个以金额为权重的加权平均付款日。

接着，Ruby 展示了表 2-4 中的统计结果。

这是在 5 月 20 日集中付款时根据不同金额到期日提前或延后付款的具体情况，得出的加权平均早（晚）付天数。

表 2-4　App 供应商 5 月集中付款明细

到期日	美元金额（元）	付款日	逾期天数（天）
05/07/2010	43 498	05/20/2010	13
05/10/2010	76 409	05/20/2010	10
05/11/2010	10 260	05/20/2010	9
05/12/2010	8 870	05/20/2010	8
05/14/2010	89 311	05/20/2010	6
05/15/2010	9 677	05/20/2010	5
05/16/2010	8 870	05/20/2010	4
05/18/2010	12 902	05/20/2010	2
05/19/2010	6 854	05/20/2010	1
05/19/2010	43 711	05/20/2010	1
05/19/2010	4 838	05/20/2010	1
05/19/2010	4 435	05/20/2010	1
05/19/2010	2 419	05/20/2010	1
05/25/2010	15 377	05/20/2010	-5
05/25/2010	4 838	05/20/2010	-5
05/26/2010	96 854	05/20/2010	-6
05/28/2010	129 146	05/20/2010	-8
05/29/2010	4 838	05/20/2010	-9
05/31/2010	93 574	05/20/2010	-11
合计	396 684	金额加权平均	-1.5

为了更好地说明这个问题，Ruby 在白板上画了一张简单的表格（见表 2-5）。如果在 20 日只付 3 笔货款：

表 2-5　3 笔付款明细

订单号	到期日	付款日	早/晚付（天）	金额（万元）
Po#1	05/18/2010	05/20/2010	+2	10
Po#2	05/20/2010	05/20/2010	0	50
Po#3	05/22/2010	05/20/2010	-2	20

　　表面上看一笔早付 2 天，另一笔晚付 2 天，似乎不亏不赚，但由于早付的金额大于晚付的，实际上本月的集中付款便宜了供应商。所以，刚才的这个列表就计算出到底赚了还是便宜了供应商，赚又是赚了几天？比如，在这个 App 供应商5 月 20 日集中付款的例子中，表面上是晚付的笔数多于早付的，但由于金额的不同，当月加权平均早付了 1.5 天。

　　以此类推，就可以做出一张全年跟踪统计图（见图 2-11）。

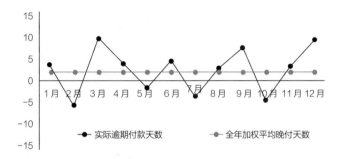

图 2-11　App 供应商月度付款跟踪

这张图给出了下面两条信息：

1. 全年 12 个月，有 9 个月晚付，3 个月早付
2. 全年加权平均晚付 2.3 天

　　AP 把这样的一张总结表给到采购员后，大受采购员的赞扬。采购员可以根据对方的陈述进行最有利自己的选择，如果对方夸大其词，将晚付 2.3 天说成了23 天，采购员可以立刻拿出数据予以还击；如果对方显示的数据更好，那就笑纳不表。

　　这就是业财融合延伸出来的最实在的一个案例。每个 AP 也从这张统计表中看到了自己日常工作的实战应用，而采购员表示悦纳的回复邮件，可以成为他 /她一天为之高兴的事（make his or her day）。

　　啊，这第一个 M 竟是如此有料，太棒了！王丽刚才憋了很久都舍不得上洗手间，听完这段一路小跑了出去。

回到座位，王丽翻开了笔记本新的一页，准备记录第 2 个 M。

第 2 个 M 是 Menu，菜单，即点菜式学习。现在流行的在职培训（On Job Training，OJT），很多公司都在进行，但这类自上而下的灌输式培训效果并不理想。阿尔法公司根据年轻一代独立自主的个性特点，设计了一种点菜式培训方法。所谓点菜式，就是把课程放在菜单上，不同的模块对应菜单中不同的大类，冷菜中有人点海带，有人喜欢木耳。同理，同一模块中，例如，税务模块，有人特别想了解增值税的原理，有人则对免抵退的核算方法更感兴趣。

针对离职率最高的 AP 付款组，阿尔法公司设计了表 2-6 中的课程菜单：

表 2-6   课程菜单

账务	税务	关务	实务
Credit Note（价格折让）是什么	增值税原理	HS（税则号）的影响	PO、PR（采购申请单）的不同控制点
GIT（在途物资）的记账	月度报税调节表	一般贸易与进料加工	如何避免发票过期
AP 暂估与标准成本之间的关系	免抵退核算	海关手册核销	材料境外退运的流程
折让与折扣的区别	预提所得税	免税设备申请	如何批处理匹配发票
月末为何要分配 PPV（采购价格差异）	转移定价	保税区与报税模式	开红冲发票的注意点
……	……	……	……

每个人根据兴趣点和不同的知识储备来点不同的课。传统的教育方法之所以抓不住听众，因为那是标准化的"双规"模式：在规定的时间学习规定的课程，简称"双规"。

说到这里，下面一阵哄笑。Ruby 喝了一口水，继续说道："一旦学习者产生了抵触心理，学习效果就会大打折扣。菜单式学习的内容虽然也是标准化的，但由于在学习顺序与侧重点上让大家有了自己的选择，就从'要我学'变成了'我要学'，这一角色的转变十分关键，不仅提升了学习效果，而且这个过程本身也是对注重个性的年轻人的一种尊重。"

王丽一边听，一边想象着具体的情景，突然有了一个问题："那他们不搞标准授课，这么多不同的选择，对授课者也是一个不小的负担啊！"

Ruby 正要回答，这时门开了，点的外卖送到了。Bob 提议先吃饭，吃完饭后下午继续。

33　拉动式学习 vs 推动式学习

短暂午休后，分享继续。

上午王丽留下了这样的一个问题：不搞标准授课，罗列这么多不同的选择，对授课者也是不小的负担。Ruby 接着回答道："这就不得不说另一个 M 了，Mentor，即我们独特的导师制。导师由主管与经理担任，基本上是 1 对 5 的配比，二十几个 AP 对应 5 个经理级导师。每个导师每周利用 4~5 小时进行个别辅导，确保每个 AP 平均每周都能获得 1 小时的单独辅导。"

阿尔法公司有一点做得不一样的就是以学习者为中心的学习方式。以往的培训之所以不成功，主要是培训内容与培训方式都是培训者设计的，培训者往往会把自己最有心得，或者研磨最深的那一块当作重点来讲，全然不顾受众的兴趣与接受能力。

为此，阿尔法公司进行了改革。他们以每个学员为中心来设计学习过程，具体的做法是：在 AP 点单之后，就给他们一份事先准备好的问题清单，让他们带着问题去看公共盘上的课件。然后，约定一个时间，也就是在辅导环节，由导师询问并答疑。

举个例子，有人点了"增值税原理"这门课。她的经理，即她的导师在周一上班时先给了她一份表 2-7 中的问题清单。

表 2-7　增值税原理问题清单

1. 增值税的得益者与支付者都是谁？
2. 出口退税降低了谁的成本？
3. 为什么同样是国内生产的电器，在香港特区买会比在内地买便宜？
4. 增值税对于公司有哪些净利润（bottom line）上的影响？

这位同事会在周中通过学习公共盘上的课件和网上搜索等方法自己去找答案，然后周五下午与经理导师见面时先交卷，再答疑。当所有问题一一厘清之后，经理再让她回去修正，之后再交一份她满意的答案。这时经理才会给出一份参考答案（见表 2-8）。

表 2-8　增值税原理问题参考答案

课前问题清单	参考答案
1. 增值税的得益者与支付者都是谁？	增值税是政府得益、最终消费者买单的交易结果
2. 出口退税降低了谁的成本？	出口退税是政府让利给海外购买者
3. 为什么同样是国内生产的电器，去香港特区买会比内地买便宜？	内地消费者需多付增值税，而香港特区消费者处于关境之外，享受进口免税
4. 增值税对于公司有哪些净利润（bottom line）上的影响？	若没有进项与销项的税率变化，增值税对中间的制造与销售商不会有利润上的影响

这个过程的最大好处是学员自始至终处于一个主动学习的状态。其实，阿尔法作为一个美国公司，将美国中学的一条教学方法移植到了中国的职场。这种启发思考、引发好奇的学习方法还有助于学员加深对学习内容的理解。这是用一种全新的 Pull Model 代替传统的 Push Model，即用由内向外的拉动式学习代替传统的由外向内的推动式学习。

当然，问题清单的准备也很重要。一个好的问题需要有以下 2 个要点：

1. 问得透。问题应当指向对关键知识点的掌握。比如上面的最后一个问题，把增值税对中间环节不造成成本负担的关键点给抓住了。

2. 联得广。深入之后还要浅出。比如上面的第 3 个问题，将增值税与日常观察到的消费现象关联了起来，起到了触类旁通的效果。

最后一个 M，Mentor 导师制是配合这套学习方法应运而生的，配以固定的导师有两个好处，一个是确保有经验的长者在教的环节做好相应的出题与答疑工作；

另一个更大的好处是通过定制化可以传递信息——公司在乎你们。这种个人化的关怀会让新一代的年轻人找到"家"的感觉，因为"80后""90后"这些独生子女都是在备受尊重、鼓舞个性的家庭环境下成长起来的。留人要留心，这种用心培养，以员工的成长量身定制学习方法的培养模式是很能打动年轻人的。

这套3M方法执行后的一年，阿尔法公司共享财务中心的离职率从之前的58%降到了8%。大家在企业里能得到专业成长与个性化的关怀，工作上也不再是100%的重复操作，有机会做些被横向部门认可的小项目，心就落了下来。这套3M留才法实现了个人与组织的双赢。

王丽完全沉浸在这个让她非常享受的报告会之中，又一次强烈地感受到了自己加入QMD是多么明智的选择。这个Bob不仅自己乐于分享，还能用自己的影响力将外界的资源对接进来。王丽突然有一种感觉，自己正步入一条职业发展的快速通道。

34 一个年假预提，背后居然有这么多玩法

安永的分享会结束后，安永负责现场审计的Ivy突然提了一个审计发现：QSZ没有像其他子公司一样做年假计提（Paid Leave Accrual）。说着，Ivy打开电脑展示了表2-9中的统计表。

表 2-9 年假统计表

	年假天数	人数	半年分摊	半年未休	平均日薪	计提金额
外派员工	30 天	20 人	15 天	8.3 天	2 755 元	457 330 元
本地员工	15 天	2 260 人	7.5 天	5.6 天	380 元	4 809 280 元
总计		2 280 人				5 266 610 元

王丽觉得这个预提太过保守了。这些年假到年底员工基本上会休完，即使没休完，也可以展延一年，公司为此补发工资的情形似乎很少。

可是王丽的话尚未全部讲完，Bob 就打断道："按我们公司所推行的 US GAAP 准则是要计提的。这样吧，方敏，你们核一下，若计算没什么问题，就入账吧。"

会议结束后，送走了客人，Bob 把王丽叫进了办公室。没等 Bob 开口，王丽先发问了："老板，先问你一个人事政策的问题，为什么外籍员工可以享受一年 30 天的年假，而本国员工只有 15 天？大家不都是在同一个屋檐下上班吗，为什么有这样大的差别？"

Bob 回答道："先更正你说的一个词，把外籍员工改成外派员工。外籍更针对个人，涉及个人之后容易形成对立。我喜欢用'外派'，外派强调了工作需要，比较中性。我以前从中国被外派到德国总部，公司照样按照外派政策额外给我一个月 2000 欧元的住房津贴，所以这与外籍不外籍没关系。你说年假天数不一样，那我们不妨来看看，以前我教你的有力问题（Powerful Question）。What can go wrong？这样大的差异存在了又怎样？在哪个环节的哪个时点会出现什么样的问题？"

被 Bob 这么一问，王丽一下子竟不知道该如何回答了，是啊，总感觉不太公平，但具体有什么危害好像又说不上来。中国员工会因此抗议或离职、罢工吗？好像都不至于。

Bob 继续说道："'What can go wrong'这个问题可以把我们从概念思维带入数字思维，从情绪表达走向理性思考。这个世界本身存在着很多不公，全球各地的商业惯例又各不相同，在概念上停留、争执解决不了问题。说个身边的例子吧，上次我们去德国出差坐的是哪个航空公司的飞机？"

王丽答道："是汉莎航空，我记得它的奶黄色标记。"

Bob 又说："这是我与总部人事部争取来的，原来我们只有东航可选。"

王丽不解："东航的饭菜更合口味，汉莎航空也没什么特别的地方，我无所谓。"

Bob 解释："一旦发生意外，若坐东航的飞机，一个人赔不了多少钱；但若坐汉莎的飞机，则按德国人的社会平均收入为基数赔付。"

王丽心想，这 Bob 也太会算计了。显然王丽不太喜欢这样的远见。

王丽把话题拉了回来，说道："我记得我原来的台湾公司从未有过计提未休年假的做法。"

Bob 问她："你们难道没有年假？"

王丽答："有的，不过也不让休，好像很少听说有人休年假。"

Bob 惊讶地问："那怎么可能？员工不抗议？"

王丽答道："我们有潜规则。你一定要休，当然也可以。但是，年终奖是上司一个人说了算的。如果他不希望你休，那在年终奖上会吃大亏，我们的年终奖有好几个月工资呢。如果带着一天少挣几千元的心情去休假，也玩不开心。"

Bob 又问："那你们不怕员工去政府告吗？"

王丽说："我们也有合规意识的。我们会让员工在系统里提休假申请，例如说下周一到周五休假，系统里提了申请，层层审批通过后，在所有的法律文件中都显示休过假了，但下周一到周五照样要来上班，而且不能打卡。所以，像客户合规审核之类的检查，我们都没问题。"

Bob 哈哈大笑："这叫作休假式工作，彻底地以厂为家了。"

王丽继续说："我还是不明白做这个财务预提的必要性。"

这时 Bob 打开了话匣子，从业务说到账务，从国际化讲到企业文化，洋洋洒洒地讲了半小时。

讲完之后，Bob 突然说道："我看你刚才不停地在点头，既然都听明白了，那好，你回去做个知识总结思维导图。记住，要有提炼，要有总结。"

对 Bob 的要求，王丽已经十分熟悉了，这个过程叫作知识内化（Internalization），个人只有在完成对知识的内化之后，才算完成了真正意义上的认知提升。

王丽画了两稿之后，终于满意地画出了下面这张图（见图 2-12）。

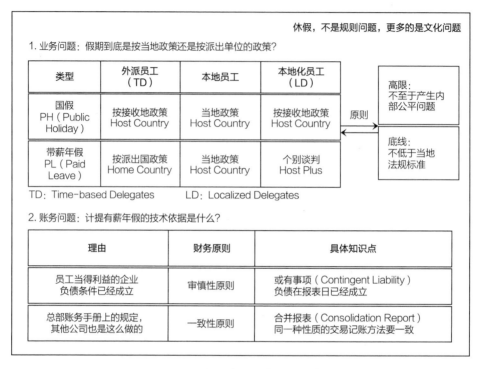

图 2-12　假期政策以及相应的账务处理图

王丽将这张图交给 Bob 时，Bob 一连说了三声："很棒，很棒，很棒。"随后，Bob 又提了一个需要深度思考的问题："如果不想做这笔费用预提，能用什么理由来支持？"

35　财务与法务，原来有如此多的相似性

Bob 出的思考题，着实让王丽困惑了一阵子。

王丽回去翻了以前的教科书，针对潜在的负债，即或有负债的处理，有两个方法（见表 2-10）。

表 2-10　或有负债的处理方法

条件 1：很有可能导致经济利益流出	二者都成立，预提费用	若不符合，附注中披露
条件 2：金额可以可靠地计量		

　　想着想着，王丽终于有了方向，就去找 Bob 做了这样的说明："我只要证明这第一个条件不成立，就可以避免在账本上计提这笔费用了。"

　　Bob 说："你说得当然对，但如何操作呢？怎样证明'未休年假导致公司现金支出的可能性很低呢？'"

　　王丽愣在那儿了。

　　Bob 接着说："我们在学校里学的只是概念，但概念不能解决问题，财务是一门实操性的学科。操作得好，为企业解决问题；操作得不好，就会给领导添堵。"

　　见王丽还在沉思，Bob 转换了一个话题，说道："这样吧，给你讲个故事，也算是我身边的事，我弟的事。我弟在美国读书，昨天在电话里跟我说他最近发了一小笔财，突然收到了一张 200 美元的支票。事情是这样的。他一周前去学校附近的咖啡馆，点了一杯咖啡。结果，因为地上有水，他滑了一下，端咖啡的手一抖，有热咖啡溅了出来，烫着了手。当然，也没什么大问题，只是烫了一下。结果，店长很紧张地跑了出来，反复确认我弟是否烫伤，并执意要送我弟去医院检查。其实，检查不全是人道救助，更多的是让医院出具一份证明，证明我弟的情况不足以构成烫伤。为了补偿造成的不便，他们附上了一张 200 美元的支票，当然，信里强调这是对我弟时间上的补偿。"

　　王丽有点不解，就问道："这咖啡店为何会这么小心谨慎？"

　　Bob 答道："这就是我要说的关键，判例法。美国是一个用判例法判案的国家，其基本假设是，现在是以前的延续。以前怎么判，现在也怎么判。你知道咖啡烫伤事件以前在美国有个著名的麦当劳赔偿案吗？有个老太太，完全是自己不小心将咖啡泼到大腿上的，但她的律师会搞事，愣是让麦当劳赔了上千万美元。这个判案让很多咖啡店变得格外紧张，生怕自己哪天被这样的顾客给讹诈上。"

　　"有意思。不过我没听出它与今天的财务做账有何关系？"

"记住，财务与法务有高度的相似性。在国外，会计师与律师很吃香，因为都靠游戏规则吃饭。其实，这还只是表象上的相似，我发现了一条本质上的相通之处：当发生变化时，这两门学科都会面临'历史一致性'与'当下相关性'无法两全的难题。"

王丽本想插话，但听到 Bob 充满激情的声音，知道此时进入了"Bob 时刻"，就由他讲下去了。

Bob 又走到了白板边，很快写出了这样一组数字（表 2-11）。

表 2-11　先进先出与后进先出演示表

	1 月 5 日	1 月 20 日	1 月 25 日
买入大米	100 千克 单价 1 元 / 千克	100 千克 单价 1.2 元 / 千克	/
卖出大米	/	/	100 千克 单价 1.5 元 / 千克

"请问，这样买进卖出，在 1 月份这家公司赚了多少钱？"

王丽脱口而出："50 元。"但是，马上又改口说："30 元。"

Bob 说："你的答案都对，但背后的假设分别是什么？"

王丽："噢，这就是我们财务上常说的先进先出法（First In First Out，FIFO）与先进后出法（Last In First Out，LIFO）。按 FIFO，卖掉的 100 千克是 5 号进的，所以赚 50 元；按 LIFO，卖掉的 100 千克是 20 号进的，所以赚 30 元。没卖出的 100 千克在咱们财务里属于资产（存货），待卖出后才算入费用。"

Bob 继续问："这 200 千克米都倒入了同一个米缸，你如何判定 25 号卖出的 100 千克是 5 号进的还是 20 号进的？"

被 Bob 这么一问，王丽愣住了，她从未想过此前被自己视为金科玉律的 FIFO 法，此时是如此的脆弱不堪。

Bob 接着说："这就是财务上遇到变化时的两难，是忠于历史，还是坚守当下？这个两难就引出了财务界两个经典的学派（表 2-12）。

表 2-12　先进先出与后进先出对应的两个经典学派对照表

流派	理念	处理方式
B/S app roach（资产表派）	留下的存货应当以最贴近现实的价格计价	FIFO
P&L app roach（利润表派）	卖出去的货应当最贴近当下的成本价	LIFO

"只要进货的价格发生了变化，我们就无法在'卖掉的'与'留下的'之间做出两全的平衡，你总得牺牲其中的一张报表。现今通行的是 B/S 法，即用 FIFO 的先进先出法来处理。这样做资产表是干净了，但把前后的不一致扔给了利润表，利润 = 当下的销售 − 历史的成本。

"法务上也是一样的，当时局发生了变化，也同样面临着忠于历史与坚守当下的两难。"说着，Bob 又画了一张表（表 2-13）。

表 2-13　大陆法与判例法的对照表

流派	理念	处理方式
大陆法	当下的相关性	用当下条款一次性覆盖
判例法	前后的一致性	按以前判例判案

"这两种方法都有合理之处，但仔细推敲，又有可笑之处。例如，若坚持判例法的前后一致性，我小时候（20 世纪 70 年代）一个邻居偷了一辆自行车会被判两年刑，难道你现在也要这样判偷自行车的人？事实上偷自行车现在派出所都不立案了。但反过来，一千年前杀人要偿命，你总不能说现在要与时俱进用钱抵命吧。此时，又体现了判例法的合理性。"

王丽突然觉得，Bob 更像一个大学教授了，居然能从一个卖米的案例说到财务的两个学派，进而延伸到了与其他学科在底层逻辑上的相通之处。王丽越来越觉得很难用一个类型去定义 Bob 了。

Bob 并不是那种只会发散而不会收敛的演讲者。Bob 看了一眼还沉浸在案例中的王丽说道："好吧，我们回到你今天要讨论的案题，如何证明未休年假不会带来实质性的经济利益流出？其实，就是上面的那个词——判例法。判例法的核心逻辑是过去可以代表未来，针对这一点，在判例法的鼻祖英国，其前首相丘吉尔说过这样一句深刻的话：你能看到多远的过去，就能看到多远的未来。

"或有负债是对未来不确定结果的判断，何不运用丘吉尔判例法思维的精髓——通过历史数据来估算一个未来的可能性。你可以去找过去一年的、两年的，甚至五年的数据，哪组数据对我们有利就用哪组数据。"

此刻，王丽发现 Bob 的眼神中露出了商人般的算计与狡猾。

"但是。"Bob 说，"我出这个题只是让你思考做与不做的多种方案，培养你组合争议观点的思考能力。最后，即使你的数据支持'不做预提'的结论，我还是会做预提的。"

"那又是为什么？"

Bob 答道："在术的层面上正确的事，未必在道的层面上都值得去尝试。因为国情的不同，这个话题会带来总部政策上的撕裂，同时也会造成外部审计的难度。这五百万人民币的金额，对于 QSZ 单体是一个不小的数字，但我们集团的利润表以百万美元为单位，这样一笔数字是会被忽略不计的。为这样的小账把外部审计搞得不爽，太不值了。子弹得留着点用。"

Bob 这番话说得活脱脱是一个政客了。丘吉尔的话都用到财务做账上了，瞬间，王丽觉得 CFO 的职位离自己竟是如此的遥远。

36 一个好的会计师，不是警察，而是向导

有关年假是否要预提费用的处理，Bob 一会儿进，一会儿退的，对各种尺度的拿捏，王丽自叹不如。

Bob 大概看出了王丽的困惑，就进一步开导道："我之所以要和你讲这个，明知可以不做但仍要选择做，就是想给你植入这样一种思路——用选项来代替简单

的是否。

"我们做财务控制的，最容易说的一个词就是 No，不行。这不符合 SOX 内控流程，这个没有预算，这个不符合会计准则，诸如此类。这样的回答，对一个训练有素的财务总监来说，就太廉价了。一个真正的专业财务管理者，应当把 No 后面的标点从句号变成逗号。No，but I can，这不符合规定，但我可以想出一个方法来规避这个问题。把 No 变成 Yes 的过程，考验的是一个人的商业头脑与专业套路。你看，刚进来的这个邮件，是关于新成立的综合业务部的收入确认问题。"

Bob 一边打开邮件，一边解释着背景。公司为了更好地为客户提供一站式服务，将印度的软件服务公司与模组事业部整合成一个新的综合业务部。综合业务部卖的不再是芯片，而是芯片加软件。但一个季度的业务做下来，发现有一半的业务已经交付客户，却无法确认销售收入。这让综合业务部的 CEO Brad 非常恼火，他写了一封邮件给总部负责财务记账的总监 Ralf，认为这不符合常识。

Ralf 是这样回复的：这种硬件 + 软件的捆绑式销售构成了"多重交付"，按美国财务准则，硬件必须等软件测试完成之后才能一起确认销售。邮件后面还贴了一张流程图，是安永审计提供的 US GAAP 确认流程图。

讲到这儿，Bob 停了一下，问王丽："你怎么看这件事？"

王丽说道："Ralf 贴上外部审计师的专家意见，是想强调他的观点是有根有据的。"

Bob 说道："Ralf 的邮件就是一个典型只会说 No 而不会说 Yes 的财务的回答。你现在知道，我们财务有多招人讨厌了吧。我们所有的专业能力似乎只是在向业务伙伴说明，我们给出去的坏消息是多么的权威。"

王丽不解："但总不能藏着问题不说吧？"

Bob 解释说："比讲问题更进一步的方法，就是成为解决问题的一分子。这类问题其实很普遍，我有一个 OCA 模型来应对这类问题。"说着，Bob 在白板上列出了这样一个 OCA 模型。

O 是 Option，可能的不同选项

C 是 Comparison，比较多个选项的优劣

A 是 Action，对应选项所需的行动方案

王丽的眼睛突然放光了，又可以学到好的工具了。于是，就追问了一句："那你能用这个 OCA 模型解决这个案例中的问题吗？"

Bob 说："我不保证我的具体方案是最优的，但我可以用这个模型让事情朝着探索解决方案的方向前进一步。"

很快，Bob 画出了这样的一张 OCA 表（见表 2-14）。

表 2-14　本案的 OCA 解决方案

选项 Option	优劣比较 Comparison		需要的行动 Action
	优	劣	
选项 1 本案硬软件捆绑	◎业务上的常规思路	◎硬件收入无法在交付后确认	◎维持本案
选项 2 拆开硬件与软件，分开开票	◎硬件交付时及时确认销售收入	◎客户端造成不便 ◎泄露价格机密	◎落实分开开票的内部流程 ◎知会客户
选项 3 证明硬件具有独立使用的价值	◎硬件交付时及时确认销售收入 ◎规避了选项 2 的问题	◎少量的举证成本	◎证明硬件的独立价值（以前卖过） ◎证明软件只是锦上添花（第三方替代证明）

看到王丽在卖力地记着每条细节，Bob 打断道："这些解决方案不重要，重要的是这个 OCA 的思路。碰到问题，不要马上用已有的技术要点去限制思路，而要用 OCA 这样一种开放式思路去探索不同的可能性。

"一个顶尖的会计师不是警察，而是向导。不是告诉业务部门这个不行、那个有问题，而是要提供出路与可能性。像这个案例，美国财报准则提供了例外情形下的处理方法。

"王丽，你要用这种思路去回应业务端的需求，总经理 Adam 会爱死你的。"

王丽的脸，唰地一下红了。

第三部分

职场进阶，成为一个领导者

37 供应链金融

随着中国市场对内存产品的需求日益旺盛，经过一段时间的考察，QMD 公司最终决定全资收购一家在常州的美资企业，并在年前很快完成了交割。由于这家公司的品牌"美俊"已经在国内有一定的知名度，为了避免与 QMD 的高端品牌产生蚕食效应，集团决定沿用美俊的品牌。

在组织架构上，被收购公司的总经理 Tom 汇报给 Adam，财务负责人 Brian 向 Bob 汇报。

美俊与 QMD 虽然是同行，但细分市场与 QMD 不一样，它主要针对性能要求较低的低价市场，所以在供应链上用的都是国内的供应商。美俊归入 QMD 不到半年，QMD 发现国内供应商的报价并不便宜，仔细分析后发现，美俊的付款很不及时，合同上签的 90 天付款，到期后还要拖上半年，很多供应商都是规模不大的小企业主，他们在银行端又借不到钱，筹来的钱以股权为主，所以资金成本很高，但羊毛出在羊身上，最后这些成本都加在产品的售价里了，所以美俊的物料成本（Bill of Materials，BOM）一直居高不下。

Adam 觉得钱的问题得由财务解决，就让 Bob 挂帅供应链成本项目，希望 Bob 能找出降低 BOM 的解决方案。Bob 立即把王丽拉进了项目组，让她当项目组组长，把自己升格为 Sponsor，项目发起人。这样做的好处是对外仍由他负责项目，免得总经理 Adam 产生误解；但对内，让下属担任组长，以事带人，通过项目锻炼下属。

王丽接手之后，向采购部要了几家主要供应商的财务报告，发现这个问题实在有点棘手。这几家供应商的财报太不起眼了，而且他们的厂房已经做了贷款抵押，要想纯凭信用贷款，银行一定不愿意。美俊虽然被 QMD 收购了，但 QMD 的钱也是受总部调遣的，即使总部愿意给美俊钱，这些钱也是有资金成本的。无奈之际，王丽只好向 Bob 讨教。

Bob："我也在想这个问题呢，正巧，我上个周末在交大 MBA 授课时，课休期间与讲贸易融资的庞教授聊到了'供应链金融'的话题。他大致跟我说了个思路，就是跳出贷款方与放款方的交易视角，将供应链的合作伙伴拉进来就有解了。他没有详细讲技术细节，倒是给我讲了一个很有趣的分骆驼的故事，我说与你听听，看你能不能帮主人破解难题。"

Bob 喝了一口水，继续说道："有一个财主，临终前把三个儿子叫到身边，向他们交代了财产分配的遗嘱，老大得财产的 1/2，老二得 1/3，老三得 1/9。财主过世后，三个儿子就按这个比例分家产了，可是到后院一看，财产里包括 17 只骆驼，这该怎么分呢？"

王丽应和道："对呀，这 17 除以 2，除以 3，除以 9，都除不尽啊。要不把骆驼杀了按公斤分？"

Bob："活着的骆驼是财产，它能帮你驮东西，死了的骆驼就不是财产了。这个方法肯定是不行的，当时我也没想出方法，庞教授告诉了我结果。"

王丽迫不及待地追问道："结果是怎么分的？"

Bob："是这样分的，邻居的老大爷听说他们的问题后，就从自家后院牵出了一头骆驼，送给了他们。于是他们的骆驼数量就从 17 只变成 18 只了。这个时候就好分了，老大拿 1/2，得 9 只；老二拿 1/3，得 6 只；老三拿 1/9，得 2 只。9+6+2=17。三个兄弟一共牵走了 17 只骆驼。"

这个时候大家发现隔壁老大爷牵来的那只骆驼没被分走，于是，他们又把那第18只骆驼送回了老大爷那里。"

王丽："太神奇了，这骆驼牵过来又牵回去，没有参与实质性的分配，就把问题给解决了。"

Bob："如果老大爷没有一只活生生的骆驼，只是在纸上画一只骆驼，能否解决他们的问题？"

王丽："从事后的分配来看，那第18只骆驼也没有真正参与分配，只是凑了个数而已。纸骆驼和真骆驼好像没啥区别。"

Bob："那纸骆驼代表了什么？"

王丽愣了好久也没想出来是什么。

Bob接着说道："它代表信用，只要大家相信它有作用，即使它不发挥作用，也能破解死局。回到咱们现在的供应商与银行的死局，我们能不能给它牵出一只骆驼呢？"

见王丽还在思索，Bob继续说道："刚才我说的从供应链着手，它的客户不就是第18只骆驼吗？客户的订单，即客户未来的付款承诺，就等于用纸画出来的一只骆驼。"

王丽："对啊，客户的订单代表着一种付款承诺，银行应该会考虑的。"

Bob："你去做些研究，下次把技术细节拿出来讨论讨论。"

王丽回去做了一番调研，她在搜索网页中输入"庞伟德教授"+"供应链金融"，结果跳出来一篇题为"'上帝'就是那第18只骆驼"的文章。文章的结尾，庞教授是这样总结的：第18只骆驼代表了一个虚构的腾挪空间，只要交易各方在各自的心理账户里认可这个腾挪空间的价值，它就有了价值。"上帝的"价值体现在大家都信他。

王丽顺着庞教授的文章提及的索引，又在MBA智库网站找到了一些详细介绍供应链金融的PPT。经过一番研究，她做了一张能解决美俊供应链的交易结构图（见图3-1）。

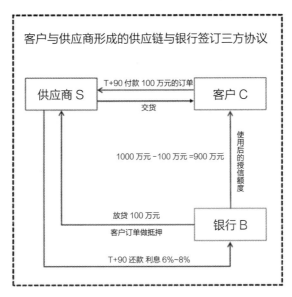

图 3-1　美俊供应链的交易结构图

为了方便项目组其他成员更好地理解技术细节，王丽在图的下方做了详细的解释：

1. 让美俊作为客户 C 从开户行银行 B 那里建立 1000 万元的纯信用授信额度（基于美俊亮眼的财报，银行以前曾主动提出过）。

2. 将美俊的授信额度转让 100 万元给供应商 S，让银行直接放贷给 S。

3. 将美俊开给供应商 S 的订单作为质押抵给银行，并建立托管账户，美俊 90 天后付给 S 的货款直接进入托管账户。

4. 美俊打入托管账户的金额视为 S 偿还了相应金额的贷款。

5. 美俊从银行纯信用借款的利率为 6%，供应商 S 以前从银行房产抵押的贷款利息为 8%，美俊可以为 S 提供一个 7% 的成本，省下的 1% 作为价格折让返利给美俊。

Bob 看了王丽的方案，用手弹了弹稿纸，说道："很棒。看来你完全吃透了供应链金融的本质，把美俊的信用让渡给它的供应商使用，用信用腾挪的方式创造价值，不过返点 1% 的做法我不赞成。"

王丽："为什么？我问过供应商了，他们很乐意，我们帮他们解决资金问题，作为劳务报酬也该收这个费用。"

Bob："没错，像美国通用电气这样的公司还专门成立了一个金融公司用自己的信用去赚供应链的钱，但这不符合我们德国公司的经营理念。"

王丽不解地问道："有钱不赚，德国公司的经营理念是什么？"

Bob："德国人把公司叫作 Company，美国人把公司叫作 Corporate。Corporate 是机体的组合（它的词根 Corp 是'身体'的意思），一切按商业利益最大化的方式运作；Company 是不一样的，它的法语词根 Compagnie 是'一起掰面包'的意思，我们强调上下游利益共同体的长期利益。德国公司不喜欢把自己称为甲方，把供应商称为乙方，我们是命运共同体。他没面包吃了，要不了多久，我也会没面包吃的。你没发现我们 QMD 几乎从来没换过供应商吗？"

王丽皱了一下眉头，想了一想："你这么说还真是。"

Bob："不换供应商的好处在哪里？"

王丽："不换供应商可以有更好的品质保障。"

Bob："你现在明白像我们 QMD 这样的德国公司的价值主张了吧。我们以优异的品质提供完美的解决方案，借此践行员工与合作伙伴利益共享的企业使命。"

走出 Bob 办公室的那一刻，王丽突然对很多东西有了更深的理解：公司每年花钱召集供应商参加供应商年会，员工坐的班车必须是空调优质的旅游大巴，原来这些与企业的使命有关。看来，企业文化与价值观在 QMD 还真不是一句挂在墙上的口号。

38 突如其来的辞职

与安永的会议结束后的第二周，Bob 接到了一份邮件，总部要求他去欧洲参加一个内审项目。QMD 有这样的习惯，全球的内审小组每年会随机在某几个分公司中做不同企业流程（Business Cycle）的审计，内审小组中除了两个专职成员，一般还有从其他地区抽调来的两三个职能专家（Functional Expert）。Bob 是作为财务专家去审核匈牙利工厂的采购流程的。

一周的内审项目结束，回到办公室的第一天，Bob 正好在茶水间碰到总经理 Adam，寒暄一番，Adam 突然问 Bob："方敏辞职的空缺你准备让谁来顶？"

Bob 听到这个消息，搅动咖啡的搅拌棒突然在手中停住了。望着 Bob 匆匆离开的身影，Adam 也觉得奇怪，方敏怎么会没告诉他呢？

Bob 一个电话把方敏叫了进来。看到 Bob 一脸严肃的神情，方敏似乎意识到了什么，赶紧解释道："我也是上周五 Adam 让我查一个报告时，不经意告诉他的。关键是你正好不在，再说，这也不是什么好消息……"

Bob 抬手做了一个制止的动作，用食指在桌上有力地敲了几下，说道："这是什么时代了，难不成要鸿雁传书？一个电话、一个短信的事情，我是第一个该知道此事的人，却从别人嘴里得知。你知道吗，这意味着什么？"

方敏站那儿一声不吭，一只手不停地搓捏着衣角。

"这说明你压根没把我这个上司放在眼里。"也许是意识到自己的嗓门有点大，Bob 缓了一口气说道："不说这个了，你坐，说说你辞职的原因。"

其实不用方敏说，Bob 也能猜个大概，一定是在外面找到了更好的职位。

方敏说了一堆抱歉与不好意思的话，但最后一番话说得却很真诚："说实在的，在 QSZ，人才太多了，你一直是我仰望的高度，我都不敢想。再说，即使你调离，我还得与 Lily 竞争。而现在的这个机会，也是世界 500 强的公司，虽然规模没我们大，但 20 个人的财务团队，简直是为我量身定制的。"

Bob 沉默了一下，说道："我听着也像是个不错的机会。只是如果他们工厂同时做好几个事业部的产品，你得有心理准备。你的岗位会成为争执的焦点，特别是在费用分摊上，我以前经历过很多无聊的扯皮。"

方敏感激地点了点头。

Bob 继续说道："其实，你们出去谋得更好的职位，我心里也挺开心的。我们都是打工的，共事一场，彼此成就过，这才是最重要的。"

方敏刚走，Lily 走了进来。Lily 说话从来不喜欢拐弯抹角："她前一阵一直偷偷摸摸地出去接电话，我早看出来了。其实她在这儿做得一点都不安分，我以前提醒过你的，你却一直信任她。"

Bob 对方敏的离职是有心理准备的，唯一让他不爽的是他得知此事的方式，这让 Bob 感觉自己做人很失败。

看 Bob 沉默不语，Lily 开口道："算了，别想这个了。还是讨论一下应对措施吧，你准备让谁来接？"

Bob 问："你觉得王丽如何？"

Lily 回答："我对她印象挺好的，很好学，做事也积极，只是账务专业上的能力我不了解。"

这时，Bob 从锁着的文件夹里抽出了一张纸，放到了 Lily 的跟前（如图 3-2 所示）。"看看，这是我给每个主管以上的干部准备的人才卡片，也有你的。不过，还是看看王丽的吧。"

Lily		
方敏		
王丽	硬技术	软技能
长处	- 总账知识	- 态度积极
	- 系统流程	- 热爱学习
	- 逻辑思维	- 自我驱动
	- 总结概括	- 勇气
短板	- 税务知识	- 对他人感受不够敏感
	- 司库产品	

图 3-2　人才卡片图

Lily 看了一下，虽然是粗线条的评价，但岗位的核心技能都包含在里面了，而且还有软技能的维度，有长处有短板。这个职业肖像抓得真准。想到自己在上司那儿也有一张这样的卡片，Lily 心里特别温暖。

Bob 指了指卡片上的能力要素，说道："方敏有而王丽没有的是能力要素的东西，如税务知识；而王丽有方敏没有的却更多地是性格方面的东西，如积极和勇气。能力的东西可以用突击的方式去补强，但性格层面的东西可非一朝一夕能养成的。"

Lily 说道："这个我认同。不过好像王丽才成为主管，只有全球统一职级（Global Grade，GG）12，而方敏是高级经理（Senior Manager），GG 14，人事部那边会不会有意见？"

Bob 继续说："我比较在乎的是你的意见，毕竟你俩经常要合作。人事部与 Adam 那边比较尊重我们用人部门的意见。至于 GG 嘛，没必要一下上到 14，先上一级，GG 13 做 GG 14 的事，没什么硬性规定是不可以的。"

Lily 回答："王丽挺好合作的，不像方敏心机那么深。我没意见，我也会全力帮助她的。"

"那就好。"

"你准备什么时候告诉王丽？"

"我先与 HR 和 Adam 敲定之后再找她谈。"

39 有关沟通次序的清单

在获得成本控制组经理 Lily 的支持后，Bob 决定马上落实并公布王丽提升顶替方敏的事，以便用好方敏离职前一个月的交接期。

与 Lily 谈完之后，Bob 找的第二个人是总经理 Adam。Adam 发表了这样的评价："王丽才来一年，根据有限的接触我感觉这小姑娘做事挺积极的。只是，她将来要管一个大团队，不知能否镇得住下面。当然，我相信你的眼光，你部门里的事，你自己定。"

走出 Adam 办公室，Bob 一想：Adam 的提醒也对，王丽由技术岗位提上来，从一个个人贡献者转变为带团队的经理，所需的配套技能（Skill Sets）是很不一样的，得给她上一些有针对性的培训课。

正好，还要敲定一下王丽的工资，Bob 就去找了人事部经理 Mary。在了解了 Adam 的意见之后，Mary 谈起了王丽的职级与工资。

"王丽现在是 GG12，主管级别，直接到 GG14 不太合适，定岗为财务经理，GG13 比较合适。"

"我同意。"

Mary 接着说："至于工资嘛，GG13 的工资范围（Band）是 9000~15000 元，王丽一年前进来时，她在原单位的工资是 6000 元，加入 QMD 的 8000 元也是按市场专业工资调查表（见表 3-1）中 P75（高于市场同类 75% 的人）的水准线定的。基于这样的背景，我建议把她的工资定在 9000~10000 元之间，这样她一年之间也涨了 50% 多了。"

Bob 对王丽未来的定岗绝对不是 GG13，甚至不是 14，所以他不想让她在工资上有明显的脱节，于是对 Mary 说道："从一般的提拔尺度看，你的建议很有道理。但是，王丽的潜力，特别是她具有的管理者的素养，像勇气与进取心，我和 Lily 都觉得非同一般。特殊人才，特殊政策，我看还是给她 GG13 中介于 P50 与 P75 的中间数吧，定在 12000 元，我这样做也是减轻你的负担。"

表 3-1　咨询公司苏州地区薪资调查汇总表（单位：元）

财务岗位	P25	P50	P75	P100
GG11	4000	4800	5500	6000
GG12	6000	7000	**8000**	9000
GG13	9000	11000	13000	15000
GG14	15000	18000	21000	24000

Mary 支持 Bob 的想法，只是这最后一句话让她不明白了，就问道："怎么成减轻我的负担了？"

Bob 解释道："你看，以王丽的潜力，加上我和 Lily 的帮扶，要不了两年，她就可以上到 GG14，14 级的中位数工资要 18000 元，我现在提到 12000 元，到时只要加 6000 元，而如果定个 9000 元，那就要翻番了。这样的事，人事部门应该没有先例吧，到时候，岂不要让你为难吗？"

明明是自己在成全 Bob，却被这家伙说成是减轻自己的负担，Mary 笑言道："你这能把冰块卖给爱斯基摩人的嘴，我说不过。"

不过，Mary 打心眼里佩服 Bob，对着 Bob 做出了这样一番感叹："要是每个上司都像你这样着力培养下属，我们人事部就省心了。很多干部都错误地认为留人与育人是人事部的事，我倒是希望他们来我这儿为他们的下属争取资源，就怕他们平时对下属不管不顾，等到下属找到外面的机会提出辞职了，才把球全踢给我们人事部，帮他们寻找替代者。职级越高，越要依靠内部培养。"

Bob 说："太认同了。对了，你刚才说到了争取资源，我想让王丽参加一个经理入门培训，你帮我找找市场上相应的培训课。"

Mary 回答："市场上这样的课倒是不少。不过，再好的老师都不如你 Bob，你是《高效能人士的七个习惯》的授证讲师，平时的每周学习会肯定会有不少适合我们企业的案例，何不由你来开个课，正好其他部门也有这样的需求。"

经 Mary 这么一提醒，Bob 觉得这还真是非自己莫属的一项工作，于是就爽快地答应了。

在与方敏谈完之后，Bob 特意将自己的沟通次序清单拿了出来（见表 3-2）。Bob 没有给方敏看详细的次序，但他用手弹了弹这份清单，说道："我给你看这份清单，是想和你分享一条经验。像离职与提拔之类的事，挺敏感的，所以沟通的次序很重要。你最在意的意见或是关系最深的那个人，一定要第一个与之沟通。"

表 3-2　沟通次序清单

1. Lily，最重要的合作者
2. Adam，排除总经理那儿的不确定性
3. Mary，敲定工资与职级细节
4. 方敏，顺利交接
5. 王丽，工资及交接确定之后与其沟通
6. 财务部门，在下周的学习会上通知大家
7. 总部财务圈与公司经理层，在方敏工作的最后一天邮件通知

方敏知道 Bob 还在为从 Adam 那儿得知自己辞职的事不爽，就说了一句："对不起，这件事我没处理好。"

Bob 说道："我当时确实很生气，但我也不怪你，谁让你没上过我的沟通清单课呢。"

方敏心想：这 Bob 就是好为人师，得，又得听他上课了。

Bob 讲完一大通沟通次序的考量因素后，突然话锋一转，对方敏说道："好，你不能白听，回去复个盘，给我写一份沟通次序清单。你辞职的事，假如从头来过，我、Adam、王丽、Lily，还有你在采购部的校友兼闺蜜 Berry，你会怎么排序？"

方敏说道："不用回去写清单，现在我就报给你。"

看到方敏的清单（见图 3-3），Bob 笑了笑，说道："只要我排第一，下面不同的组合都是正确答案。"

说完，Bob 拿起这份清单，认真地说道："我要是你，会把王丽与 Lily 往前提。Adam 嘛，临走前去他办公室打声招呼就行了。当一个人离开公司时，一定要这样想，'这也是我未来的资源平台'。以这个思路，应当以由近及远、由内到外的次序去沟通。Lily，你若与她关系好，当然得先告诉她；与她不怎么好，就更要小心了。让她最后一个知道，只会加深误解。财务圈子那么小，大家抬头不见低头见的，没准将来还会有交集。王丽，你不妨把她当作未来之星看，她的每一份成长，你都可以对外表达是自己的功劳。

```
1. 上司 Bob
2. Adam
3. Berry
4. 王丽
5. Lily
```

图 3-3 方敏第一次列出的清单

"信息是一种社交货币，好的信息沟通可以兑换成信任与合作关系。糟糕的信息沟通，会变成一种情感透支。离职沟通做得不好，原来的友谊会被伤害。反过来，原来有过嫌隙的，反倒会因为'被看得起'而彻底扭转先前的看法。"

此刻，方敏突然有一种失落感。自己都是将走的人了，Bob 还这么掏心掏肺地为自己复盘并传授他的经验。以前一直觉得 Bob 是为过自己的嘴瘾喜欢教导别人，现在觉得反倒是自己的狭隘阻碍了自己学习与成长，Bob 不会因自己怎么看待他而有什么损失，损失的是自己。

Bob 好像并没有觉察到方敏的心理活动，仍在继续他的经验之谈。又讲了一大段，Bob 突然想到了什么，对方敏说道："不行，你不能只索取我的经验而不贡献你的。"

方敏问："我有什么经验可贡献给你的？"

Bob 答："你可以贡献给团队。对了，我不能就这样让你走了。以前你答应过我做的一件事还没做呢。"

"什么事？"

"做一次分享，把你在'四大'学到的做报表的高质量标准分享给大家。大家虽然没在'四大'做过，但有了你这样一位在'四大'做过的资深同事，一样能学到'四大'做报表的功夫。"

听到这儿，方敏刚才愧疚的心一下找到了着落，于是爽快地答应道："没问题，让我好好准备一下，下周的学习会我来分享。"

40　自我实现预言

在与各方利益相关者（Stakeholder）沟通之后，Bob 将王丽叫进了办公室。由于 Bob 在跟每个人交谈时叮嘱过，在他沟通之前不要告诉王丽。所以当王丽被告知提拔她的决定时，是一脸的惊讶，当然，随之而来的是一阵难以掩饰的喜悦。

Bob 边说边拿出一张纸，在上面画了一个九宫格（见图 3-4）。Bob 解释道："下个月公司在年终考评时会引入这个新的九宫格。你的事情正好碰上了，来，我给你做一个九宫格评分。"Bob 正要在上面标注，突然停住了手中的笔，让王丽先做个自我评估，然后强调了一下按总账现行岗位来评测。

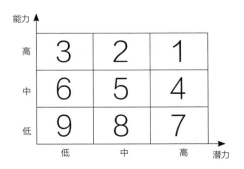

图 3-4　能力潜力评估九宫格

王丽想了一下，觉得自己学习能力挺强的，而且善于总结，潜力应当属于大的。至于能力，来 QMD 之前，她觉得自己挺精通账务的，可以打最高格"高"。但每次与方敏和 Bob 交流，她都备受打击，以前在费用分类不会影响利润的问题上算是出了大丑，所以给出了这样的自评：7，潜力高于一般，能力低于一般。

Bob 说："这是一个不正确的自评。如果你的能力是弱的，那我提拔你，不，还有支持你的 Lily、Mary 甚至 Adam 就都犯错了。谦虚得有分寸，在公开场合瞎谦虚，就是在打领导的脸。快，重写。"

王丽虽然写了 7，但要强的她，其实是心有不甘的，于是就改成 4，能力中等，潜力很大。

Bob 拿过笔，在 4 和 7 上都打了个叉，直接在 "1" 上画了个圈。

然后示意王丽坐下，问她道："为何要把你从 7 上到 4，再拔高到 1，知道吗？"

王丽回答："不知道。"

"我给你讲两个故事。噢，都是有关我的故事，不知道你愿不愿意听。"

王丽心想，这个时候说"不"，那就是在情感账户上取款，大煞风景。于是，赶紧点头。

"第一个故事，是我打乒乓球的经历。"Bob 说道，"我从小学一年级在邻居家门口水泥砌的洗衣台上练小球开始，到中学乃至大学，都是班里的头号选手，让我特别骄傲的是我的反手，我的反手能滑板攻球，这是相当高级的技术。

"后来，工作之后，在单位里碰到一个以前市体校退役的司机，那真是'老司机'。第一次和他打，他居然说我的反手动作不标准，好吧，面对 21 分球我只能得 5 分的惨状，我不服也得服。后来，每天中午我都拉着他打，专门跟他学正手弧圈。一年下来，小区里我原来打不过的那帮老头，都成了我的手下败将。但那个时候，我突然发现我的反手成了瓶颈，我输掉的为数不多的几局，都是被人家盯着反手打输的。所以，当你有朝一日发现你曾经的强项反成为自己的短板之时，那是该庆祝的时候了，说明你不知不觉中已经大大地上了一个台阶。

"这也对应了一个人认知提升的三个阶段：不知道自己不知道，知道自己不知道，不知道自己知道。

"像你，在面试的时候，讲起账务知识，你的眼神充满自信，但我问了两个比较深的问题之后，我就知道你当时是在'不知道自己不知道'的阶段，感觉该掌握的都掌握了。然后，我们每次的学习会，方敏与我给你的各种案例分析、讲解，让你拓宽了视野。这个时候，你进入了'知道自己不知道'的阶段，就像我忽然感到自己反手差一样，其实是成功地迈上了一个新台阶。你后来把自己打的'7'改成了'4'，其实就反映了这种能力上的提升。"

王丽很是好奇，就问了一句："那你是否在最高的'不知道自己知道'的境界了？"

Bob摆了摆手说道："不，不，不。我和你一样，仍在中间的那个台阶。'不知道自己知道'的人，都是各自领域最顶尖的那一两个人，他们是极其孤独的存在。一是因为一骑绝尘甩开后面一大截；二是因为确实连他们自己也说不明白那种与自己已经浑然一体的技能，那种有意识的认知与下意识的反应已经完美地融合在一起了。例如，梅西突如其来的一脚妙传，你让他再来一次，他自己都不知道如何去复制。算了，这个不说了，路漫漫其修远兮。"

王丽又问："那你要讲的第二个故事是怎样的？"

"你知道我大学里学的是什么专业吗？"

"我听方敏说过，你学的是英语，好像你高中还是理科班的。"

"你知道我为什么会选英语专业吗？只因我小学英语老师的一句话。"

"什么样的一句话，能让你一直铭记到高中？"

Bob说："你听说过自我实现预言（Self-fulfilling Prophecy）吗？我从小学第一天学习英语到最后上大学选英语专业，基本上就是一个自我实现预言的过程。记得我是四年级开始学英语的，一个偶然的机会，我把第一周学的英文单词默写了一遍。结果第二天，正好碰上老师课堂抽测。老师每问一个对应的中文，下面会用英文拼读的就举手回答。于是，老师还没开始问，我就把手举在那儿了。几轮下来，我果真应答无误。这时，老师对全班四十多个同学说道，'大家看，华立新同学能做到手一直举着，我希望你们每个人都以华立新为榜样。'就因为老师说的那一句话，每次英语课到来之前，我都要额外多背几遍，确保上课时能红旗不倒，名副其实地成为同学的榜样。也因为我的额外付出，我的英语成绩一直是数一数二的，甚至高考还考了满分。"

"所以，一开始你成为榜样只是碰巧的，到后来你通过自己的努力把它给坐实了。"

Bob 继续说："自我实现预言其实就是一种正反馈。因为一开始被激励到了一个高度，自己就会努力地证明无愧于这个高度。结果，做着做着就成了。"

王丽无奈地说："我从小受的教育，父母都是高标准、严要求的。他们担心夸奖会让我变得骄傲自满，我也不知道怎样才行。"

Bob 又说："说你行，你就行，不行也行。不过说正经的，将来你在管理下属时，要多用这条'自我实现预言'法则，特别是我们做财务的，凡事严谨认真，特别吝啬于夸奖别人。对下属，还有在家里对孩子也一样，要多说鼓励之词，给他们一个高度。哪怕夸过了头也没关系，绝大部分人都会因为爱惜自己的名誉而证明给你看。"

"看来我这右上角的 1 号位打分也是一个被人为拔高的评价了？"

Bob 解释道："是不是被拔高了不重要，你早晚能达到这个高度才是最重要的。你回去写一份工作计划，现在税务、司库和账务都归你管了，你得拿出一套完整的工作方案，用扎实的计划来补齐这个高度。"

"好的，写完了再来向你讨教。"

说完，王丽蹦跳着走出了 Bob 的办公室。

41 从财务报表到人生报表

在通知部门同事王丽提升的事情前，Bob 突然想到遗漏了两个人，于是就把上次的沟通次序清单拿了出来，把负责司库的主管 Vivian 与 AP 主管 Jeff 加了进去（见表3-3）。

表3-3   沟通次序清单

1. Lily，最重要的合作者
2. Adam，排除总经理那儿的不确定性
3. Mary，敲定工资与职级细节
4. 方敏，顺利交接
5. 王丽，工资及交接确定之后与其沟通
6. Vivian，司库主管
7. Jeff，AP主管
8. 财务部门，在下周的学习会上通知大家
9. 总部财务圈与公司经理层，在方敏的最后一天邮件通知

Bob先将Vivian叫了进来，和她说了这样一番话。

"今天找你是为了告诉你方敏的继任者。经过与成本组和人事部多方面的讨论，公司决定由王丽来接替方敏的职位。王丽以后将是你的直属上司，希望你能像以前支持方敏一样支持她的工作。"

在得到了Vivian的肯定回复后，Bob又找到Jeff做了同样的沟通。

这段话是Bob反复推敲后拟定的，主要传递三层意思。

第一层是表达尊重。你们与其他人是不一样的，理应比一般员工早知道这件事。

第二层是获得支持。这最后一句话是一种助推（Nudge），"希望你像以前那样支持"，可以最大限度让对方说出肯定式的回应。

第三层是让他们明白，"这是告知，不是商量"。这一层尤为关键。

这每一层考虑，都是Bob以前的某一段血泪史换来的教训。

第一层，来自自己的上司犯的错，以前在国有企业的事例。自己的直接上司要调岗，公司领导没有事先给自己打招呼，在员工大会上宣布之后，下属来询问自己是否知情时，觉得很没面子。即使自己不需要参与决策，但至少应当比普通人早知道，哪怕早几小时知道都很不一样。

第二层，Bob 目睹过很多经理犯过这样的错。漏掉了一个对方亲口说出"会支持"这样一句肯定回复的次序，结果后续开展工作时，新任经理碰到各种各样的软钉子。

第三层教训最惨痛。刚当上经理时，在一个比较敏感的外派机会的决策上，由于过度民主，打开了大家提议的模式，结果每个人都推选自己。一个管理者在打开一个敏感话题进行民主讨论之前，一定要知道出现不同预案时该怎么收。如果没有想好怎么收，那就干脆不要放。

一个优秀的管理者应当具备高于一般人的常识判断力，一旦判定，就要敢于决策。让大家一起讨论，这种看似民主的做法其实过于文艺了，是很不负责的行为。

各方沟通做完，Bob 才在周中的每周学习会上通告了这一决定。这个每周学习会最适合做这样的沟通了。首先，可以自己亲口告诉大家，而不是用冷冰冰的邮件通知。其次，正式的邮件通知可能会拖得太久，早一点告诉大家，免得大家用各种流言去补白。

在一阵恭喜王丽的掌声之后，Bob 先感谢了方敏的贡献，然后送上了一些对她未来的祝福。然后，他让王丽做了一个简短的个人发言。虽然这些都是套话，但套话的作用都是以反向价值来证明的——如果不说，大家是否会觉得方敏是灰溜溜地离开的，王丽的接班不够名正言顺呢？

等这套公布、感谢与表态的流程走完，Bob 才切入这次学习会的主要内容。Bob 指着方敏对大家说道："我们可不能这样便宜地让方敏给走了，她得把她在'四大'做报表的独门秘籍传授给大家，我们才能给她开欢送 Party。"

在一片欢迎的掌声中，方敏走到前台，开始了她的报表分享。

方敏事先打印了一张案题纸，给大家每人发了一张（见表 3-4）。然后她打开投影仪上的幻灯片，开始了内容讲解。

"我今天给大家发了这样一个案例，其实，这是我几个月前收到的一张报表。

你们看看，这张报表在格式与规范性上有哪些不符合年报出版标准的地方。我可以告诉大家，一共有 25 处问题。这样，待会儿报一下数，分四组讨论，每组在墙角拿一个挂纸板，20 分钟后每组选一个代表出来陈述。"

表 3-4　财务报表

Alpha Technology (Suzhou) Co . Ltd. SZ.P&L report - Sept.30 2006 in KUSD

	K USD 2005	K USD 2006
Net Sale:	2 508.30	4 854.25
Third party	0	-
Related Parties	2 508.30	4 854.25
TTL. Net Sales	2 508.30	4 854.25
CoGs	-2 318.703	(3 628.73)
Research & Development expense	0	0
Selling, general & Admin. Expense	-339.00	(485.00)
other operating expense	-19.30	(35.50)
Operating income	-168.70	705.02
Interest income, net	21.00	(66.00)
Income before income taxes	-147.70	639.02
Income tax	0	-
Net Income	-147.70	639.02
Beginning retained earning	1 235.00	874.30
Dividend paid	213.00	(995.00)
Ending Retained Earnings	874.30	518.32
Notes		
Related parties refer to Sales to HQ.		
Interest positive means interest subsidy rcvd fromgov.		
COGS in 2005 is very high because there is ramp up cost inside.		
Income tax 0 because the Co. Is in tax holiday.		

大家分组讨论并陈述之后，方敏召拢大家一起看她的幻灯片解释。

首先，方敏放了一张财务报表格式标准（见图 3-5）。如果把财报当作一个产品的话，这张表可以理解成质量标准。

Title 抬头　　　　－　仅首字母大写，或介词与冠词之外的所有词大写

Dates 日期　　　－　缩写规范：Sept. 30，2006　全写规范：March 31，2006

Numbers 数字　　－　有效数字不宜超过七位，大数字用千或百万单位调整。数字要显示千分位，避
　　　　　　　　　　免小数点，除非百分比和每股收益

Currency 货币　　－　标准写法：(€ thousands)，(€ millions)，($ millions)

Indent 缩节　　　－　Assets：

　　　　　　　　　　Current assets：

　　　　　　　　　　Cash：

Abbrev. 缩写　　　－　除非空间不够，尽量避免缩写。对于生僻的缩写，要标注说明

　　　　　　　　　　IDM，International Dating Machines（"间接材料"成了"约会机"）

　　　　　　　　　　PDCA，Please Don't Come Again（"PDCA 控制"成了"上级别再来了"）

Align 对齐　　　－　财报用 Excel 做，数字点千分位后自然对齐，负数用括号格式之后也会自然
　　　　　　　　　　对齐。标准格式：括号中的最后一个数字与上一行数字对齐

Checking 检查　　－　除了拼写检查，公式不一致的绿色符号去掉，还有打印设置在一页

Sum 加总表示　　－　下划线用 Excel 的单元格框线，而不是文字的下划线。小结数字用"____"
　　　　　　　　　　（单线）表示，最后一个总数用"===="（双线）表示

Consistent 一致　－　字体大小、千分位、小数点个数要上下统一

图 3-5　财务报表格式标准

然后，方敏一一讲解每一条标准，有关日期、货币甚至大小写的各种规范。

对于在场的很多财务同事，虽然大家都是学财务专业出身，每个人也都有会计证等各种上岗证书，但这样一种系统性、结构化的培训还是第一次。

接着，方敏展示了她的第二张图，详细列出了 25 个错误的具体出处（见图 3-6）。

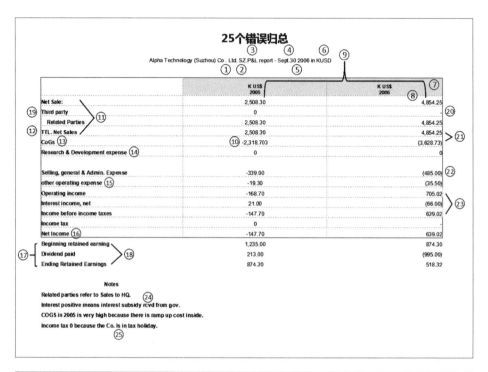

图 3-6　25 个具体的格式错误

最后，她放出了一张达标报表示意图（见图 3-7）。

Alpha Technology (Suzhou) Co.,Ltd.
Profit and Loss Statement
(Expressed in thousand USD)

	Notes	Year Ended September 30,	
		2006	2005
Sales		4 854	2 508
Third parties		–	–
Related parties	1	4 854	2 508
Net sales		4 854	2 508
Cost of goods sold	2	(3 629)	(2 319)
Gross profit		1 226	190
Research & development expense		–	–
Selling, general & administrative expense		(485)	(339)
Other operating expense		(36)	(19)
Operating income		705	(169)
Interest(expense)	3	(66)	21
Income before income taxes		639	(148)
Income tax	4	–	–
Net Income		639	(148)
Beginning retained earnings		874	1 235
Dividend paid this year		(995)	213
Ending retained earnings		518	874

Notes:
1) Related parties refer to sales to Alpha Inc.
2) Cost of goods sold in 2005 includes ramp up cost.
3) Interest income includes subsidy received from local government.
4) The Company is in tax holiday for 2005 and 2006.

图 3-7 达标报表示意图

"哇！"这张图一弹出，大家在下面禁不住地感叹。

大家还在回味之中，Bob 起身讲话了。

"俄罗斯作家托尔斯泰说过一句名言，'幸福的家庭都是相似的，不幸的家庭各有各的不幸。'规范的做法，只有一种，而不规范的做法，可以说是千差万别的。大家不要觉得自己是学财务的，就可以来做财务。今天方敏的这个告别之歌，给了大家一个规范的模板，以后大家要朝着这个标准去磨炼。

"大家都知道，'四大'出来的人，在业界特别受追捧。但你们知道真正的原因是什么吗？是他们口复一口练就的童子功。这份无瑕疵的报表就是童子功。我有一个读会计的同学，毕业后去了'四大'的德勤。工作第一年，做的净是些文员的工作，其中最多的就是帮上司整理报告。有一次，他把一份加班做到 12 点的幻灯片报告交到经理手里。结果，经理像是翻扑克牌一样，快速地翻看了一下，立刻将整个文件扔到墙边上了。我同学站那儿呆住了，就听到经理说：'你捡起来自己看看，文件标题的字号一会儿 18 号，一会儿 24 号，一会儿居左，一会儿居中，拿出去砸我们德勤的牌子吗？'"

王丽在下面听着，心想：原来"四大"人的功夫是用这样的血泪泡出来的。

Bob 说得来劲了，一边说，一边走向白板，画了一个坐标图，然后转身对大家说道："我估计你们还没有真正明白我的那句话，学财务与做财务完全是两个概念。你们刚才没有一组完全做对，为什么？因为你们的职业生涯鲜有印记的刻度。很多人说经验与智慧是随着年龄增长而一起增长的。但一个更本质的说法是，一个人的智慧与其遭遇的尴尬经历次数成正比。

"一个真正聪明的人会主动寻找受冲击的机会。我们每受一次屈辱，每遭遇一次尴尬，每被人当众挑战一次，我们对生活的领悟就会突进一个台阶。'四大'给人的真正财富，不是怎么做好一张财务报表，而是给了我们一个启示，要彻底修正我们身上的随性与散漫，我们得用汗水甚至泪水去接受磨砺，以此刻写自己的人生标尺。有记忆的国家才有历史，有刻度的人生才值得回味，认真做事，用心体会，每一步留下一个扎实的刻度，做好我们的人生报表。"

42　如何管理好一个部门

得知自己要被提拔接任方敏的职位，王丽有点不敢相信这么好的机会能这么快地降临到自己身上。但仔细一想，自己这一年来的成长是巨大的，可以说这一年学到的东西，无论是专业知识还是沟通技巧之类的软技能，甚至超越了前几年学到的所有东西。

想到这里，王丽又增添了许多信心。上次离开 Bob 的办公室时，Bob 要求自己做一份工作计划。王丽改了几稿，列出了下面一份工作计划（见表 3-5），以接下来的一个季度为重心。

表 3-5　王丽的工作计划表

周次	工作打算
第 1 周	与两个主管交流，落实新的总账（GL）主管到岗
第 2—3 周	让每个人展示他们的职责说明（JD），了解每个人的职责
第 4—8 周	掌握税务流程，包括增值税（VAT）、企业所得税、转移定价
第 9—10 周	掌握司库流程（现金预测、银行产品）
第 11—12 周	掌握 AP 流程（三单匹配、内部控制）
第 13 周	拜访德国总部司库与税务

随后，王丽拿了这份清单去找 Bob。

Bob 看了一下清单，发表了这样的评价：

"首先，你有一个大局观，主管的各个小组都涉及了。我特别喜欢其中的一条，让每个人展示他们的工作职责，这条值得其他团队借鉴。但是，再退一步看，你的这份清单视角还是有点单一，这十几周的打算，基本上只体现了一个维度——自我学习成长。当然，像税务与司库你接触得不多，需要全面学习，但你不再是一个个体，你的任务不是学习，知识是做好工作的必要基础，但这些只是一个工具而已，你得围绕目标与任务展开。"

说着，Bob 从文件夹里拿出了一张纸，"这是我的 KPI，也即我们财务部的全年目标与任务。"在将这张纸递给王丽时，Bob 突然又想到了什么，就问道："你觉得要管好一个部门，要从哪几个方面入手？"

这个问题把王丽问住了，以前只知道埋头干活，学习知识，整理总结，还真没认真想过这个自上而下的问题。

Bob 这时从电脑里调出了一张图，解释道："这是管理会计大师大卫·卡普兰（David Kaplan）著名的平衡计分卡模型（Balanced Score Card）。

"如何衡量一个公司是否管理得好，有很多指标与参数，但卡普兰先生综合归纳成四个方面，即财务绩效（Financials）、客户满意度（Customer Satisfaction）、内部流程（Internal Processes），以及员工发展（Learning & Growth）。

"财务绩效，这个最容易理解。

"客户满意度，代表了公司在市场的定位与发展潜力，这也是最常见的指标之一。

"内部流程，反映了公司的资源配置效率。例如，一个用数据实时化管理的公司，比依靠手工台账的公司能更好地控制物料的进存销浪费。

"最后一个，也是我们刚才讲的员工发展，这个指标反映了公司的可持续发展前景。

"这套平衡计分卡是一个适用于几乎所有行业、所有公司的标准模板。我们把它用作我们财务部的绩效考核工具。"

说着，Bob 就财务部的平衡计分卡模型做了仔细的解释。

"我们部门的目标，我基本上是照着平衡计分卡的模型设置的。只是在财务绩效、客户满意度、内部流程、员工发展的基础上又加了一项——合规。这个合规是财务工作的特性要求。在这里是以报税是否按税务局的规定来体现的。

"因为税也归你管了，我就展开多说几句为何制订这样一个目标。

"QMD 苏州公司的业务模式是两头在外，主材料的购买与成品的卖出都是与母公司 QAG 交易的。这种转移定价（Transfer Price，TP）的操作是集团全球税收筹划的一种工具。这是跨国公司常用的合法手段，但是这 TP 的设定若过高或过低，导致母子公司在经营地所在税务局应税利润过低而受到质疑的话，那就不合规了。所以，QMD 苏州按总部设定的成本加成（Cost Plus，C+）5% 的目标，将利润定在了 5.0% 至 5.5% 的控制范围内。"

听到这里，王丽问道："那上限为什么不定高一些？"

Bob 答道："这一块税源蛋糕，这里留多了，在税率低的国家少报税就划不来了。这个话题太复杂，今天不细讲。

"财务绩效，是用来反映财务部对公司所做的财务贡献的指标。在这里，以理财产品的收益来体现。财务部要充分利用各种市场条件下的利率、汇率等机会，实现公司自有现金的收益最大化。当然，不同的财务部可以根据所赋予的不同职能，来重新定义这块的指标。

"客户满意度，这里重点突出了总部对 QSZ 的集团报表方面的要求——快速而正确。这里又细化了两个指标，即报表的日期与出错率。交报表的日期是按全球集团公司合并报表的时间定的，M1 与 M2 是 U+3 交合并报表，M1、M2 指一个季度的第一个与第二个月，M3 代表该季度的最后一个月。U 是拉丁文 Ultimo，最后期限的意思，也是月末结账日。以 1 月 31 日结账为例，若 2 月 1 日与 2 日为周六、周日，那么该月的报表应当在 U+3 个工作日，即 2 月 5 日交。季度末结账要多一些流程操作，所以是 U+4，多给一个工作日。

"这是及时性方面的要求，还有就是正确率。财务报表的内容很多，表单也不少，这里的控制指标是一种反向表述（Negative Statement），以不出差错来衡量。具体而言，就是外部审计师在审计过程中没有重大发现。这里指交给安永上海的底稿，记账（Journal Entry）以及试算平衡表（Trial Balance）都不得有重大差错。所谓重大差错，又是有量化比例的，这是集团财务部根据每个子公司规模设定的。具体到 QSZ，利润表不得有 15 万美元以上的调整事项，资产表的调整金额不高于 50 万美元。正确而及时地上交给集团合并和发表的财报账套，这是 QSZ 财务部满足内部客户最重要的衡量依据。"

说到这里，Bob 走到王丽跟前，问道："这个平衡计分卡可好用了，大到 500 强的公司，小到一个部门，都适用。你何不用这个模板来重构你的小部门目标呢？"

今天走进 Bob 的办公室时，王丽对自己的工作报告还是充满信心的。经 Bob 这么一讲，感觉自己写的东西实在拿不出手。像这么有名的管理会计大师，自己居然没听说过。突然，王丽想到要去读一个在职 MBA。

王丽就问道："我想读 MBA，你觉得上海与苏州有合适的学校吗？"

Bob 回答："当然。我不是在交大给他们开周末选修课嘛。你只要成绩过线，就是我给他们系主任一个电话的事。而且，我们公司有教育基金，Lily 现在在读的注册管理会计师 CMA，只要考过了，费用人事部那边全报。"

王丽问："啊，还有这么好的事？"

"当然。今天我们说的平衡计分卡的最后一项，员工成长，不是一个公司在宣传栏上贴一个标语就完事的。在 QMD，公司是当回事在做的。你看这一期的公司内刊，我们 CEO 的卷首语，'员工与公司一起成长'。放心吧，在 QMD，只要你想学，有的是成长的机会。"

"噢，对了，有一件事，如果我是你，我会马上作为头等大事去做，就是好好请方敏吃一顿饭，找一个气氛轻松的场所，好好向她讨教一番。团队中谁是勤勤恳恳的老黄牛，谁是夸夸其谈的老油子，你一顿饭能搞定的情报，可以避免日后许多的坑。一个人要离开时，顾虑会比较少，这个时点获得的信息特别有价值。"

王丽不住地点头，心里充满了感激，这真是一个唯恐下属成功不了的好上司。

43　管理者的三大杠杆利器

与王丽讨论完她的工作计划，Bob 越发觉得有必要给王丽做一个关于"怎么从一个单体的价值贡献者变成一个带领团队完成更大绩效的管理者"的。正好，自己也答应了人事总监 Mary 要给所有新提拔的经理做一个入门培训。于是，Bob 着手准备起培训的内容了。

这次的新任经理培训不只是 QSZ 工厂的人参加。Mary 之前与销售公司和研发公司的负责人协调过了，将最近一年里所有新提拔和从外面新招进来的经理，一共 16 个人聚在一起，成立了一个培训班，交由 Bob 来培训。

周末在交大给 MBA 学生上财务管理课时，有个叫张良的学生分享了一个关于杠杆思维的案例，给了 Bob 新的启发。张良是开服装厂的，来自绍兴，从小跟着父亲在工厂里学手艺，十几年摸爬滚打下来，摸索了一套客制化量产的经营模式，工厂订单应接不暇。张良说，这时，他遇到了创业者都遇到的资源瓶颈问题。自己就算有三头六臂，也只能经营一家企业，一年的利润撑死了也就千把来万。最近，他做了一个大胆的突破。自己不再专注于企业的日常管理，而是脱身出来，搞了一个招商联盟。用自己的品牌与工艺背书，在杭州成立了一个培训学校，从全国招商。从业务模式到工艺控制，把几十年的家族经营心得打包成课程，手把手教会加盟厂商，然后以授权经营的模式按加盟商的销量收成。这种由主动收入变成被动收入的经营模式，背后真正厉害的是由点到面的杠杆思维。这不正是一个专业资源贡献者提升成团队管理者最需要的杠杆意识吗？Bob非常享受周末在外上课的过程，因为学生的见解常常能带来自己认知的提升。

Bob决定用这个案例来开启新任经理者们的资源杠杆意识。当Bob把"杠杆"两个字写在教案上时，突然发现，很多行业，很多学科，在底层的逻辑上都是相通的。索性，Bob决定先给每个经理人一个全面而透彻的人、财、物杠杆思维。

Bob将这次的培训分为两大块——第一块，意识；第二块，工具。首先，大家必须要有深刻的角色转型意识，然后，再介绍具体的实施方法与工具。

头天上午，Bob先给大家讲了企业中存在的三个杠杆，分别对应三种最基本的生产力要素：机器、资本与人力资源。

第一张图，叫作营运杠杆（Operating Leverage）（见图3-8）。

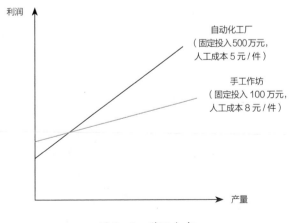

图 3-8　营运杠杆

对于一个典型的制造型企业，在当下中国劳动力成本飞速上涨的背景下，懂得利用机器自动化的经营杠杆，将决定一个企业的未来竞争力。例如，若以手工作坊的模式运营，只需100万元的固定投入，但人工成本高达8元/件。但加了机器杠杆，引入自动化生产，人工成本就从8元/件降到5元/件。这时，产量越大，就越能体现自动化的杠杆优势了。这就是营运杠杆的原理，用资产杠杆来提升单位产量增加时的边际利润。

这是第一种杠杆，关于物的杠杆。再来看第二种杠杆，有关财，即资本的杠杆（见图3-9）。

图 3-9　资本的杠杆

一个企业经营所需的资本不外乎来自两个途径：股东注资与银行借债。银行借债有到期归还的压力，但成本低，利息一般也就6%～8%的资金成本，而且利息费用是可以抵所得税的，实际成本只有5%左右。股东注资虽然不用还，但由于内在风险高于银行有保障的权益，股东要求的回报率，也即企业的融资成本会更高。当然，不同行业会有差异，但20%是半导体行业里最起码的股东回报率。所以，当企业出现一个业务增长的机会而需要资本投入时，通常会将图3-8的支点往右移，拉大借债的杠杆。用别人的钱挣钱，这是经济效益最大化的财务杠杆原理。

最后，再来看第三张图，人的资源杠杆（见图3-10）。

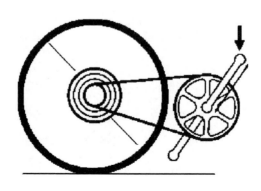

图 3-10　人的资源杠杆

骑过自行车的，特别是骑过变速挡自行车的，都知道换不同的挡其实就是在调整前后轮的半径比。两者的半径比越大，每踩下去完成一次完整圆周运动带来的放大行程就越大。在升任经理前的个体贡献者，只是单一的资源贡献者。这时，我们骑的车就像杂技演员表演时骑的单轮车，是没有杠杆效应的。但成为一个团队经理后，我们就从一个资源贡献者跃升为一个资源组织者了。这时，我们脚踩的是一个带着后轮的前轮。我们的管理能力越强，就像专业运动员的脚踩力越大，就可以带动越大的杠杆倍比。从另外一个层面看，前后轮差异越大，也就是带领的团队成员越多，使同样的力，会带来更大的效果。

所以，我希望从今天开始，大家能有一个清晰的意识：我做的每一件事，要像这个履带的链条一样，始终考虑后面的轮子怎么跟着转动。

这三个杠杆，分别对应企业的三种核心能力。

1. 资产杠杆：用机器代替人的经营杠杆，体现了一个企业的经营效率；

2. 资本杠杆：善用外部资本来给企业扩张提供资本动力，这反映了一个企业在财务管理上的专业能力；

3. 资源杠杆：有没有一支善于带兵打仗的管理者队伍，这是企业组织竞争力高下的一个分水岭。

这三种杠杆，无论是经营效率、专业能力还是组织竞争力，最终都体现在两个字上：格局。是做一个标杆型的英雄，还是做一个看似默默无闻的幕后推手，这是我们在座的各位此时此刻必须确定的一个方向。

做一个资源贡献者，你的智力和体力终有耗尽的那一天。做一个资源组织者，你的智慧与经验会随着时间的沉淀成为一个巨大的指数杠杆。

Bob 这段让人脑洞大开的演说，让王丽突然有了一种危机感：这小半辈子算是白活了。感觉自己的职业生涯从今天才刚刚开始。

44 你会翻译任务吗

在准备这些新任经理的培训时，Bob 想到了自己曾上过的西门斯中国管理学院的初级经理入门培训，他翻出以前的资料，觉得当时所学的 TFT 技能模型还是挺经典的。这个 TFT，是英文 Task Management、Feedback 和 Time Management 的首字母缩写。分别是任务管理、反馈和时间管理三个基本技能（见图 3-11）。Bob 糅合了一些 QMD 工作场景中的例子，对这个模型做了一些特制化的调整和补充。

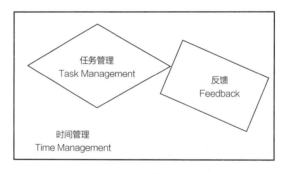

图 3-11　经理人三大基本技能 TFT 模型

第一天的培训，在一个暖场互动游戏结束之后，Bob 就切入正题，从第一项任务管理讲起。Bob 在任务下特意画了一条线，告诉大家："注意，这不是目标，是任务。"

见下面没什么反应，Bob 就出了一道题问大家："假设公司今年定一个工厂成本下降 20% 的目标，请问大家，我们该翻译成哪些具体任务呢？"

其中有一个采购部的同事站起来说道："这个嘛，我们采购部最有经验了。我们会拉出采购部去年的采购成本，然后根据今年的销量变化，算出一个可比的采购成本作为基准，然后按直接材料、间接材料与非库备采购品分摊下去，然后再分配到每个采购员，每人会领到一定金额的节约指标。然后每月按这个目标进行跟踪比照。"

Bob 听完后，说道："你这不是任务翻译，你这是目标分解。很多时候，我们以为目标一分解，就可以期待目标的实现了。对于费用节约 20% 这样有挑战的目标，必须先挑战我们的日常行为。具体而言，我们要落实到具体的任务上去，例如，同样是采购费用节约 20%，我们应当去定义下面的任务。

开发 20 家本地供应商，将主材料的本地采购份额从 30% 提升到 60%。

引入动态 4-3-3 份额机制，价格最低的供应商获得下一季 40% 的份额。

大宗采购的合同中嵌入量化回溯折扣，5000 件的价格是 1 元，采购量达到 6000 件后全部按 0.95 元结算。

利用充足的现金向 50 家现金吃紧的供应商推行 30-2% 条款，早付他们 30 天换得 2% 的价格折扣，达到 24% 的税前年化收益。

含贵金属的废品变卖，引入竞标拍卖。

"这些才叫任务。要实现一个宏大的目标，必须在日常任务中做出革命性的改变。仅仅把指标分解一下是不够的。曾经有一句非常有名且很有道理的话，'用同样的方式做同样的事却要期待不同的结果，那简直就是痴人说梦。'

"你们作为中层经理，就像一块双面胶，上面贴的是高层，下面贴的是基层。高层往往只给出一个宏观的大目标，而基层只对具体的操作指令感兴趣。在座的各位，你们当上经理，要学会的第一件事就是将上司的目标翻译成基层每天要面对的任务指令。

"目标管理里有两个名词，一个叫先行指标（Leading Indicator），另一个叫滞后指标（Lagging Indicator）。任务管理的核心是围绕先行指标展开改良活动。回到前面所说的直接材料成本，这其实是个滞后指标。我们应当继续前导，找到先行指标作为发力点。例如，上面的任务清单中的本地采购比例，4-3-3 份额分配机制，还有累计采购量递增折扣条款等，这些才是先行指标。我们要把任务的一面面小旗插到每个关键阵地上，才有可能达成挑战性强的经营既定目标。"

说到这里，下面有一个学员问了一个问题："那我怎么知道哪个是先行指标，哪个是滞后指标呢？"

说到这里，Bob 在白板上画了一张鱼骨图（见图 3-12），"关键是要像剥洋葱一样，一层层往里剥，直到我们找到根因。"

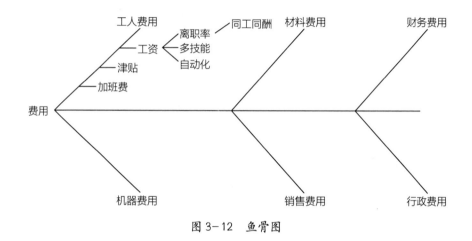

图 3-12　鱼骨图

Bob 进一步说道："最左侧的鱼头代表公司一个月里发生的所有费用，是结果。后面的几个分岔是费用的几个影响因子，每个因子又有分岔，一直追踪到业务根因，找到了业务根因，管理层的决策就显而易见了。

"举个例子，本月的工资费用超高，第一层分析到的数据是工资表上拿工资的人数明显增加了，但这也只是滞后指标。再往下剥，发现本月有效上班人数并没有增加，而是有大批人入职、大批人离职，所以工人工资费用高是高离职率引起的。再往下分析离职人员的构成，主要是合同工，再翻一下离职面试记录和对产线人员的抽样访谈，发现合同工离职是因为感到了明显的不公平，固定工有 13 薪和节假日福利卡，而合同工没有。分析到此，要落实的任务就很清楚了。财务部可以由此做一个同工同酬的成本测算，供管理层决策。

"任务管理，考验的是中层管理者的洞察力，是一种将大目标与小任务连线的贯穿力。你们以前都是一个个优秀的小任务突击者，现在当了经理，必须做上下贯穿的任务翻译。只有这样，才能完成上级设定的目标。"

　　王丽完全着迷于 Bob 演示的鱼骨图分析，这每一个分岔都可以用类似的方法去展开分析。想到这里，王丽的思路一下子开阔了。

　　Bob 看到这一切，走到王丽跟前，做了一个夸张的动作，将王丽的笔从手中拨走了，然后摇着手中的笔向大家说道："这笔我收走了。你们千万不要学王丽，不要被细节给迷住了。从今天开始，你们的首要任务是承上启下，对专业细节的偏爱要有一定的克制力。只有这样，大脑才会腾出空间给大目标。一个管理者的大局观就是这样慢慢形成的。"

　　课间休息时，Bob 走近王丽对她说道："我知道收走你的笔让你难堪了。我希望这个让你当众尴尬的一幕，能定格在你经理人的第一堂培训课中，成为你成长标尺上的一个清晰刻度。"

45　反馈，经理人的必备技能

　　第一天有关任务管理的培训，很多学员觉得非常实用，这让 Bob 对自己推出的 TFT 模型更有信心了。第一个模块，任务管理，强调的是如何"理事"。第二个模块讲的反馈技能，则着力于如何"管人"。管理管理，无非是管人与理事，把这两块抓住了，日常工作的方向也就抓准了，余下的就是效率问题了，这个效率，可以通过最后一个 T，时间管理技能的提升来解决。

　　Bob 先放了一张幻灯片，内容是如何做好反馈的注意点（见图 3-13）。

图 3-13　做好反馈的注意点

接着，Bob 让学员选出两对表演者，分两组，演同一组情景剧：上司如何给下属做年度考评。上司是 A 角，下属是 B 角。两个演 A 角的拿了 A 角的剧本出门左拐，两个演 B 角的拿了 B 角的剧本出门右拐。然后，Bob 将 A、B 两个完整的剧本交给观众学员，并给大家一张打分表，写下两组 A、B 角在沟通反馈中表现出来的得分点与不足之处。

A 角与 B 角手握一些对方不知道的信息，例如，上司从以前与这个下属在同一个公司的老同学那里了解到，该下属有打小报告的毛病；而下属不愿意帮助新同事是因为这个新同事上班经常在微信上聊天，这一点上司并不知情。Bob 将日常工作中碰到的上下级之间的问题都编织到这个 A、B 剧本中去了，而且这些问题也会在 QSZ 发生。

经过 15 分钟的酝酿准备，第一组"演员"登场了。为了最大限度地模拟真实场景，桌椅、文件夹、茶杯、笔纸等道具也在准备期间摆好了。

上司入座，下属敲门，一声"请进"，简单寒暄之后，开始了正式沟通。

上司："在满分为 5 分的评分体系中，我给你的'执行力'打的是 2 分，你的分数是团队中的最低分。"

下属："为什么是最低的？我知道我不是最好的，但也不该是最低的，我至少比李娜强吧，她上班经常挂在淘宝上，她有什么执行力？"

上司："别总盯着别人的缺点，李娜今年拿到的订单比你多。"

下属："李娜的客户容易做啊，都是老客户。我的新客户比她多，订单的多少不能完全说明工作的努力程度。"

……

就这样，两个人你来我往地讲了20分钟。因为下属自评分为4分，上司只给2分，而且由于各自掌握的信息不同，所以整个表演相当火爆，经常有粗暴地打断甚至敲桌子的行为。下属时而会蹦出一句"我明天就把辞职信放你桌上"这样的雷人雷语，让下面哄堂大笑。

表演完毕，Bob 先让两个角色谈自己的感受，以 1~10 分给自己的表现打分；然后，转向观众，让大家分别点评上司与下属的优劣表现。这里，Bob 坚持一个原则，点评角色时，先肯定表现好的地方，然后才说："如果再演一场，我觉得你可以在这个方面做得更好……"

观众学员如何有效给予反馈，也是这堂课的学习要点。Bob 记下了大家的点评。

Bob 将这些点评写在白板上，然后在上面加了一个标题：笼统的反馈。然后在右边写了一组具体的反馈（见表 3-6）。

表 3-6　笼统反馈与具体反馈的对照表

笼统的反馈	具体的反馈
上司的态度不错	上司脸上常有微笑
上司有点武断	上司说了好几次"我不想听你的"
上司不善于控场	上司书写记录得太多
下属有点反应过激	下属敲了两次桌子
上司有主观偏见	上司说了句"我听你以前的同事说……"

所有的对照记录写完后，Bob 问道："你们学到了什么？"

王丽举手回答道："反馈要反映到具体的点上。"

Bob 又说："对，但是你们为什么给了这么多笼统的反馈？"

下面一片沉默。

Bob 接着说道："听人说话也是一门艺术。谢谢 John 这个'上司'有意给我们暴露了这么多的破绽。我们做上司的，首先要学的一门技艺就是会听下属讲话，能抓得住关键细节。在下一组学员表演时，我希望你们能在反馈中给出具体的细节问题。"

第二组表演结束，在大家热烈地点评之后，Bob 站起来做了总结：

"刚才在每个细节的点评上，大家已经讲到了很多有关反馈的要点，如上司要先肯定了优点再说不足，第二组的上司 Peter 在这些问题上进行了改善。我这里再做一些补充说明。

"第一组，上司一开始的那段话，运用了比较级，'你的分数是团队中最低的''李娜今年拿到的订单比你多'，这些比较级一下把下属的注意力从'事'上移到了'人'上，这是反馈中最忌讳的。"

说到这里，Bob 又将刚才记录的、大家没说到的几个问题列在了白板上：

上司道歉了，却马上跟了一个"但是"，一下变了味儿。

上司很轻易地给出了"我把你的活转一部分给小张"的承诺。

上司说"你不爽，可以辞职啊"，情绪化的话会引发自己不想要的后果。

当下属说到"我最近身体不太好"时，上司没有抓住这个关键细节问下去，对敏感信息不敏感。

上司问了"你有什么建议"，下属给了回答，上司却不做点评转而说别的了，给人一种很不真诚的感觉。

王丽很震惊，这些话怎么自己一句也没抓到。

这时，突然有一个学员提问道："那下属自评 4 分，上司打 2 分，这分数能改吗？"

Bob 没有直接回答，转而问大家。结果，支持与反对的各占一半。

支持者说："分数不重要，立足于行为改善才是最重要的。"

反对者说："轻易改分会影响领导的权威性。"

Bob 说："你们都从某个角度说出了一定的道理。 改与不改，应当基于这样一条原则，如果领导是基于充分而客观的事实打的分，那不要随意改。 反之，若下属带出了领导不知道的信息，如小张一直在网上聊天，领导对下属的评判是基于不全面的信息做出的，那自然要改，而且必须改。 甚至应当道歉说'对不起，我没掌握全面的信息，造成了误判，这是我的失察之处'。"

听到这里，王丽深深地感叹：当一个经理，要带好团队，原来有这么多的学问。 Bob 平时驾轻就熟地掌控局面，还能赢得各方尊重，自己一直认为这是领导者当久了自然而然形成的。 实际上远没那么简单。 看来，得一步一个脚印地去学各种管人的技巧。

想到这儿，王丽在自己的本子上记下了这样一个行动计划：与三个主管每月做一次一对一沟通。

46　你经常检查你的情感账户吗

下午的课，Bob 在开始前先问了大家一个问题："上午的课结束时我让大家好好品味一下今天中午的饭菜，你们能说一下具体的感受吗？"

"饭有点硬。"

"酸辣汤太辣了。"

"鱼做得还不错。"

下面给出了这样的回复。

Bob 评价道："这些都不是感受，只是你们对菜的评价。 感受应当是这样的。"说着，Bob 弹出了一张幻灯片，介绍道："这是我以前在西门斯中国管理学院参加一个领导力培训时，曾当过导演的培训师让我们做的一个练习。下面的答案是他表演系的学生给出的。

'这面包里有麦芽的香味。'

'今天的牛肉很有弹性。'

'我反复嚼米饭，到后来有一种糯米团子的感觉。'

'我从胡萝卜里嚼出了甜味。'

'这豆芽嚼到后来有一种吃水果的口感。'

"上午的情景剧点评中，大家说到的细节不多，其实这跟我们的感觉灵敏度是有关系的。我们从小到大，越来越不会表达感受了，我们对他人的敏感度也越来越钝。作为一个管理者，你们要从平时的日常工作中刻意练习，培养对人的敏感度。一项任务派下去，你有没有觉察到下属的情绪；面试一个新人，你会不会从对方的眼神中捕捉到他对专业问题的了解程度；与其他部门有合作时，你能否从对方的肢体语言判断出对方的支持力度。所有这些，都要求我们唤醒自己体内的感觉触角，这就是一种共情能力，它的重要性会随着职位的提升而逐渐增加。"

至此，Bob 讲完了 TFT 模型中的 T 与 F——如何用任务翻译去落实上司的大目标，在管理团队中如何用有效的反馈来塑造员工的行为。接着，Bob 开始讲第三个工具，时间管理。Bob 先展示了史蒂芬·柯维著名的四象限模型（见图 3-14）。

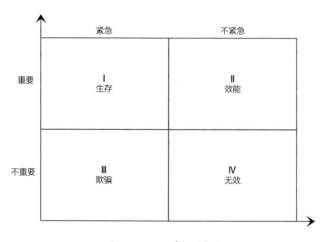

图 3-14　四象限模型

按紧急度与重要性分出四个象限。第一象限，又重要又紧急，如大客户的投诉，这是公司必须全力应对的，是生存之需。对角的第四象限既不重要，又不紧急，当然要尽量约束。第三象限，紧急但不重要，如无关紧要的会议，这些事可以让我们表面上看上去很充实，但实际上处理的都是不重要的事，所以有欺骗性。第二象限，真正的效能象限，做重要但不紧急的事。说到这里，Bob 让大家举例属于第二象限的具体活动。

"做好计划。"

"机器维护。"

"操作工入职培训。"

"流程的梳理改善。"

"Lesson learnt，从错误中总结教训。"

"预防性的防呆设计。"

Bob 回复道："非常好，这里的每一项都没人逼我们做，但每一项都是围绕价值展开的，或提升效率，或减少错误。不过有一项非常重要的第二象限活动，你们都没提到，就是'建设关系'。"

说着，Bob 叫了三个学员上台，分别是 John、Peter、Lydia。然后，Bob 从钱包里拿出三张银行卡，分别是中行、农行、建行的，并交给他们每人一张。

"我们跟周围每个人的关系，可以想象成一种银行账户的关系，史蒂芬·柯维称之为情感账户（Emotional Bank Account，EBA）。"Bob 一边说，一边演示着，"如果 John 身体不舒服，我把他手上的活接过来做，就等于在 John 的这张中行卡里存了钱；Peter 的 Excel 水平一般，我花些时间教他怎么用 V-lookup 小工具，这等于在 Peter 的农行卡里存了钱；Lydia 做报告时，因为紧张，手一直按着激光笔的绿点让别人感到不舒服却没人告诉她，会后我轻声告诉她并给她一个改善的反馈，这也是一种存款行为，等于我在 Lydia 的建行卡里存了一笔款。但是，如果 Peter 得知我在老板那里说他偷懒，这种背后告状的行为就是在取款，这时我在 Peter 的情感账户里存的钱一下全取光了，甚至成了负数，透支了。"

讲到这里，Bob 让每个人拿出一沓白纸，将每张白纸当作一个关系账户，做一个关系自查。

Bob 画了一张表（见图3–15），做了这样的说明："你和哪几个人的工作关系最重要，一人一张表，左上角写对方的名字，右上角标出星号，五星级即最重要的关系。然后在下面的数轴上，标出你的存款现状，再列出希望的目标值，如要从1提升到4。最后，列出可以去实践的存款行动。"

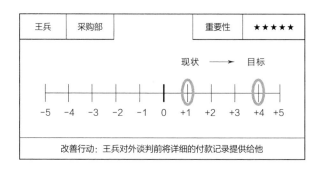

图 3–15　主要工作关系情感账户状态图

王丽工作到现在，还从未做过这样的练习。她有一个困惑，就举手问了 Bob："今天的主题不是时间管理吗？这个关系建设到底有什么帮助？"

Bob 并未直接回答，而是说："给你讲个故事吧。有个叫 Alex 的小男孩，才10岁，但家里拮据，他暑假要出去打工挣生活费。一天，Alex 来到一个庄园主那里，庄园主交给 Alex 一把斧子，说道，'给你两个星期，这园子里的树都归你了，你能砍多少就拿走多少。'小 Alex 太兴奋了，第一天不吃不喝，砍了十棵树，第二天七棵，第三天两棵，第四天一棵都砍不倒了。看着一脸迷惑的 Alex，庄园主问他：'你上次磨刀是在什么时候？'"

下面有人说道："这与我们说的'磨刀不误砍柴工'是一样的道理。"

Bob 答道："对。大家有没有发现，我们工作中有太多的时间浪费在部门与部门之间的扯皮上了。计划部为了保证自己的 KPI，为了不让车间断料，往往会过度备货订货，仓库因为面积不够拒收标准周转天数以外的库存。结果开会无数，邮件一大堆，甚至抄送一大堆其他无关的人。为何不转变一下思维，去磨一磨关系这把刀呢！大家多一些体谅，多一份担当，多为对方考虑一下，吵两个星期没结果的事，完全可能因为当事人之间很高的情感账户额，一句话就解决了——'没问题，我看看我们的计划员是否加了太多的保险系数，调整一下采购量。'"

说到这里，Bob 指着时间分配的四象限图（见图 3-16）说道："衡量一个管理者的管理水平，看他的时间分配就行了。如果一个人整天忙于第一象限的救火事项，这个人迟早会崩溃。如果一个管理者一天到晚陷在第三象限的各种会议里，部门的绩效也好不到哪里去。

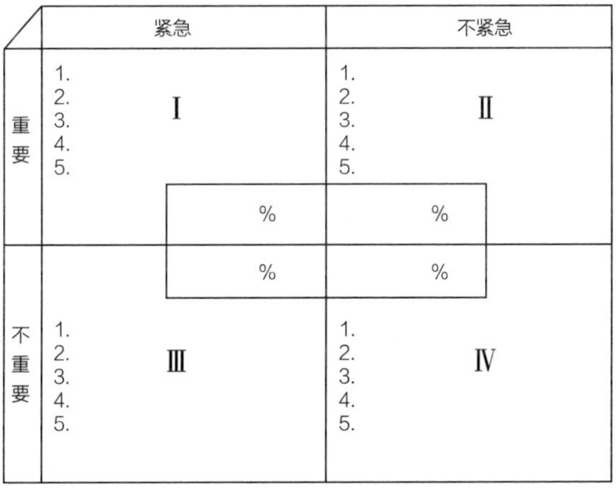

图 3-16　时间分配四象限图

"这里有两个基本原则。

"团队越大，花在人身上的时间就越多。如果你有五个直属下属，至少得有50%的时间花在团队身上。

"职务越高，花在第二象限的时间就越多。如果你是一个大部门的总监，那80%以上的时间该花在第二象限上。

"上面讲了时间管理的两个原则，明天我会继续讲两个对应的时间管理方法。

"对了，别忘了，今天的晚饭要继续好好品味，明天我要你们继续谈感受，希望能听到更多具体而形象的形容词。"

47 一个小小的动作，就暴露了你的情商

按计划，第三天上午 Bob 准备讲时间管理的具体方法，但晚上吃饭时，不止一位学员向他讨教如何做情感账户上的存款。大家觉得概念是不错的，但具体怎么做，除了请人吃一顿，好像也想不到别的方法。

于是，Bob 决定花点时间专门讲一讲如何做情感账户存款。

Bob 在白板上画了这样一张图（见图 3-17）。

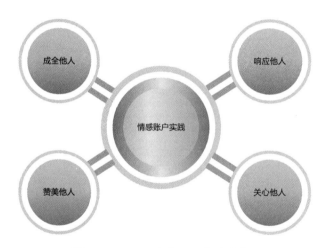

图 3-17　EBA 存款，从点滴做起

"情感账户的建设，其实非常简单，用一句话来说，就是从生活的点滴做起。"Bob 针对图中的四个圆圈，开始一一解释。

赞美他人

"我们平时很少赞美别人，更不会像美国人一样一天到晚把那些溢美之词挂在嘴边，比如他们常说的棒极了（Terrific）、太不可思议了（Awesome）、干得漂亮（Great Job）。

"这是劣势，但用好了也是优势。周围的人都羞于赞美，而你表达了，一下子就会脱颖而出。举几个例子。

"别人在项目上给了你很多支持，你很感激他。这时口头说可能不够，得写封邮件，把他的上司、你的上司甚至总经理抄送上去。例如，在一个项目顺利上线的邮件上可以这样说：'Terry，谢谢你在这个项目上的鼎力支持，要不是你们在后台加班加点地测试程序，我们这个项目是无法按时上线的。'这样一封邮件在开拓人际关系上的作用，岂是请他吃一顿饭可比拟的。"

这时，有个学员发问道："这类里程碑式的事件当然要去赞美。但有些小事，人家举手之劳的事，如顺带帮我送了一份文件，这种事好像正儿八经地去感谢别人，有点不自然。"

"这个问题提得非常好，说到了操作层面的共性问题。"说着，Bob 就从电脑里找出了一张图，放到投影仪上。

"这是我们财务部推出的微笑卡，专门用于写一些肯定和赞美之词，用于表达你对他人行为的欣赏。这个微笑卡是人际交往的衬垫，为生硬的同事关系提供了一种恰到好处的缓冲。一句简单的感谢有时显得有点淡，但为此大请一顿似乎又过了。真正的君子之交，文雅而又别致，特别适合办公室的小白领。"

成全他人

"成全他人，即别人需要什么，就给什么，也就是所谓的成人之美。

"我以前的一个下属，特别需要外在认可。于是，与总经理开会时我尽量带上她，并让她来做报告，给她一个获得认可的机会；我们的生产率节约项目，工程部、采购部及设施部都有贡献，给他们的奖金是我与 Adam 定的，但这个奖励的消息我不让 Adam 发，也不是我自己发，而是让项目负责人发，给别人发奖金的圣诞老人角色让给项目负责人去做，有助于日后顺利跟催进程。想一想，以后一线员工的嘉奖，是由你自己通知本人，还是让你手下的主管去传递好消息？

"我们的税务会计老张，写得一手漂亮的钢笔字。于是，我们年会的邀请信就由他代笔，你们知道发生了什么吗？老张写废了十几张卡片，因为他总觉得写得不够好。老张伏案书写的样子，可享受了。成全他人，你不需要做什么，只需顺着别人的需要就是了，就这么简单。"

响应他人

"响应他人是另一个值得注意的问题。

"我们经常碰到这样的尴尬情形，会议发起人叫了十来个人参加会议，可是到点了，会议室里只有一两个人准时出席。

"有德国同事戏称我们这是薛定谔的会。每个人都是处于准时出席与迟到的叠加态，你只有到了那个点才知道到底有多少人准时到场。

"响应他人体现了一种尊重，如准时参加某人召集的会议。当别人都不当回事，只有你这样做了时，召集者就会觉得你给了他面子，等于你在他的情感账户里小小地存了一些款。每次你都准时出席，时间久了，这将是一笔人情财富。你哪天要是有什么事求助于他，他保证会爽快答应的。

"不只是开会，回别人邮件、给别人提供资料，都是一样的。每次按时按量地响应别人的要求，在尊重他人的同时也赢得了他人的尊重，而尊重又是合作的基础，一个人可以合作共事就是靠谱的，这是德国文化的底层逻辑。现在大家明白德国人为什么总是那么准时了吧？

"还有一种更显尊重的响应，就是引述他人。假如说某个讨论中，老王发表了他不同意把季度奖改成年度奖的观点，你若认同，轮到你发言时，你完全可以这样说，'我非常认同老王的分析……'你表达了同样的意思，但换个角度，就简单的一句话，却可以成就老王一天的好心情。"

关心他人

Bob 停顿了一下，喝了一口水，继续说道："你们知道吗，我住的小区住着一位很有名的推拿中医，我与他只是两面之交。但我现在去找他按摩肩颈，他再忙也会为我安排时间。

"一个月前，我打乒乓球拉伤了肩，找他推拿，那是第一面。第一次见面，聊了一会儿，挺投缘的，但也只是一般的医患关系。两周后，我去美国休假，在一个华人书店里看到一本繁体字的中文书，是一个台湾同胞翻译的日本人写的书，书名叫《包扎治疗》。我当下做了两个判断。一是这本书在我们国内的书店一定买不到，二是给我推拿的那个医师一定会对这种非常规的治疗感兴趣。于是，我花20美元买了这本书，你们可以想象我把这本书送给这位医师时他有多开心。就这样，我突然有了一位中医朋友。"

王丽听到这里，嘴张着都合不上了，完全沉浸在思考之中：天呐，还有这样的事，真是听君一席话，胜读十年书。我们跟周围的陌生人居然还可以这样相处！难怪这 Bob 人缘如此之好，简直是现代版的"及时雨"了。

Bob 看了一下手表，说："不好意思，这段讲得有点长了。回到情感账户操作的话题，我想重申的一点是，关键在于意识的培养，有了想为别人做点什么的意识，你总能从身边找到机会。今天讲的这些，权当引发思考，给大家开阔一下思路。"

此时，王丽想到了财务部的微笑卡。Bob 向自己输出了这么多，怎么没想过给他送上一张微笑卡呢?

48 大石头优先

Bob 花了将近一个上午讲了 EBA 情感账户的具体操作，虽然时间有点长，但对后面时间管理的具体实践还是大有帮助的。

Bob 先将 TFT 模型又放了一遍，这最后一个下午着重讲如何有效进行时间管理。Bob 让一个同学写下了昨天学的时间管理两大原则。

团队越大，要放在第二象限的时间越多
职位越高，要放在第二象限的时间越多

"具体怎么做呢？今天介绍两个方法。

"第一，做好每周计划。强调周计划是因为一周的时间不长不短，最适合做规划。时间拉得太长，如一个月的计划，不适合跟进落实，有点像拿望远镜看东西；时间缩得太短，如每天的计划，又会过于琐碎抓不住重点，有点像拿显微镜看东西。周计划恰恰合适，既有一定的紧迫感，又有一定的调整余地，把一周最重要的几件大事给落实了，工作的效能就有了保证。"

这时，计划部的 Nancy 问道："那具体怎么做呢？"

Bob 答道："我有三个小小的建议供你们参考。

1. 安静的环境。与上司约定周一早上留给自己一个安静的空间。手机静音，不看邮件，不回电话。

2. 20 分钟左右的时间。不用太长，将关键任务落实到日程表中就行了。

3. Calendar 系统。微软的邮件系统中有日程安排表，用这个就行，它有到点提醒功能。

"第二，大石头优先。这里的大石头，是以角色为主导的。例如，Nancy，有以下三个角色。

部门经理：本周最大的一块石头是完成部门预算。

项目协调人：本周最重要的一块石头是讨论并定稿项目进度表。

家长：本周四晚上女儿的家长会一定要出席。

"所谓的大石头优先，是先将每个角色下的最重要任务像大石头一样沉入一周七天的日程表中。一旦沉入，就锁定了时间，别人要召集会议或找你谈事就约不进去了。每块大石头都代表了你对重要任务的郑重承诺。德国诗人歌德说过一句耐人寻味的话，'Things which matter most must never be at the mercy of things which matter least'。这句话的意思是说，重要的事务不要因为主人的安排不周，而沦落到向最不重要的事务乞讨时间的地步。"

这时，下面有学员提了这样的一个问题："就拿你上面说的家长会来说，如果周四快下班的时候领导突然给你安排了当天要完成的事，怎么办？"

Bob 笑道："这个问题太好了。表面上看是一种无法两全的冲突，但仔细分析，这恰恰说明了做好周计划的重要性。对于一个用大石头优先安排时间的人来说，故事的剧本很可能是这样的。"随后 Bob 举了一个善于规划者的例子。

Nancy 意识到这周四女儿的家长会非常重要，在沉入这块大石头的时候，她想到了本周三要交的预算报告也许会有后续修正，可能造成周四不得不留下来加班。所以，Nancy 将预算报告前移了一天，并在周一下午部门会议那里做了一个标注。会后告诉上司自己的本周打算，将周四必须参加家长会的打算提前与上司沟通。

周一下午的部门会结束后，Nancy 与上司这样沟通道："老板，这周四下午我可能要早走 1 小时，因为女儿这次的家长会很重要。你看，你手头有什么要紧的事情需要我本周落实吗？"

上司："你这么一说，我倒想起来了，我们部门的国际标准化组织（ISO）审核程序要完善一下，下周要外审了。"

Nancy："没问题，要不我周二就完善一下，周三上午给你看初稿，周四中午前定稿发出去？"

上司："很好，这样就没问题了。"

说到这里，Bob 将眼光从与 Nancy 的情景交流中挪开，转向众人道："你们看，这个大石头优先法可以确保我们以一种'以终为始'的方法去安排所有可能的任务。"

课程结束。回家的路上，王丽反复地在回想这整整三天的培训。想着想着，王丽终于想明白了一件事：这 Bob 看着很闲，又是出去讲课，又是内部搞学习型组织的，看着都是偏离财务核心的工作，以前一直纳闷 Bob 哪儿来那么多的空闲时间。今天，上完他的时间管理课，终于明白了：Bob 的大石头优先法则使他一直聚焦在重要而不紧急的第二象限上，这才让他成为真正的效能达人。

比起专业知识来，这才是最值得自己学习的地方。

49　税费是物业费还是利润分红

这场职业经理的培训，Bob 给经理人带来了很多全新的认识，也让王丽建立了管理思维——如何领导一个团队，让不同分工的同事在各自执行的领域取得更大的进步。

培训回来，王丽先给自己列了一个任务清单。

1. 3 个月内系统化了解税务操作

2. 与 3 个主管每月一次一对一交流

3. 部门内推行"周计划"制度

4. 每周五下午各小组学习交流

5. 落实 3 个 EBA 账户的存款行动

6. 奖励季度最多"微笑卡"获得者

7. 整理各种会议的重要性排序

其中第一项就是要恶补税务知识。于是，王丽又整理了一个税务知识点清单。

1. 个人所得税

2. 印花税

3. 教育附加税

4. 土地增值税

5. 城建附加税

6. 预提所得税

7. 关税

8. 转移定价

9. 同期资料准备

税太复杂了，王丽决定先找 Bob 帮自己在框架上捋一捋。这样可以提高自己的学习效率。

Bob 看了王丽写的税务知识点清单，得意地说道："你算是找对人了。"

"你列的税种，基本上可以分为两类：一类随交易发生而征收，另一类按时间段征收。"

说着，Bob 在白板上画了一张对照表（见表 3-7）。

表 3-7　流转税与所得税对照表

	流转税	所得税
征收时间	随交易发生	按月 / 年报税
核算依据	买卖的每张增值税发票	期间利润核算
税种特点	政府容易征收	纳税人申报
对企业成本的影响	大部分情形没有	税前利润 × 税率
典型税种	增值税（实物与服务）	企业所得税 个人所得税

这时，Bob 转过来问了王丽一个问题："你觉得从收税的角度来看，政府是按物业管理费的思路去收，还是按分红的方式去要？"

王丽觉得这个提法挺有意思的，想了一下，回答道："物业费是固定的，政府提供了安保、教育和基础设施之后就要收费，这样看来有点像物业费。不过，企业要是亏损了，可以将税延迟到次年有了累计利润后才交，这又有一点股东分红的味道。有利润才分，没利润不分。"

Bob 说道："完美。流转税是随着交易发生的。例如，开一张发票就带上一笔增值税，销售方不管收款与否，在每月的增值税申报时（顶多拖到次月）必须把销项税交上。当然，每个企业只要代收代付自己增值的部分的 17%。这与物业费比较像，你买房入住了，就得按面积交费，住一天与三十天都一样。而所得税更像是一种企业获得利润后对政府投入的回报，有点像分红。分红是一种协作精神，物业费是一种寻租行为。物业费与分红代表了两种不同的理念。

"发达国家，如美国，政府 60% 以上的税收收入来自所得税，这是基于企业与个人收入的一种利润分享，多得者多贡献。税收起到了令收入从富人流向穷人的调节阀的作用。

"而发展中国家，如我们中国，则恰恰相反，主要税收来自流转税，你知道为什么吗？"

王丽看了一下白板上的表格，说道："是不是增值税容易征收？"

Bob 又问："对，那为什么容易征收呢？"

见王丽在思考，Bob 直接说了下去："因为所得税是申报制的。申报制的有效性取决于申报人的诚信度及相应的违法成本。在美国，一旦签字就代表签字人把自己的个人信用押上了，日后若被发现作假，是要进监狱的。"

王丽问道："你说的这些挺有意思的，那对于我们日常的税务管理有什么启示呢？"

Bob 回答："增值税是国家必须确保收得上来的税，国家推出了增值税金税联网系统之后，企业要造假的可能性极低，每张票都有唯一的联网代码，丢失或逾期申报会带来损失，所以增值税发票的管理很重要。

"而企业所得税的申报核查机制，让税务局只能靠抽样检查来控制造假行为。说得具体一点，一家企业绝不能认为年度汇算清缴结束了就万事大吉了，即使过了五年、十年，税务局都可以来做回溯审查的。

"这给了我们什么启示？"

王丽答道："平时报税时一定要合规申报。"

Bob 赞同道："对，而且对于上市公司，还有一个资本市场的股价影响问题。你现在明白，你第一周进来时我跟你说的'财务眼'了吧。

"用财务的眼将公司分类，上市还是非上市，这两者的财务管理方式非常不同。

"像你清单上的最后一项，同期资料准备，这就是一个典型的税务合规性操作。像大公司，一般都会雇用'四大'做顾问，对于上市公司，比起股价的负面影响，聘请这些知名公司的费用都是小钱。"

王丽点点头："明白。你这样一讲，我知道如何把握每一块的重点了。"

这时，王丽拿出了一张打印纸，是之前菜单学习课程中有关增值税的知识总结（见表3-8）。

表3-8　增值税流转案例：内销与出口

单位：元/平方米	厂家A	厂家B	厂家C	国内顾客
经营活动	自种的竹子加工成竹片	竹片加工成竹板	竹板做成竹地板	购买地板
卖出价（不含增值税）	40	100	300	
材料购进价（不含增值税）	0	（40）	（100）	（300）
加工增值	40	60	200	
增值税税率	17%	17%	17%	
增值税管辖地	湖州	杭州	上海	顾客

内销情形

单位：元/平方米	厂家A	厂家B	厂家C	国内顾客
经营活动	自种的竹子加工成竹片	竹片加工成竹板	竹板做成竹地板	购买地板
卖出价（不含增值税）	40	100	300	
材料购进价（不含增值税）	0	（40）	（100）	（300）
加工增值	40	60	200	
增值税税率	17%	17%	17%	
增值税管辖地	湖州	杭州	上海	
开票价	46.8	117	351	（351）
现金收入	46.8	117	351	
现金支出	0	46.8	117	
现金净收支	46.8	70.2	234	
增值税－销项税（代收）	6.8	17	51	
增值税－进项税（代付）	0	（6.8）	（17）	
应缴增值税	6.8	10.2	34	
政府增值税收入	6.8	10.2	34	51
增值税成本	0	0	0	（51）

外销情形

单位：元/平方米	厂家A	厂家B	厂家C	国外顾客
开票价	0	117	300	
材料购进价（不含增值税）	0	（40）	（100）	（300）
应缴增值税	6.8	10.2	（17）	
政府增值税收入	6.8	10.2	（17）	0
增值税成本	0	0	0	0

王丽问道："在外销情形下，厂家 C 所在地政府非但收不了税，是不是还要掏钱出去？"

Bob 答道："你问到点子上了。在学校里学增值税，我们只要掌握'增值税是最终消费者与政府之间的游戏'这个概念就行了。但实务中，我们要了解税在供应链上对各地政府造成的影响。

"国税局分为国家税务总局与地方各级税务局。增值税是国家税务总局收的，它拿走 75%，地方各级税务局分余下的 25%。例如，如果我们做一笔内销，公司增值 100 元，在代收代付的净额所交的 13 元中，总局拿走 9.75 元，而我们所在的开发区可以分得 8%，即 1.04 元。如果我们做出口，而且在苏州口岸最终报出口，增值税退税的负担也是中央承担大头，开发区跟进贴 7%。这些 7% 与 8% 的比例每年会有调整，但总体是内销拿得多，外销贴得少。

"你知道这对地方意味着什么吗？"

王丽答："比起出口，地方政府更欢迎企业做内销。"

Bob 肯定道："对，我有一个在南方某开发区开公司的朋友，当地政府还曾要求他们企业成立一家贸易公司，先以人民币增值税开票给自己的贸易公司，一个场所两块牌子的那种，再由贸易公司出口。这对企业没什么区别，但这种架构就能让地方税务局拿到 1 个点的税收了。"

王丽惊讶道："啊，还有这样的事？我们生产有芯片和模组公司，倒可以这样做。"

Bob 又说："技术上可行，但这种商业道德上有瑕疵的做法，像我们 QMD 这样合法守规的上市公司是不会做的。不过，这个知识点有其他方面的帮助。"

王丽问道："是什么？"

Bob 想了想说："这样吧，为了更好地讨论下去，你去计算一下，去年一年，我们 QSZ 承担的各种税，累加起来，占销售额的百分之多少？"

50 业务定方向，财务做方案

现在王丽升职后，有一点好处是不用担心以前的越级汇报问题了。吃过饭，王丽带着她的报告就去找 Bob。

Bob 问道："先告诉我你的统计数字，我们公司一年缴了多少税？"

王丽给出了这样一份清单（见表 3-9）。

表3-9 公司一年税负 ① 汇总表

企业所得税	7 250 万元
增值税附加税	930 万元
印花税	15 万元
土地增值税	40 万元
关税	65 万元
预提所得税	120 万元
个人所得税	1 850 万元
税务总计	1.027 亿元
销售额	14.2 亿元
税负	7.2%

Bob 看了一下，说道："7.2%，这已经高于政府引进外资 5% 的综合税收指标了。各地政府在招商引资时有一个综合税收收益指标，一般以 5% 计，这是政府给予企业投资补贴的测算依据。像我们这样一个以出口为主的企业，增值税贡献很少，主要靠所得税。

"你知道政府一年给予我们的各项补贴有多少吗？个人所得税地方留存部分返还、设备投资补贴、所得税留存部分返还，以及利息补贴，加起来有将近 3000 万元，对 QMD 这样上亿美元投资的企业差不多有两个百分点。你看，这地方政府

---

① 税负：或称税收负担率，是应交税费与主营业务收入的比例。

的账算得多准，既有优惠力度又严格控制在预算范围之内。"

王丽又问："对了，你昨天讲的地方税收流向的知识点也与这个有关吗？"

Bob 答道："当然，我现在是中国投资扩产项目的参与者。我们要做一个商业模式，模拟达到满产时全年的销售额、进出口额、员工人数和相应的工资支付额，以及内销比例等，从中计算出类似你提供的统计表，即一年当地政府可能形成的税收收入。

"规划中的新厂内销达到 30%，所以，同样成本加成 5% 的转移定价利润，新厂创造的综合税收可能比在苏州的现行项目更有效，因此，我们在谈判时也可以去争取更多的优惠补贴。"

王丽好羡慕 Bob 的工作啊！税务知识不只是用来做个表、报个税的，还可以成为业务谈判的重要筹码，给管理层最大的专业支持。

这时，Bob 在王丽的表上加了一栏，一个个填了上去，成了一张扩展表（见表 3-10）。

表 3-10　公司一年税负汇总扩展表

公司一年税负汇总		说　明
企业所得税	7 250 万元	源自 QSZ C+5% 的加成率
增值税附加税	930 万元	取决于免抵退额的计算，一年 5%~6%
印花税	15 万元	以合同金额的 3‰ 计算
土地增值税	40 万元	视增值比例而定
关税	65 万元	大部分材料免关税
预提所得税	120 万元	支付境外企业代扣的，不属于公司成本
个人所得税	1 850 万元	为员工代缴的，不属于公司成本
税务总计	1.027 亿元	进 P&L 的为 8 300 万元
销售额	14.2 亿元	
税负	7.2%	实际税负 5.8%

这新加的一列标注了每一项税的税源、计算根据以及对公司成本的真正影响。

Bob 接着说道："我喜欢做这样的项目，业务定方向，财务做方案。"

王丽好奇地问了一句："你希望别人说你是一个商人，还是一个财务专家？"

王丽提这个问题，心想 Bob 一定会回归正道，没想到 Bob 竟这样回答道："当然是前者了，财务的最高境界是为业务做贡献。"

王丽记下这些之后，突然想到在知识库里看到的一篇知识总结，其结论是：在征退税有差异时，采购本地化战略需考虑额外的税务成本。

Bob 解释道："我记得这个，这是几年前我主导以前的税务主管 Teddy 做的一份知识总结。"说到这里，Bob 从财务公共盘中打开了知识库里的总结图（见图 3-18）。

		销项增值税 B/S 应付款	免抵退金额 P & L 费用
Ⅰ.背景：2004 年 1 月起电子产品出口退税率从 17% 降至 13%			
Ⅱ.案例各种情况总结，以销售 100 元计			
1.	成品 100% 出口 + 材料 30% 保税进口 + 退税率 17%	（7.14）	-
2.	成品 100% 出口 + 材料 30% 保税进口 + 退税率 13%	（3.86）	3.28
3.	成品 50% 出口 + 材料 30% 保税进口 + 退税率 17%	1.36	-
4.	成品 50% 出口 + 材料 30% 保税进口 + 退税率 13%	2.64	1.28
5.	成品 50% 出口 + 材料 0% 保税进口 + 退税率 13%	0.30	2.08
6.	成品 50% 出口 + 材料 50% 保税进口 + 退税率 13%	4.20	0.80

Ⅲ.分析总结

a. 第 1 种与第 3 种情况退税率都是 17%，征退税率没有差异就没有成本影响

b. 内销越多，其他不变，成本会因征退税率差异而越高

c. 进口越少，其他不变，成本会因征退税率差异而越高

d. 成本影响公式 $C = (E-I) \times (R2-R1)$
C，成本；E，出口额；I，进口额；$R2$，增值税进项税率；$R1$，出口退税率
公式验算：$(100-18) \times (17\%-13\%) = 3.28$

图 3-18 征退税率不一致时内销与进口不同比例模拟测算汇总

"我们讲的增值税对于企业没有成本影响基于这样一个假设：进项税率与出口退税率都是 17%。2004 年前后，我国出现了不断增加的贸易顺差，人民币也跟着出现升值压力。"

听到这里，王丽打断道："顺差为什么要升值？"

Bob 回答："贸易顺差是出口多于进口产生的。中国出口大于进口，表明国际上对人民币的需求也会跟着其产品需求的增加而同步增加。人民币相对于美元有更强需求，人民币就应当升值。但我们国家又不想让人民币升值影响到出口，因为那会带来与出口经济相关的劳动力就业问题，于是就想出了一个替代方案。

"出口退税率从 17% 降到了 13%，这样既可以减缓出口增长态势以缓解与其他国家的贸易顺差问题，同时又可以避免人民币进入升值通道。这种退税率的调整有点像汽车的点刹，用小幅减速避免急刹车带来的经济动荡。"

王丽又问："那从 17% 降到 13% 后，对我们企业的成本是否有很大的影响呢？"

Bob 回答："我当时与 Teddy 他们做了各种模拟，最后推导出了这样一个公式。

$C=(E-I)\times(R2-R1)$

C：Cost，成本，对利润的最终影响

E：Export，代表出口额

I：Import，代表进口额

$R2$：采购材料时的增值税进项税率，我们的电子器件都是 17%

$R1$：成品出口时的出口退税率，我们 QSZ 产品的退税率眼下为 13%

"假设我们年出口额为 100 万美元，材料占 60%，其中 30% 为进口，即 18 万美元，那么一年的成本 $C=(100-18)\times(17\%-13\%)$，即 3.28 万美元。

"我问你，在这种政策下，你希望出口额与进口额哪个大、哪个小？"

王丽答道："从公式看，出口越少同时进口越多的情况下，损失可以越小。"

Bob 认同道："完全正确，对应于业务，应当成品多做内销，材料多做进口。但内销与否受市场制约，我们可以控制的是材料进口。回到你提出的问题，这与

我们两年前开始推行的进口材料本地化就有矛盾了。

"假设这一年我们将进口采购从 30% 降到 10%，增值税的损失就是 0.48 万美元 [100 × （30%−10%）× 60% × （17%−13%）= 0.48]，所以，我们测算之后给采购部做了一个培训，以便他们在推行材料本地化时能将整个征退税率差引起的损失考虑进去。"

王丽不解："我看报纸上不是一直说政府在号召推进材料本地化吗？还要将长三角地区打造成世界级零部件中心呢。"

Bob 说道："不同的职能部门有不同的管控重点。促进材料本地化的是制定产业政策的部门，而调低出口退税率，则是财政部与外管局的要求。不同政府职能部门有不同的诉求，政策有矛盾很正常。我们需要做的是掌握核心原理，以做到适时应变。

"我个人的预测是，中国作为发展中国家总体上是缺外汇的，所以出口获取外汇的基本政策不会变，因为升值会反过来抑制出口，调低出口退税率也会抑制出口，从大局上看，这个税率调整很可能只是暂时的。"

王丽仿佛又回到了刚进 QMD 时的情形，视野开阔的同时又备受打击，没想到就一个增值税，里面居然有那么多学问。从政府利益分配到国际汇率走势再到企业采购战略，要学的实在太多了。

Bob 似乎看出了王丽的顾虑，就劝慰道："没事，一点点积累，你迟早会成为行家。做这份知识总结的 Teddy，刚开始对税也不是很懂的。多做知识总结，这是专业能力提升的唯一捷径，没有之一。

"这样吧，我把上面那个总结图（图 3−18）背后的具体核算图（见图 3−19）发给你，回去你好好地研究一下。"

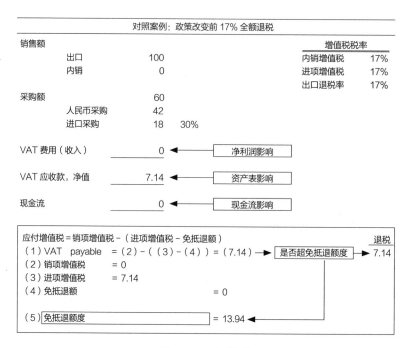

图 3-19 核算图

51 跨国公司是如何切糕分饼的

这个周五，王丽与总经理 Adam 一起接待了市经信委[①] 的企业访问座谈。席间，经信委领导了解到 QMD 产品在技术与设计上都是行业领先的情况时，向 Adam 提出了可以申请高新技术企业的建议，这样企业所得税就可以从 25% 降到 15%。

---

① 经信委：经济和信息化委员会，地方性经济贸易管理、信息化管理的相关组织。

会后，王丽自己做了一个测算，按公司一年 8000 万元企业所得税算，税前利润 3.2 亿元，若能享受到 15% 的所得税，一年光 QSZ 就可以省税 3200 万元，这还没算隔壁的模组公司，全部算上可以省大半个亿的所得税。

当王丽将自己的模拟结果拿给 Bob 看时，Bob 似乎并不在意，反倒问了王丽一个问题："你这个计算出来的节约数据，背后的假设是什么？"

王丽不解："假设？税率从 25% 降到 15% 啊。"

"来，给你看一页笔记，这是我上个月在斯坦福大学接受一个'CFO 战略领导力'的短训时记录的内容，一个非常好用的系统思维二维测试模型[1]。

"测试 1：可靠性假设测试（VT，Validity Test），当 A 假设成立时，是否必然得到 B 结果。

"测试 2：真实性假设测试（ST，Soundness Test），即 A 假设是否成立。

"这两个测试必须都立得住，假设才能成为战略方案做进一步考虑的前提。"

Bob 接着拿王丽有关高新企业省税的结论，套入这个架构中进行解释。

先来看王丽结论背后的假设，将该假设放入这个二维测试中，应该形成两个分步测试的命题。

测试 1：可靠性假设测试（VT），QSZ 申请到高新技术企业认定，是否必然带来一年 3200 万元的税费节省？

测试 2：真实性假设测试（ST），QSZ 申请到高新技术企业认定在操作上是否成立？

王丽点头，表示认同这两个细分的命题。

Bob 接着说道："我们先来讨论第一个测试。QSZ 申请到高新技术企业，是否必然带来一年 3200 万元的税费节省？其实你这个计算后面又有一个潜在假设，即我们的集团公司 QMD 在中国交的税，其税率是全球最低的。但很显然，这个假设不成立，在开曼群岛（英国海外领地）和新加坡的下属公司[2]的税率都低于

---

① 该模型出自斯坦福大学企业战略专家阿兰·索伦森（Alan Sorensen）教授的讲课内容。
② 公司因为投资规模大，获得了当地政府 10% 的优惠税率。

15%。"通过这张 QMD 全球应税收入的分布图（见图 3-20），可以看出 QMD 将更多的利润留在了更低税率的国家。

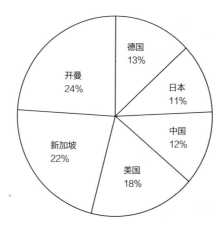

图 3-20 QMD 全球应税收入的分布图

"一个跨国公司某一年全球能产生的税前利润是一个给定的数，如拿 QMD 的 50 亿元来计算，这 50 亿元利润在全球各国应当怎么分才能承担最低税负？"

王丽答："那当然是尽量把利润留在低税率的国家。"

Bob 却说："你只说对了一半，这只是'你想要的'，还得考虑'你能做的'。如果每个国家任由跨国公司随意做全球税收筹划，那美国、德国这些高税率国家会收不到一分税。所以，联合国下属的经济合作与发展组织（OECD）拟定了一个大家都认可与承诺的协定，用以规范跨国公司用内部转移定价来转移利润的操作。通俗地讲，就是制定切糕分饼的游戏规则。"

王丽问道："这么复杂的关联方交易，如何来规范呢？"

Bob 回答："简单来讲是一个准则加一套方法。一个准则就是正常交易原则，即你卖给不相关的第三方用什么价，卖给集团内公司也用什么价。"

王丽又问："这个原则容易理解，具体如何操作呢，总不能企业自己说了算吧？"

Bob 答道："所以，得有一套方法，就是功能风险测试分析法（Functional Risk

Analysis）。你一定听说过成本中心与利润中心的说法吧？"

"我们每个部门都有成本中心代码，这是成本控制的概念，与税也有关吗？"

"你讲的是微观的成本中心，还有一个宏观的成本中心，即判别每一家子公司是成本中心还是利润中心，以此来推断各自应得的利润水准。"

说到这里，Bob 从电脑里调出了一张图（见图 3-21），对一个企业如何定性，特别是跨国公司下的子公司到底属于成本中心、利润中心还是投资中心，可以参考这张对照分析图。

成本中心、利润中心、投资中心

集团公司内的子公司利润分配准则：风险功能分析与外部同类企业匹配

	成本中心	利润中心	投资中心
☐ 责任范围	☐ 职能部门的成本	☐ 利润最大化	☐ 投资控股
☐ 影响力	☐ 成本控制	☐ 单价、市场份额	☐ 投资、并购
☐ 典型机构	☐ 工厂、研发中心、销售代表处	☐ 区域总部、事业部、分销中心	☐ 集团总公司、低税率国别
☐ 财务KPI	☐ 单件成本	☐ 产品利润、客户利润、地区利润	☐ 投资回报率、项目净现值

图 3-21 对照分析图

Bob 接着问王丽："你对照一下，看看我们 QSZ 应当是成本中心还是利润中心？"

王丽说："我们要为成本负责，当然是成本中心。但我们成本降了，利润也就上去了，不也是利润中心吗？"

Bob 解释道："可以用这样一个测试问题来判别一个子公司是成本中心还是利润中心，即总经理能否自行决定降低对外售价来提升整体利润。我们的 Adam 当然没有这样的权力，所以，我们是成本中心。我们的日本公司，表面上是销售公司，其实也是成本中心，因为定价权在德国各个事业部手里。"

Bob 喝了口水，继续说道："一个成本中心的子公司，相当于独立交易中的外发加工公司，像富士康这类加工厂的利润通常就是几个点的加工费，因为它只承担少量的生产加工的风险。主营者风险（Entrepreneur Risks）全由发订单的企业承担。例如，产品开发失败的风险、市场判断失误的风险、供应链衔接的管理风险，这些全由主营者承担。按照风险与回报对等的原则，大头的利润该归给主营者。回到我们的案题上，当 QSZ 成功获得'高新技术企业'的认定之后，其角色也一定会发生质变，QSZ 无法再以'无订单负担、无开发风险'的加工者形象出现在税务局面前了。这时，QSZ 已经是一个组织丰满、功能齐全的主营者形象。"

王丽问："能否详细解释一下？"

Bob 解释道："你看一下获得'高新技术企业'的条件就知道了（见图 3-22）。"

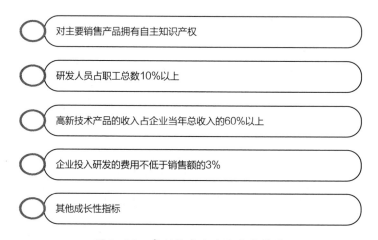

图 3-22　高新技术企业认定条件图

"当你迈上这一个个台阶后，拥有了专利，也将大量资金投入研发，客观上必然已经从一个成本中心升级成对利润与投资全权负责的主营者角色了。"

王丽又问："那又怎样？"

Bob 回答："那就会颠覆我们现在基于一个纯加工型工厂制定的成本加成 5% 的转移定价模型。既然你承担了那么多研发风险，你获得的利润就不该是 C+5%，而是一个高科技公司该有的更高的利润，如 15%，甚至更高。"

说着，Bob 在白板上做了一个简单模拟计算（见表 3–11）。

表 3–11　简单模拟计算示意表

	加工工厂模式 C+5%TP	高新企业模式 C+15%TP
成本	100 亿元	100 亿元
交税利润	5 亿元	15 亿元
税率	25%	15%
所得税	1.25 亿元	2.25 亿元

"同样的生产规模，我们在中国一年可能要多交 1 亿元的税，而且因为境外有比 15% 税率更低的国家进行更好的税务筹划，站在全球税务效果的大局上看，申请高新技术企业并不划算。所以，刚才的第二个测试，真实性测试的问题，申请到高新技术企业在操作上是否成立，这一条并不成立。总部是不会让 QSZ 走这条路的。"

王丽说："这个二维测试模型太科学了，我们以前似乎一直专注于具体的数字运算，很少去使用什么假设下会形成什么条件、什么条件又会带来什么结果的系统逻辑。"

Bob 想了想说："再给你一张原理简化图（见图 3–23），回去消化消化。看懂这张图，在税务管理上，你就拥有如何管理一家跨国集团公司的全局观了。看看一个总部在高税率国家的跨国公司是如何将全球税率控制在 25% 以下的。

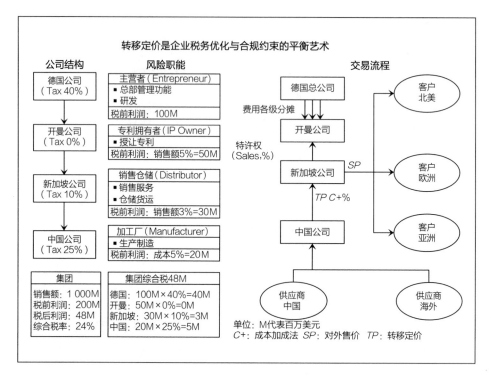

图 3-23 常见全球税务架构图

"一块利润在不同国家分，这可不是一个你多我少的零和游戏。"

52 财务官 = 财务 + 业务 + 管理

早上，Bob 交代了王丽一个项目，是市场部那里传来的要求，要财务就是否接纳客户转成本地直销的提议提供一个专业意见。"喏，这是业务流程图（见图 3-24），你拿回去研究研究吧。"

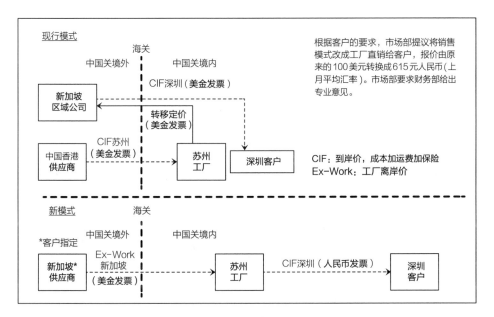

图 3-24　业务流程图

王丽仔细研究了现行业务模式与新模式之间的区别，列了下面的问题。

业务模式改变需考虑的技术问题

1. 运费，新模式有国内运输段

2. 增值税，现行模式出口有退税，新模式人民币内销有 17% 的税

3. 汇率，现行模式收美元，新模式收人民币

4. 所得税，新模式将新加坡公司的利润留在了苏州工厂，有税务效率问题

Bob 看了这张表后，说道："就凭你写的最后一条，我至少得给你 80 分，这说明我昨天和你讲的转移定价，你已经很好地掌握了。这是财务意见中的最关键点。对于业务部来讲，QSZ 与 QAP 都是自己人，谁卖给客户都一样，但从税的角度看，QAP 在新加坡按 10% 交所得税，现行架构之所以要到新加坡绕一圈，哪怕送货在国内完成，财务流的开票也要把 QAP 牵进来，目的就是用转移定价做税务

筹划。"

王丽恍然大悟道："你这么一说我突然想起来了，很多电子产品都是中国生产、中国交货，但都得到中国香港或新加坡'兜一圈'销售回来。"

Bob 回答："对。新模式让 QSZ 直接对外，卖给客户一定是按对外销售价成交的，这样所有利润全留在了苏州工厂，这打破了全球的税务架构，并会在税费上带来很大的额外成本。"

Bob 又问："我再问你一个问题，如果还是直销给客户，你有没有办法设计一个价值流，将利润依然留在新加坡？如果 QSZ 的核准利润是 5 元，卖给客户是 100 元，总成本是 80 元，怎么把 QSZ 多收的 15 元利润转到新加坡公司呢？"

王丽想了半天，没想出来。

这时 Bob 在电脑上换了几个箭头，变成了下面一张图（见图 3-25）。

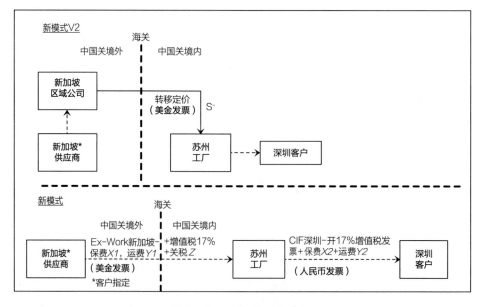

图 3-25　业务模式变化图

"我们可以用销售倒减法（Sales Minus，S-）。QSZ 对外卖 100 元，利润只能是 5 元，外部材料价 60 元，QSZ 加工附加值为 20 元，可以让新加坡公司 QAP 从供应商端买材料，然后以 75（100-5-20）元的转移定价卖给 QSZ，这时的转移定价就成了 S-。"

"哦，这倒是一个好方法，出货端控制不了，就移到买货端。看来，这个转移定价价值流挺灵活的。"

"灵活是灵活，但要考虑的点也不少。"

说着，Bob 把他准备给市场部的答复调了出来（见图 3-26）。

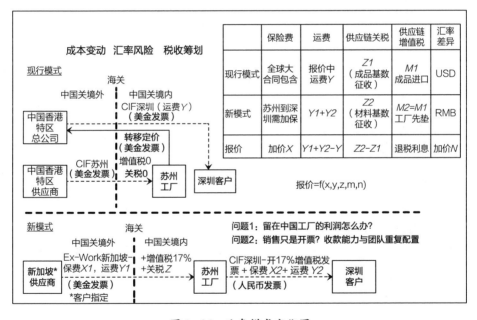

图 3-26　业务模式变化图

"右上角的表格中列出了所有需要考虑的变量。

"先说最复杂的增值税（见表 3-12）吧。在增值税方面，严格意义上讲，两个模式没有数字上的差异（假设材料进口价 60 元，成品销给客户 100 元）。

表 3-12　两种模式增值税对比表

	材料进口	成品出口	成品销给客户
现行模式	手册免税进口 VAT = 0	手册免税出口 VAT = 0	VAT 17% @117 客户一般贸易进口
新的模式	一般贸易进口 VAT = 60×17% = 10.2	/	VAT 17% @117 人民币开增票

"在现行模式下，国内客户从新加坡公司进口材料时，要按成品价付增值税与关税给海关。当然，这个增值税 17 元也没问题，客户是可以作为进项税抵扣的。所以，对于 QMD 和客户都没有增值税成本问题。

"在新的模式下，材料进口时付的增值税也是可以抵扣的。对于客户，也没实质性区别，只是在海关付 17% 还是在货款里付给 QMD 的区别。

"对于增值税，两种模式影响的主要是现金流，新的模式在进口材料时就要垫进增值税，而现行模式不存在先付再抵的过程。"

王丽感叹道："这个业务模型要涉及的内容太多了。"

"这是不幸，也是万幸的事。做财务，就要做制造业的财务，从设备到材料，从关税到增值税，每样都碰过、管过，你的知识才全面扎实。像这个业务模式项目，几乎涵盖了税务与商务所有相关的知识点。做完这个项目，你就是商务通了。"

"怎么是商务了呢？听着不如财务专业。"

Bob 又说："这是我们传统文化看不起商人的缘故，西方文化的基石恰恰就是商业文明。德语中将财务人士称为 Kaufmann，直译成中文就是商人，显得很低俗。而对应的英文 Commercial Expert（商业专家），却是一个很受人尊敬的称谓。商务＝财务＋业务。商务通是一个有财务知识的业务专家，这种跨界复合型人才将来更有发展潜力。说到未来，如果你要升格成财务总监或 CFO，我再给你一个扩展公式。

财务官 ＝ 财务 ＋ 业务 ＋ 管理

"就拿这个业务模式的项目来说，不论是财务还是业务方面的，我们刚才说的还都只是纯技术方面，其实还有管理层面的东西要考虑。"

王丽不解地问："管理层面？"

Bob 回答："对，这个出口改内销的模式还牵涉到企业的内部分工问题。这就带来一个效率、成本与服务质量的问题。我们不妨进一步推演下去，如果改成苏州工厂直销给客户，下面的变化是必须要考虑的。

"第一是组织层面。销售不只是开票。联络客户、签订合同、追讨货款的团队在哪里？现在 QSZ 没有销售团队，为这个单一客户的要求做这样的配备，成本上划得来吗？

"第二是系统层面。QSZ 作为加工工厂是没有订单处理系统（Order Processing System）的，这套订单处理系统连接了订单、生产计划与成品配送的复杂信息，目前都集中在新加坡公司，如果在苏州搞多头系统，订单处理一定会出问题。

"第三是体系层面。QSZ 与中国某个客户的要求如何对接，其解决方案最后还要拿到 QMD 全球集团的层面来重新审视。我们前面说到的销售倒减法的解决方案虽然解决了利润留在工厂的问题，但全球工厂的转移定价都是以 C+ 定价的，唯有 QSZ 做的是 S-，同一种产品，同一个品号，要维持两套价格体系，不光是工作量问题，新加坡公司的角色也会受到冲击。新加坡公司从来不做采购，难道仅仅为了 QSZ 做 S- 就要成为采购中心了？"

"啊？天哪，还有这么多一系列的延伸影响啊！财务做到今天，从来没有人告诉过我要去考虑什么组织、系统与体系层面的问题。"

Bob 说道："只要是企业可能碰到的问题，财务官就都得考虑到。技术加管理，量化与非量化信息（Quantative & Qualitative），一个优秀的管理者既要有战术上的丰富预案，又得培养一种战略取舍的大局观，我们德国公司的 CFO，基本上都是照着这个模型塑造的。"

53 专家型人才如何扩展影响力

经过了一段时间的学习，特别是在 Bob 的亲自辅导下，王丽对税有了全面的了解，有些问题像转移定价，经过自己的总结性思考，已经有了一定深度的掌握。

王丽这时特别想找一个机会练练手，如参与一个有关税的项目。说来也巧，此时公司正好有一个资产转移项目——德国工厂的一条生产线要转来 QSZ 工厂。而且，Bob 还真的让王丽参与这个项目了。只是，看到项目的组织框架图（见图 3-27）时，王丽没想到 Bob 要让自己当商务小组的组长。

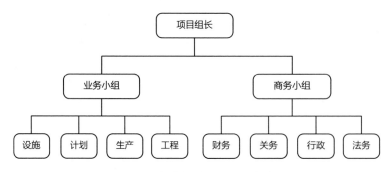

图 3-27 资产转移项目组织框架图

王丽有些犹豫，说道："我作为财务的一员参与更合适吧？"

"不行，你前一阵学了那么多专业知识，不能让你白学，我要让你拓展你的专业影响力。"

说着，Bob 翻出了他桌上的一本《哈佛商业评论》，说道："你知道作为一个专家型人才，如何扩展你的影响力吗？这篇文章给出了一个很好的框架。"随后，Bob 从打印机旁拿出一张打印好了的幻灯片图（见图 3-28）。

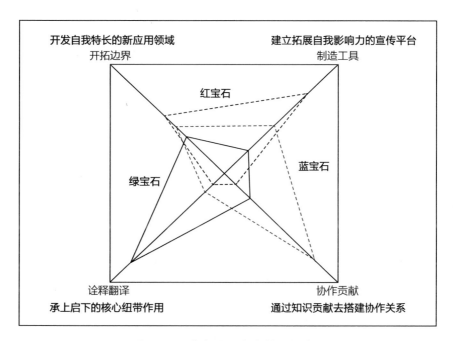

图 3-28 专家型人才的影响力模型

Bob 继续说道："我在这个模型上加入了我以前跟你说过的三种性格色彩，以结果为导向的红宝石、注重流程的绿宝石，以及以人为本的蓝宝石。

"这四个角，代表了扩展影响的四个方向。你不妨就以一个税务专家的角度去想一想，如何从这四个方向去提升自己的影响力。"

王丽连忙打断："等等，我什么时候成税务专家了？"

Bob 回答："基于两点。第一，走出财务办公室，你比公司里的任何一个人更懂税务，你就是专家了；第二，你现在若还不是，做完这个项目，你就是了。自信不是相信自己有多强，而是相信自己会变多强。"

王丽每每碰到 Bob 这样的奇谈怪论，总有一种矛盾心理——从理性上无法辩驳，但感觉上又有一种挑战的压力。

Bob 接着说："我们先从右下角的'协作贡献'说起吧。你要用你的知识去搭建协作关系，用你的专业能力补强团队的知识结构。"

王丽问道："我可以参与，但为何非要我带领一个小组呢？"

这时，Bob 从文件夹里拿出一份资料，是计划部拟定的 6 月底前要完成转移的设备清单（见图 3-29）。

设备名称	数量	安装时间
焊线机	20	Q3
打线机	20	Q3
自动光学检查机	5	Q3
分洗机	1	Q3
电检测试机	30	Q3
冲床	7	Q3
点胶机	12	Q3
预固化机	10	Q3
固化炉	1	Q3
点胶固化炉	2	Q4
光谱仪	30	Q4
磨片机	35	Q4
贴片机	30	Q4
划片机	71	Q4
清洗机	11	Q4
键合机	20	Q4
塑封机	2	Q4
印刷机	62	Q4
回流炉	10	Q4
发电机	6	Q4

图 3-29　设备清单表

"这份清单是计划等业务小组的思考逻辑，如果商务小组不同步切入，项目会出现另一种情形。"

王丽问道："那会变成怎样的情形呢？"

Bob 说道："我给你推演一下吧，不，不只是推演，更是我以前碰到的真实教训。所有的设备如期在 6 月份到达了上海港口，但报关时被扣了下来，部分设备要补交关税方可放行。项目负责人一看好几百万元的关税，不敢做主，只好打报告让总经理批示。总经理会怎么办？那是一种被胁迫的感觉，设备都到海关了，不及时拉回来安装会丢掉许多订单，该付多少关税都得签。签完字后只能把项目办的人逐个骂一通而已。"

王丽问道："那该怎么办呢？"

"这就是你要做的，将上述潜在的关税损失提前布控并彻底消除。具体有两个方面要把控。

"首先，是知识层面。

"我们作为外企，是有政策可依去避免这笔冤枉税的。我们营业执照上的注册资本对应将近三倍的总投资额，这个数额构成了商务部批准的可以在海关免税的进口设备配额。我们要做的第一件事是了解所进口的设备会耗用多少免税配额。在表 3-11 上，我们应当加几栏，成为表 3-13，数字我做一些假设。

"这个配额的计算要由关务部根据设备对应的税则号来查核，有些零关税的设备不会有影响。算这个涉税设备清单是为了估算所需用到的免税额度。根据这个表，我们算出来 6 月底前需要 360 万美元的免税额度，而商务部批的总投资对应的进口额度可能会不够。

表 3-13　涉税设备清单

设备名称	数量	金额 KUSD	安装时间	关税	所需配额
焊线机	20	$　1 480	Q3	0	$　　－
打线机	20	$　2 200	Q3	0	$　　－
自动光学检查机	5	$　　350	Q3	0	$　　－
分洗机	1	$　1 980	Q3	4%	$　　79
电检测试机	30	$　　480	Q3	国产	$　　－
冲床	7	$　10 050	Q3	9.70%	$　975
点胶机	12	$　8 620	Q3	6%	$　517
预固化机	10	$　11 533	Q3	6%	$　692
固化炉	1	$　21 560	Q3	6%	$　1 294
点胶固化炉	2	$　　600	Q4	国产	
光谱仪	30	$　2 220	Q4		
磨片机	35	$　2 958	Q4		
贴片机	30	$　3 300	Q4		
划片机	71	$　　5	Q4	6%	
清洗机	11	$　　880	Q4	4%	
键合机	20	$　　320	Q4	国产	
塑封机	2	$　　30	Q4	9.70%	
印刷机	62	$　　837	Q4	7%	
回流炉	10	$　　300	Q4	5%	
发电机	6	$　4 000	Q4	5%	
					$　3 557

"算上已用的配额，我们可用的额度只有不到 200 万美元了，而上面计算的设备转移要耗用 360 万美元的免税额度，这样就有 160 万美元的缺口了。"

王丽问："这个缺口可以补吗？"

Bob 回答："可以。对于鼓励类项目，我们可以用增资的方式提高免税额度，这就是我要讲的第二个把控点。

"然后，是时间规划。

"因为设备到港报关是有项目办确定的日期的，所以必须严格把控免税额度申请的每个时间节点，其中要特别考虑到批文要由政府相关部门审批，对这种我们没有控制力的事务要留有余地。这样一来就有好几个部门要去协调，例如：

测算增资需求，关务部提供，估计 1 周

董事会有关增资的决议，法务部操办，估计 2~3 周

上报商务部增资批复，行政部操作，估计 4~6 周

"这些时间点，必须一开始就做好筹划，然后每周开会确保每项任务都在掌控之中。例如，在德国的董事若有度假计划，签字不衔接好，就会耽搁时间。做好时间表是第一步，对应的提前沟通与责任分步落实更为关键。这种跨部门的项目一定要有专人来协调，现在明白我让你做商务小组组长的目的了吧。"

王丽点点头："协调没有直属汇报关系的平行部门，挺费心费力的。"

Bob 说道："你不妨将此看作拓展自己影响力的操练项目。我加入 QMD 的第一周，上司就推举我做一个跨部门的项目负责人，涉及 IT、财务、关务、计划，是与这个项目非常类似的项目。我当时也有和你一样的困惑，但半年做下来，别的不说，我跟总部很多职能部门的负责人都很熟了。你看现在咱们工厂有什么关务、IT 方面的问题，他们都会找我与总部的相关人员去沟通。"

王丽突然有一种感觉：Bob 在按他自己的成长模式刻意培养自己。王丽心里充满了感激，但又不知道如何表达，就说了一句："你一定很感激那个推举你的上司吧？"

Bob 说了一句意味深长的话："碰到一个会刻意培养下属的上司，那是职场上最大的幸事。这种事，真的可遇不可求。"

54　六顶思考帽

王丽在做这个设备转移项目时并不顺利，主要是行政部的小王做事很不配合。说好一周内要上报的资料，可跟踪会上才发现没完成，中间也没有反馈过困难。问到她时，只推说某某欠她材料。这种不汇报给自己、态度上不配合的同事最麻烦了。

Bob 听完王丽的陈述，问道："行政部不是归人事总监 Mary 管的吗？"

王丽回答："是的。"

"正好，Mary 最近在发愁，如何制订一个骨干员工留才计划（Key Staff Retention，KSR）。这个计划牵涉到个人所得税的问题，我们若能够给她提供一个解决方案，你遇到的困难就是小事一桩了。"

王丽问道："人事部也有我们能帮上忙的地方？"

Bob 回答："当然有。开拓边界，将你的专业领域横向延伸。你这个税务行家，在人事部的这个 KSR 项目上是可以给出一些专业建议的。"

接着，Bob 给王丽讲了一下这个项目的背景。最近一段时间，由于竞争对手在苏州与无锡建厂，挖走了公司许多骨干人才。总经理 Adam 责成 Mary 拿出一个留才方案。现在初步的考虑是多给十到二十名骨干员工三个月的工资，绑定他们三年。

王丽怀疑地说："多三个月工资绑人家三年，力度不够吧？"

Bob 解释道："这个方案是滚动式的。只要第二年还在骨干员工榜单上，第二年又可以拿到三个月的工资，从滚动的效果看，这个奖励力度还是挺可观的。"

王丽问："那我们能做什么？"

Bob 说："这里最大的一个问题是个人所得税。推行的当月若给出三个月的奖励，员工立马要缴三个月工资对应的个人所得税。但两年后若员工离职，按照 KSR 方案，这三个月奖励金是要全额返还的。若出现这种情况，员工没拿到钱，反而会贴上一笔税。这也是财税之间的本质区别，我们账上是按过了两年以三分之二的费用预提的，但税务局是以现金收付制来征税的。"

王丽说："本来这方案就不鼓励员工中途离开，员工应当接受这一点。"

Bob 突然岔开了话题，问道："你读过《六顶思考帽》这本书吗？噢，对了，我们公司有这个培训课，新加坡的研发总监 Babu 每年都会来上海讲这门课，你应当参加一下。"

王丽问道："六顶思考帽，哪六顶？"

Bob 解释道："这是教我们如何全面思考的一本书，从六个维度全面思考，作者用六种形象的颜色来表示。

蓝色：控制与组织。戴上这顶帽，担当会议主持人的角色。

白色：客观、全面地收集信息。

红色：从感情出发，直觉感性地看问题。

黄色：寻找事物的优点及光明面。

黑色：从事物的缺点和隐患看问题。

绿色：用创新思维思考问题。

"你刚才说的那句'本来就不鼓励员工离开'的话是戴着'白帽'说的，更多是站在组织的角度看问题的。我现在要求你换上一顶'红帽'，回应一下情感。设想一下，你就是 KSR 中的一员，你碰到这种没拿到一分好处又要贴税的情形，你的感受是怎样的？"

王丽回答："作为受激励的员工，参与这个 KSR 计划一定得锦上添花，而不是失去离职的灵活性。"

　　Bob 认同道："这就对了。你看，换上一顶红色的帽子，你的结论就不一样了。"

　　王丽提议："要不然，公司写上这么一条，'若有个税损失，公司承担'。"

　　Bob 说道："那当然也是一个办法，但是下策。首先，这让税务局白白多收一笔税，而且，为员工承担税费的交易安排本质上构成了一种员工福利，这部分税费补贴又成了应交税收入，即我们专业术语上讲的税上税（Tax on Tax）。"

　　说到这儿，Bob 居然在白板上画出了一组"税上税"的数字推演（见表 3-14）。

表 3-14　税上税推演表

税率 30%（R）	应税收入	应交税额
起点应税收入（B）	100	
应交税额		30
公司承担福利	30	
应交税额		9
公司承担福利	9	
福利交税		2.7
公司承担福利	2.7	
福利交税		0.8
	……	……
		43

税上税 = B × [1/（1-R）-1]，B 为税基，R 为税率

　　"你看，本来 100 元的收入只要交 30 元税，现在税上税以后要交 43 元的税。"

　　"这么说来，帮员工交税不是个办法。"

　　"这样，你回去，换一顶'绿帽'，用创新思维探索一下，咱们给人事部 Mary 一个小小的惊喜。"

　　王丽回去开始了思考。要避开这笔冤枉税，就得避免过早进入"收入"模式。那不以收入出现，难道借钱给员工？不行，财务上是不允许出现借钱给员工这类"其他应收款"账目的。

　　但否定了这一点，王丽实在想不出什么好招，只能向 Bob 讨教。

　　在了解了王丽的思路之后，Bob 说道："你的思路很好，差一点就成了，差的

只是一个落地的方式，或者说一个借钱给员工的理由。"

说着，Bob 调出了这样一张幻灯片图（见图 3-30），原来 Bob 早有预案。

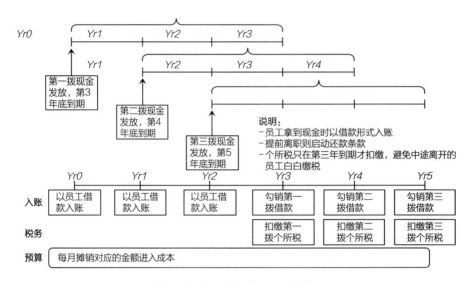

图 3-30　留才奖财务处理方案

Bob 提出，可以向人事部提议出一个简单的"鼓励员工自我发展计划"，然后将原先准备奖励员工的留才奖以借款形式借给这些骨干员工。这样，在拿钱的时候，因为是借款，不是收入，所以不用预扣个人所得税。一旦员工中途离开，员工就把这笔借款还清，账钱两清，也不存在交税的问题。员工若做满了三年，公司可以放弃这笔借款，这时员工便真正得到了利益。员工的收入是在三年到期的点确认的，到那时交个人所得税既是合规操作之必需，对个人也不存在任何不合情理之处。

王丽提问："那账上一直要挂一笔'员工应收款'了？"

"来，用我们最有力的财务问题问一遍，What can go wrong？挂应收款又如何？我们以前讨厌挂一笔员工应收款是因为要收钱就有追款风险，现在我们压根都不想要这笔钱，这完全是两个概念了。"

"那总部会同意吗？"

Bob 说："那是 Adam 与 Mary 要去沟通的事了。这种事情，在私人企业是 Adam 马上可以拍板的。像我们这样的上市公司，可能要费一些周折。不过，也没什么，这只是负责人愿不愿意做而已，不做当然有不做的理由，但要做，也有做的依据。像我们苏州工厂这样的离职率是地区特殊问题，一事一议，也没什么的。毕竟金额与范围对于全球来讲是一个小到可以忽略不计的数字，有点担当的集团副总裁应该是会同意的。"

见王丽还在沉思之中，Bob 说了一句："你现在一直在戴'黑帽'思考，一直都在考虑各种风险与不利条件，现在该换一顶'黄帽'思考了，多一些正向思考。从正面看，我们财务只是专业方案提供者，我们考虑我们该考虑的，余下的由 Adam 去操作。Adam 在总部有些人脉，这事做成的可能性还是挺大的。"

王丽觉得好烧脑，又是"四维度专业人士影响力"框架，又是"六顶思考帽"，这些东西 Bob 居然能使用得如此纯熟，而且都是围绕"税"展开的。

回到办公室，王丽在自己的"随思录"上写下了这么一句话：专业知识一定要依附管理常识才能发挥真正的价值。

第四部分

欲戴其冠，必承其重

55 王丽捅了一个大娄子

周一刚上班，Bob 就把王丽叫了进去。一进门，王丽发现 Bob 脸色不对。

Bob 指着电脑中的邮件（见图 4-1），厉色问道："这是怎么回事？"

Andreas Fink 是总部负责记账的高级总监，Fink 的邮件有一大串，其中有一份是王丽写给 Lily 的，却抄送了安永上海的审计经理 Larry（见图 4-2）。

王丽有点摸不着头脑，问道："这怎么了？"

"你犯了一个原则性的大错！内部的账务争论怎么可以让外部审计师来裁定？"

"你知道 Lily 有多强势的，我资历比她浅，我说服不了她，所以我想通过外审来让她接受我的意见。"

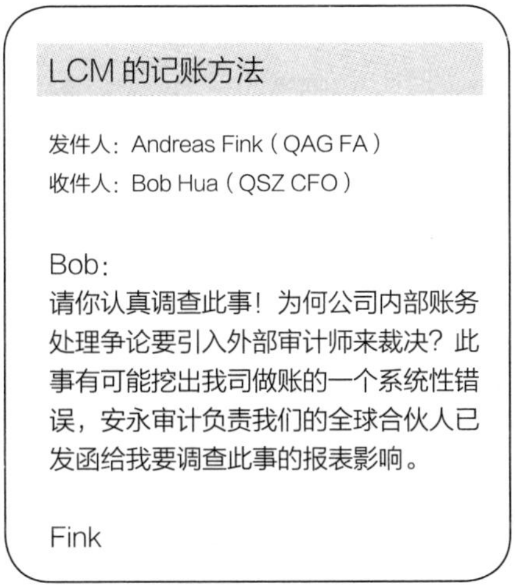

LCM 的记账方法

发件人：Andreas Fink（QAG FA）
收件人：Bob Hua（QSZ CFO）

Bob：
请你认真调查此事！为何公司内部账务
处理争论要引入外部审计师来裁决？此
事有可能挖出我司做账的一个系统性错
误，安永审计负责我们的全球合伙人已
发函给我要调查此事的报表影响。

Fink

图 4-1　Fink 的邮件截图

"你说 Lily 强势，我看你的自我比她还强。好，现在你的'小我'是被证明正确了，那公司的'大我'怎么办？"

王丽不服气地说："那你说说看，我的方法是不是更正确？"

Bob 答道："我对此毫无兴趣。你是正确了，但外审准备彻底审查我们全球各个子公司有关 LCM[①] 的做账逻辑。如果金额大，还有可能要对以前的报表做调整，这对一个上市公司，简直是灾难！人家是基于你某个版本的财务数字投资你的股票的，而你现在却说以前的数字要修正。股东们要是觉得投资亏了，甚至会拿这个理由来告我们管理层。现在你知道闯下大祸了吧！"

---

① LCM，Lower of Cost or Market Price，存货计价中的记账准则，以成本与市价孰低来确认存货价值。

Lily:

我认为你的计算方法是不对的。昨天我们最后的一次讨论你依旧坚持你的方法。我特意做了一个数字对照分析，如下表。

你的方法		我的方法	
成品成本	100	成品成本	100
市场单价	70	60 天账龄预提 20%	20
LCM 计提	30	预提后净值	80
60 天账龄预提 20%	20	市场单价	70
总预提	50	LCM 计提	10
存货净值	50	总预提	30
		存货净值	70

成本与市值熟低的计提应当是在账龄预提后进行的，你的做法导致过度预提，因而导致存货价值被过度贬低了。

我特意抄送了外审安永的 Larry，他们的观点应当是最权威的。

Larry，请评价以上两种方法哪种更正确。
谢谢。

王丽

图 4-2　王丽的邮件截图

王丽万万没想到自己与 Lily 的技术争论会捅出这么大一个娄子。进公司这么久，第一次见 Bob 如此发飙，眼泪忍不住夺眶而出。

冷静了一会儿，王丽突然想到了一个好的理由，说道："就算我们以前是按 Lily 的错误逻辑做的，那也是更具有审慎性的。我们维持现在的利润更符合审慎性原则，外审总不见得逼我们把利润调高吧？"

Bob 则说："你以为利润越低越无罪了？人家可以告你有意操控利润，本季利润太好，故意将存货打低，好挪一些利润给未来达不到绩效的时候。"

"那怎么办？"

Bob 叹气道："希望只有我们 QSZ 有这个调整问题，那样可以以重要性原则去争取不做披露，现在只能听天由命了。"

经过两周的调查，结果让人松了一口气。只有 QSZ 存在这个 LCM 的错误，在集团大体量的销售面前，金额不足以达到"误导投资者"的程度，这件事情从报表审计的角度算是平安渡过了。

王丽说道："谢天谢地。"

Bob 却说："但在 SOX 上还是有问题的。"

"SOX 上有什么问题？"

"你们以前的台湾公司没在美国上市，所以不受这个 SOX 的管控，但 QMD 是在美国纳斯达克上市的，必须遵循 SOX 的控制要求。"

王丽问道："我一直听说 SOX，但没太明白到底是管控什么的？"

Bob 回答："一言以蔽之，以前上市公司只要让外审审财报就行了。但由于世纪之交时安然①这类公司的重大舞弊，为保护投资者利益，以提议的两个美国议员的名字命名的《SOX 法案》要求上市公司管理层既对报表的结果负责，又对报表制作的流程负责，即在内控有效性上签字，以更严苛的法律手段增加管理层的舞弊成本。"

王丽问道："那在 SOX 上这件事有什么具体问题呢？"

Bob 回答："从 SOX 内控角度来看，这暴露了公司在报表制作流程中缺乏必要的审核控制，所以安永坚持要求将这个失误列为重大控制缺陷（Significant Deficiency，SD）。后来经 Fink 与他们交涉，最后降格为一般控制缺陷（Control Deficiency，CD）（见图 4–3）。一旦列入 SD 或实质性漏洞（Material Weakness，MW）管理层必须单独披露，而 CD 只需要管理层做出改善行动计划即可。"

---

① 安然：美国能源公司 Enron，其 2001 年发生的财务造假丑闻引起了社会的广泛关注。

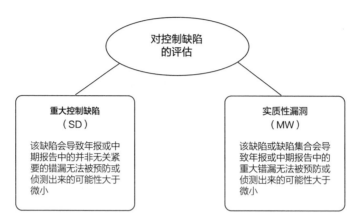

图 4-3 控制缺陷分类处理图

王丽松了口气："那我们只要加强结账审核就行了。"

Bob 答道："对。这件事就这样了结了，但是，总部决定给你一次书面警告。不过，我会陪你一起接受惩罚的。"

王丽确实松了一口气。对于这个警告，王丽虽然觉得很丢面子，但毫无意见地接受了。而出乎王丽意料的是，Bob 向总部主动要求一起接受书面警告。

Bob 这样解释道："你是负责（Responsible）的人，我是担责（Accountable）的人。你们每一个人，无论谁犯什么错，我都得担责。也没什么，扣掉一个季度的奖金，算是你我一起买个教训吧。"

"真是很抱歉，我一定会吸取教训的，内部事务不能让外部人参与。"

"你知道为什么内外要严格区分了吗？"

"组织纪律。"

Bob 说："不光是这个。记住，我们是上市公司，我们的一举一动若有失察之处，一旦引起股价波动，就会损害投资者的利益。"

"那，我能否问一句：难道账记错了就不用纠正，一直对外掩饰下去？"

"内容与流程是两码事。做错了，当然得改。但怎么改，如何与外部审计师呈现这个问题，是另外一回事。真要改，应当先告知总部的 Fink，由他做全盘调查测算后统一与安永说。主动认错与被爆料出来，这对于资本市场的信号是不一

样的。很多公司的 CEO 与 CFO 就是因为故意隐瞒而被迫辞职的。就像尼克松的
'水门事件'，尼克松下台不是因为窃听，而是因为有意掩盖罪证。"

王丽叹了口气："我在 QMD 的前程是不是就完了？"

Bob 安慰道："没那么严重，但确实得花一段时间让大家淡化对你的负面
印象。"

56　屋漏偏逢连夜雨

内部邮件抄送外审一事，让王丽非常自责，特别是 Bob 也因此受牵累。所
以，这段时间王丽有意回避 Bob，每次见到他，心里就会抽动一下。

但 Bob 还是主动找了王丽。王丽走进 Bob 的办公室时，发现 Bob 表情依然
严肃。

Bob 开门见山地问道："你下面负责税与司库的主管 Vivian 最近很不开心，你
知道吗？"

王丽答道："没有啊，我没看出来啊。昨天 Peter 过生日我们一起出去吃饭时
大家还有说有笑的。"

Bob 又问："Vivian 下面的 John 最近经常来找你，是吧？"

王丽回答："是的。最近他来找我谈材料退运 ① 与销售该用哪个模式。"

Bob 继续问："那你是怎么回应他的？"

王丽答道："我就和他详细地过了一遍整个流程，怎么了？有问题吗？"

Bob 接着问："你知道他回去与 Vivian 怎么说的吗？"

"不知道。"

---

① 退运：进口材料因各种问题，有时需要退还给境外的供应商。

"他回去跟 Vivian 说，我们不能通过母公司退运，王丽老板说了，在 SOX 内控中有风险。"

Bob 顿了一下，继续说道："你知道这件事的背景吗？ John 一直认为自己是税务专业毕业的，看不起半路出家的 Vivian，在工作中不买她的账。 就这个案例，有关多余料件的处理，他俩一年前就吵过。 当时加上方敏与我，我们四个人一起专门开了主题会议，也征询了关务的意见，我们早有结论，通过母公司走退运是最佳选择。"

说着，Bob 将事先打印好的一张总结方案图递给了王丽（见图 4-4）。

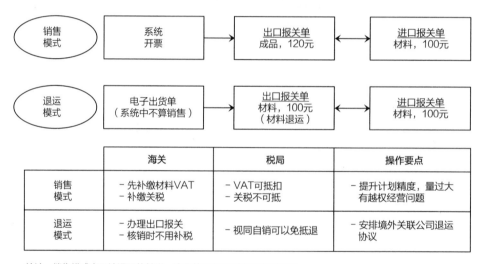

	海关	税局	操作要点
销售模式	– 先补缴材料VAT – 补缴关税	– VAT可抵扣 – 关税不可抵	– 提升计划精度，量过大有越权经营问题
退运模式	– 办理出口报关 – 核销时不用补税	– 视同自销可以免抵退	– 安排境外关联公司退运协议

结论：销售模式有无法退回的关税，建议使用母公司办理退运手续。

图 4-4　多余进口料件处置方案图

王丽惊讶地说："啊？ 我不知道原来已经有定论了。"

Bob 说道："问题的关键不是怎样走退运以及你是否知道此事，关键在于你与下属的沟通方式。"

王丽又问："我的沟通有什么问题？ "

"除了 John，是否还有其他人跳过主管来找你？"

王丽想了一下，点了点头："嗯，Peter 也常来找我。 不过我们说的都是纯技术处理方案。”

Bob 说道：“纯技术方案？你就是太'纯'了，太单纯。你现在是经理王丽，不是以前的总账王丽了。作为经理，我们做的每一个动作都在释放一个信号，而且职位越高，围观者越多，效应也越大。下面的人来找你，你来者不拒，你是在释放怎样的信号，你知道吗？”

王丽问道：“信号？”

Bob 解释说：“你的来者不拒，特别是给予结论性的意见会让你的主管被边缘化，甚至被下属利用。John 就利用你'喜欢讨论专业细节'的特点，给你设了一个局，将以前有定论的东西拿出来重新咀嚼，用你的话去对抗他的主管 Vivian。你有没有想过 Vivian 会怎么想？她完全被架空了。”

王丽没想到事情会这样复杂，经 Bob 这么一点拨，确实觉得对不住 Vivian，但还是没彻底想通，就问道：“那我总不能把他们推出去吧？”

Bob 建议道：“下次 John 来找你，你可以这样问他，'这件事你与 Vivian 讨论过了吗？没有的话，你们先讨论。这事急吗？如果紧急的话，把 Vivian 喊过来我们一起讨论。这样既遵循了流程，John 也没有丢面子。关键是，那些别有用心的下属，他们将无机可乘。”

“谢谢老板指点，我以后一定会注意的。那 Vivian 一定对我有意见了，我想。”

“岂止是有意见。她向我明确提出来了，她想换个环境，她想去 Lily 那儿做财务控制。”

王丽大吃一惊：“去 Lily 那里？”

Bob 补充道：“而且，她俩已经有过交流了。”

“啊？她们怎么能够这样？那 Lily 同意了？”

Bob 回答：“我没有和 Lily 直接说过此事。但据 Vivian 讲，Lily 是欢迎她去的。Vivian 的工作态度与 Lily 的风格挺配，Lily 会欣赏她，我一点也不奇怪。”

“那你的态度是怎样的？”

“我没有态度。天要下雨娘要嫁人，员工主动提出转岗，除非真的对当下的工作有很大影响，我一般持开放态度。"

王丽心中有一丝愤怒与不平，万万没想到上司居然会放任这样的事不管。

Bob 又说："我们不妨这样想一下。如果我们现在的岗位不能吸引员工了，外面有猎头来找，她很可能会走人。与其被外部公司挖走，倒不如在自家平台上流转，你说是不是？"

王丽觉得 Bob 与自己在这件事上没有一致立场。Vivian 转到 Lily 手下做财务控制，对于 Bob 是无所谓，但对自己还是有损失的。王丽不想就这么放弃。

王丽又问："那我就眼睁睁地看着她走？"

Bob 回答："那倒也不是。解铃还须系铃人，你得自己找 Vivian 去沟通解决。记住，聚焦于你能控制的事。该道歉道歉，该认错认错。

"这些是你能做的，至于 Vivian 的选择，那只是你关心的，不受你掌控。你做了你该做的，是怎样的结果就接受怎样的结果。"

王丽并不能完全接受 Bob 的观点，总觉得 Bob 在这件事上开放的尺度有点过了。不过找 Vivian 沟通确实是当务之急。

王丽约了 Vivian 下班去外面吃饭，这个尴尬的话题得找个轻松的环境来谈。

王丽与 Vivian 沟通时，彼此都很坦诚，Vivian 也很感激王丽的自我反省。但结果却不是王丽想要的，Vivian 去意已决。

Vivian 反复强调了一点：其实方敏在的时候，Lily 就找过自己，自己做税做了多年，也想轮岗去成本学点新的东西。要不是方敏离开，今年年初她就会提出调岗，看王丽刚接手，不忍提出。现在王丽也熟悉了税务这块工作，自己调岗也不会对她有太大冲击。

回去的路上，两人坐在车里一言不发。王丽在想：这个 Lily，最近怎么都是她，与她的相处怎么事事不顺。

这时，"嘟"的一声，一条新的手机短信进来了，是大学同学佟梅的，她来苏州出差，邀请王丽明天晚上一起吃饭。

最近一连串的不顺，让王丽特别想找人倾诉一下，而没有人比佟梅更合适了。

57　敢于露出你的软肋

王丽与佟梅上次见面，也是在园区湖边的一家茶餐厅。临湖而坐，伴着悠悠的萨克斯音乐，让人非常放松。

佟梅坚持这顿饭一定要王丽请，因为这是王丽升职后她俩的第一次相聚。可是此刻的王丽，早已没有升职的喜悦分享，最近"邮件门"与 Vivian 转岗的事让她非常困惑。

佟梅认真听完王丽的故事，没有直接回应，而是打开包，取出一本名为《团队协作的五大障碍》的书。

佟梅说道："这是我们普华永道现在在推的企业文化，要求每个人读这本书，以提升团队合作。听了你刚才的诉说，我突然想到了其中的一个合作障碍（见图 4-5），也是最底层的障碍——丧失信任。"

图 4-5　团队协作五大障碍的底层原因

王丽觉得"信任"这个词太抽象空泛了，随口说道："唉，这种管理的书都是鸡汤文，都是正确的废话，信任这么大的词，对我现在的问题有什么指导意义？"

佟梅答道："我听了你上面的两个事例，无论是邮件抄送外审还是对下属的门户开放，我看到了同一个问题、同一条线索。"

"什么问题？什么线索？"

"同一个问题，那就是你过于要强了。同一条线索，就是你满身盔甲、金刚不倒，什么事都想证明自己是正确的，这就是建立信任的一大障碍。在兰西奥尼的这本书里，有一个词专门用来形容这种现象，Invulnerability，战无不胜，永远正确。"

王丽问道："我有那么厉害吗？"

佟梅回答："你有没有我不知道，但至少你展现出来了这样的架势。你想想看，一个做账的技术处理，犯得着要拉来外审做裁判吗？我知道你的想法，拉来外审是因为他们权威，但你仔细想想你的动机，不就是你的好胜心让你在与他人的争论中非赢不可吗？这种'自己永远是对的'的架势是同事间建立合作的最大障碍。你有没有想过这份邮件可能的收场方式？让外审白纸黑字地在邮件中肯定你，否定别人，这就是你要的？这个回合你是赢了，以后怎么相处？"

王丽说道："我倒真没想过怎么收场。"

佟梅又说："还有，你对下面的人门户大开，别人与你讨论技术问题，你就扎了进去。你基本上是陷在一个'自我模式'里了，潜意识中，你只想证明自己有多能干，能为下属现场解决问题，就证明了自己是一个好上司。"

"帮下属现场解决问题，在这一点上我并不认为自己有什么错。"

"很多刚当经理的人都会有类似的问题，就是太想证明自己、表现自己了。但这只是你自己的逻辑，说白了，你能力强只是你自己最关心的事，别人非但不关心，在对比之下反而会有挫败感。"

王丽不服气地说："我展示我的能力，管别人怎么想呢！"

佟梅解释道："你还没明白，你现在是领导十几号人的头儿了。你的着眼点不是手头的一言一事，而是怎样带领团队取得最好的绩效。回到你讲的退运的例子，就算有技术指令，也应当由你下达给 Vivian，再由 Vivian 下达给那个 John。你现在这样做，在 Vivian 眼里，你只是一个爱逞能爱表现自己的单干者，直属下属的感受与工作流程全被你给忽视和否定了。"

王丽低着头，手里不停地摆弄着餐巾纸。

佟梅喝了口橙汁，继续说道："不瞒你说，这一点上我俩挺像的，我也有过类似的问题。记得两年前，我也是刚被提升不久，一次与税务经理 Maggie 一起参加一个项目做尽职调查。我们将尽调报告交给上司，上司看了之后说我们财报与税报上的数字不一致，要我们重新核查。我当时立马回复，我财报上的数字肯定没问题，要不一致，你得查税报上的问题。当时，我可是当着 Maggie 的面说这番话的。过后，Maggie 有半年多没理我，做项目时也有意找别人与我搭档。我一开始也没意识到自己的问题，是我的上司点拨了我。在还没有核查之前，你先摆出一个自己肯定没问题的姿态，这么强势谁愿意与你共事啊？"

说着，佟梅指了指桌上的书，说道："用这本书上的术语讲，就是我们都穿上了'Invulnerable'的盔甲。我们总是对的，那错的就一定是别人了，这种姿态会让别人远离我们。"

王丽问道："那该怎么办？"

佟梅回答："我自己后来总结了两条经验，供你参考。一是示弱，偶尔示弱一下，反而会增强自己的亲和力。有些事情，例如，你的总账知识明明比下属强，但千万不要与下属比专业能力，这种比拼的结果赢了都是输。你完全可以这样说，'这融资租赁与营业租赁的技术要点挺复杂的，账务上的事我已经好久没弄了，现在也拿不准了。小张，你不是在考注册会计师（CPA）吗？这个案子我得靠你了，要不你代表我参加项目讨论会吧。'你这样一说，小张会非常乐意接受你的提议，你就不是靠自己在打拼，而是在运用团队资源了。"

王丽点点头："嗯，有道理。我回去试试。那第二条经验是什么？"

佟梅回答："把注意力从自己身上挪开，别太关注自己。我们都是要强的人，什么事都想参与，什么事都想证明自己的能力。这样做，说到底，还只是为自己的'小我'在拼，旁人是看得一清二楚的。反过来，你多放权委任，多以培养下属的心态让下属去努力、去展现，人家就会感激你。像你们家 Bob，你看他是怎么培养你的，他那种毫无保留地分享、一心希望你快速成长的心态，不是对你最好的激励吗？身边有这么好的老师，你怎么不学学呢？ Vivian 的离开，对你也是个教训，以后要善待下属。善待下属不是不分青红皂白地来者不拒，而是要按各自的职责与角色有针对性地进行激励，你得多思考他们的利益得失，别把工作全放在自己身上，不然累个半死，下面反而不说你好。

"这本书我在火车上刚读完，送给你了。这是一本小说体的管理书，很引人入胜，特别适合眼下的你。"

王丽接过书，低头不语。显然，最近的一系列事件让她很有挫败感。

佟梅摇了摇王丽的肩，说道："别垂头丧气的，这是好事，你遇到的挫折越多，成长得越快。对了，你知道这本书是怎样教我们看待人生中的挫事、糟事的吗？"

"不知道，写总结日记？"

"那个当然有帮助，不过还有更有效的，就是拿出来分享，与你的下属或同事分享。将你的后背留给他人，讲出自己的弱点，露出你的软肋，就等于发出寻求协作的信号，人家自然会向你靠拢。旁边有表格比你玩得溜的人，你就不要展示自己的表格能力。叫人家一声好听的'表哥'，没什么大不了的。"

王丽摸了摸手头的书，心里十分沉重。人家这么好的书，自己怎能还没读过就定义为正确的废话呢？唉，什么时候变得这么浮躁了？看来这一年走得太顺了，自己无意中有一点儿骄傲。

佟梅这番话，让王丽突然明白，自己只是拥有管理者的头衔，但本质上根本没有一个管理者应有的能力与风范。还是要放低姿态、脚踏实地，从点点滴滴中去学习与积累。

58　一个公司的资金故事

按照先前的工作计划，在了解了税的流程后，王丽决定向司库，即资金管理这个方面进发。

鉴于 Bob 的教导与同学佟梅的提醒，这次王丽决定用一个不同的方法，不再是自己埋头去学，而是发动小组成员，让大家去梳理知识点，这样，每个人都能获得提升。以团队为主，自己只需跟在一旁学就是了。

所以，周一上班的时候，王丽将司库的会计 Ivan 找来，给他布置了一个课题——将 QSZ 与模组公司 QMSZ 两家自成立以来的资金流向做一个完整的梳理。

经过几轮的讨论，在王丽的帮助下，Ivan 画出了这样一张图（见图 4-6）。

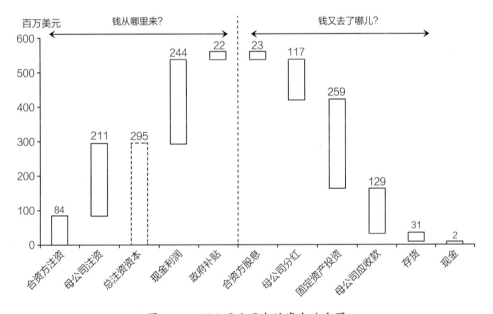

图 4-6　QSZ 开业至今的资金流向图

在王丽的阵阵夸奖之中，连 Ivan 都不敢相信，自己能画出这样既有概括高度又美观清晰的知识总结图。这张图的左边交代了资金的来源，两家公司的注资孰轻孰重，便一目了然了。

Ivan 看了一下图 4-6 的数字，问了一个问题："这些数字都是大进大出的，怎么留在两家公司账上的现金才 200 万美元？好像太不成比例了。"

王丽刚要解释，突然想到了佟梅给她那本书上讲到的 Invulnerable，刚到嘴边的话咽了回去，改口说道："其实我也不知道这是怎么回事，要不我们问

Bob 去？"

正好从旁边走过的 Bob 听到有人提起自己的名字，就探头进来问了个究竟。这一问不打紧，还真问出了许多门道。

一如既往，Bob 总是喜欢兜一个圈子，先问一个似乎不相关的问题："你们说说，外企为何要到中国来投资？"

Ivan 回答："中国的劳动力便宜，有成本优势。"

王丽回答："中国的市场大，公司有发展的前景。"

Bob 说："这些都对。但发展了又如何，成本低多赚几个钱又怎样？"

王丽和 Ivan 面面相觑，心想，赚钱了还要怎样？

Bob 又说："换个角度来讲，欧美企业到中国来投资，最大的顾虑是什么？"

Ivan 答道："政策的突然变化？"

王丽答道："资产贬值？"

Bob 继续说："说具体点。"

王丽回答："人民币贬值？"

Ivan 回答："外汇管制？"

Bob 认同道："对喽。这是所有外企来华投资的普遍顾虑。"

说着，Bob 在纸上写了下来（见图 4-7）。

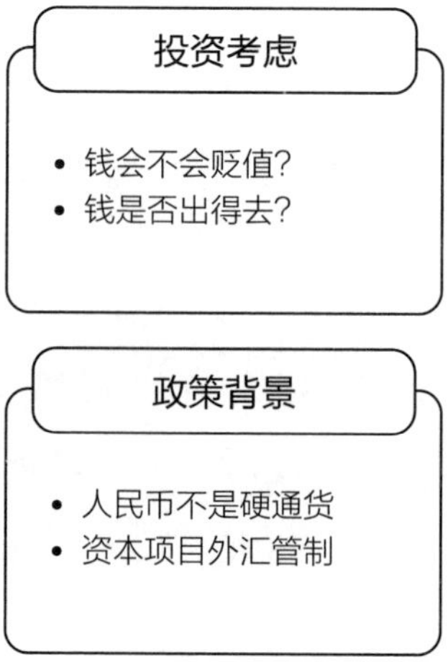

投资考虑

- 钱会不会贬值？
- 钱是否出得去？

政策背景

- 人民币不是硬通货
- 资本项目外汇管制

图 4-7　外商投资考量要素图

王丽提问道："资本项目受管制，那么什么是不受管制的？"

Bob 回答："资本项目叫作 Capital Account，如注册资本，一旦以股权投资过来，就不能随意出去了，这就是资本项目的外汇管制。你说投资误判，这个月投进来 1000 万元，下个月要打回去，那可不行。资本项目对应的是经常项目（Current Account），即日常的贸易往来，这是不受管制的。只要有可证明的真实贸易，如进口报关单，就可以对外汇出美元。"

Ivan 又问："为什么要对资本项目进行外汇管制？"

Bob 答道："十几年前的东南亚金融危机大家还记得吧。泰国和马来西亚由于资本项目是自由开放的，结果，一夜之间的资本外逃，让当地十几年的财富一下子蒸发了。所以，我们国家吸取了他们的教训，对资本项目严加控制是必要的。但凡事有利有弊，管控严了，对吸引外资就是不利因素了。所以，外企来中国投资，第一要考虑资金能否出得去。"

王丽问道："那在中国赚了钱汇不出去怎么办？"

"汇不出去倒不至于。对于外企，有一条将钱汇出去的合法通道，就是分红。但分红有很多制约，一般外企也会用转移定价来进行合理合法的资金境内外调度。"

说着，Bob 在纸上又画了一张表（见表 4-1）。

表 4-1　分红与转移定价的优缺点

	优点	缺点/问题
分红	法律上最名正言顺的方法	一年一次，时间太长； 要缴完所得税才能汇出； 分红还要 10% 预提所得税
转移定价 （TP）	嵌入日常的贸易支付； 随时控制； 不用交分红税	TP 的尺度不能太大

王丽恍然大悟："啊！转移定价还有这个用处，以前以为它只是一个税收筹划的工具。"

Bob 接着说："我们再来看你们做的图。你看，我们母公司 QAG 有一大笔应付款要付给苏州工厂，这就是一种嵌入式控制。关联公司往来就像一个水库的阀门，子公司要用钱了，就放水，多付一些应付款。付完之后，再收闸保持低位的现金余额。"

王丽点头道："怪不得总部的司库 Elsa 每周要我们递交子公司流动性报告。"

Bob 又说："你们刚才做的这张图，数字分析得很清楚。我问你们，能否讲一个故事给我听，一个有关资金的故事？"

Ivan 问道："资金的故事？"

Bob 点头道："对，就把我当作总部的 CEO 吧，你能否用一两句话给我讲一个有关苏州公司的投资故事？"

王丽与 Ivan 坐在那儿开始在纸上写，写了几遍，终于定稿成这样一段话。

公司的股权投资 2.95 亿美元，绝大部分（2.59 亿美元）投到了固定资产中，还有少量的流动资金主要以存货（2500 万美元）的形式留在账上。

Bob 看了之后，说道："这是会计写的故事，基本上是流水账。我要的是故事，说给母公司股东听的故事，是一个商人讲的故事。注意，母公司 CEO 更关注的是自己作为大股东的利益。"

王丽与 Ivan 对望一下，对 Bob 说道："老板，你就别卖关子了，还是你来说吧。"

Bob 走到白板前，写了这样一段话。

集团公司五年间共投了 2.11 亿美元资金，通过 1.17 亿美元的分红与 1.29 亿美元的流动资金套用，实质性收回了 2.46 亿美元，苏州公司使用了合资方的资本与日常营运产生的现金完成了固定资产的投资。

Ivan 感慨地说："投入 2.11 亿美元，收回 2.46 亿美元，用合资方与子公司自我造血的钱来发展，这是谁策划的，太完美了。"

Bob 得意地说道："怎么样，咱们财务专业人士还是有价值的吧。你们只要用心去观察，随处可见这样的'宝贝计划'，这也是在外企工作的最大好处，你们可以通过与总部平台的关联学到很深的专业知识与商业智慧。"

Ivan 叹口气说："唉，我们得由像你这样的专家解释才看得懂。不然，每天看到了都想不到这么深的专业奥秘。"

Bob 摇摇头："你们也可以做到。"

王丽问："怎么做？"

Bob 回答："多写故事，多讲故事。我让你们平时做的知识点总结，本质上就是从表面数字向深层商业智慧的穿透。"

王丽问道："母公司这样把钱套回去，是不是狠了点？"

Bob 答道："一切都是合理合法的。你们要多学些套路，没准哪天中国公司一个个跑到东欧与非洲投资，也会遇到资金管控问题。你们现在把专业技能学到手，将来一定会吃香的。"

Bob 与 Ivan 离开后，王丽还在思索：今天引入 Ivan 一起交谈，话题的宽度与深度都比二人间的对话来得好。看来以后要多多引入团队一起讨论思考。

59　如何测算人民币汇率波动的影响

在周一的每周例会上，Bob 布置了一项任务给王丽。总经理 Adam 听说明年人民币会有大幅升值的可能，想让财务测算一下，明年人民币对美元汇率的上升对苏州公司一年的利润影响有多大。Bob 最后还强调了一句："Adam 下周去德国总部开会时需要向 COO 报告此事。"

受上次讨论的鼓舞，王丽还是将 Ivan 叫进了办公室，决定与 Ivan 一起商讨如何准备这个报告。

Ivan 一听要估算汇率的影响，连忙摆手："我要能预测出汇率影响，还用得着在这儿上班吗？"

王丽说："要不我们先估几个值算算。"

Ivan 还是不愿接受这项任务："怎么算？有太多的变量了。明年销售会变到哪一步？材料中有美元又有人民币，我们不知道明年的构成。还有折旧最难算了，我们账上用的都是历史成本的汇率，而明年新增的设备有相当一部分是美元支付的，太复杂了，我算不来。"

王丽觉得 Ivan 讲的都有道理，但完全认同 Ivan 的话，就等于这件事无法推进下去了。做一定要做，但怎么做呢？王丽也没了主意，就去找 Bob 讨论。

Bob 听了王丽的汇报，感叹道："Ivan 讲的话就像一个幼稚的小孩。从一个未成年的孩子嘴里，讲出来的话都是简单的是非判断——我不想和谁做朋友、这件事太难没法做，这基本上是'要不要'和'能不能'的简单思维。"

王丽问道："那成年人的思维是怎样的？"

Bob 解释说："不能说成年人思维，改个词，叫作'成熟'的思维。一个思想成熟的人应当在是与非、黑与白中间找到一个灰度地带，用我们财务人的术语，叫作'数字思维'。"

王丽诉苦道："我们也想用数字来解决这个难题，不是苦于数据不全吗？"

Bob 启发道："这正是数字思维的精髓所在，我称之为从 0 到 1、从无到有的创造性思维，用我们老祖宗的话讲，叫作'无中生有'。"

王丽越听越晕了，数字思维、无中生有，可怎么也想象不出一个具体的解决方法。

Bob 继续说道："我知道你的困惑，其实数字思维的核心是建模能力。这样吧，把 Ivan 喊过来，我们从头开始，一起以这个实例来建一个数字模型，以后你们碰到类似的问题就不至于束手无策了。"

Bob 把白板擦得干干净净，还特意让助理拿来了红、蓝、黑三种颜色的马克笔。

Ivan 一进来，Bob 就问："Ivan，要完成这个汇率波动对公司影响的估算，你缺哪些信息？"

Ivan 回答："缺的多了。"

Bob 一边听 Ivan 讲，一边在白板的左上角用蓝色笔将每一条记录下来。

缺少的信息

明年的汇率走势，增幅到底有百分之几

材料占销售的比例

材料中美元支付的百分比

固定资产会投多少

固定资产中有多少是以美元支付的

明年加薪后，工资费用会增加到多少

除了模具与运费，还有多少费用是以美元支付的

Bob 写完之后，问道："就这些？还有吗？"

Ivan 看了一下王丽，问王丽有没有要补充的。

王丽补充道："对了，有一部分外籍经理的工资与奖金也是用美元支付的。"

Bob 点头道："好。假如这些数据都有，你们能测算了吗？"

Ivan 回答："那应当没问题了。"

Bob 说："这些数据很快你们就会有的。"

王丽好奇地问："你从哪里找？"

Bob 答道："除了第一条要稍微费些时间，其他的用不了两小时就可以从内部数据中生成。"

Ivan 惊讶地问："内部数据？"

Bob 肯定地说："对啊，我们今年的实际数据可以成为一个很好的代理值，例如，材料占销售的比例、模具与运费中的美元支付比例。还有，明年的预算报告中，你们需要的销售增长比例、固定资产投资，包括工资增幅，这些 Lily 那儿都

有，你们先去把这些数字摘来。"

两小时之后，王丽与 Ivan 带着这样一组数据进来了。

Bob 看了这些数字，什么都没说，只是在中间加了一组数字，并且在上面冠以一组说明词：主要假设、假设依据，就成了下面一张表格（见表 4-2）。

表 4-2　有关汇率分析的基础数据假设表

	主要假设	假设依据
销售增长	20%	总部销售滚动预算 RFC[①] 1015 版
采购材料销售占比	80%	本年前 9 个月平均 82.1%
材料美元占比	80%	本年前 9 个月平均 79.5%
固定资产投资	60	计划部提供的设备清单有 $57M
设备美元结算比例	50%	本年前 9 个月平均 46%
加薪比例	8%	人事部提供的明年预算

写完之后，Bob 特意将王丽他们提供的当年数字重写了一遍，然后说道："左边为实际数据，代表事实；右边为预测数据，代表假设。没有数据，我们就估一个上去。关键是要把假设的依据列上去。通过实际数据去估计，只要合理，就可以成为测算用的代理值。"

Ivan 说道："我们就是担心估计的数字不精确，如材料比例 82.1% 用 80% 去估，这 2.1% 也有两千多万美元的绝对差异。"

Bob 解释说："没事，我们回头可以做敏感度测试（Sensitivity Analysis）。现在可以建模了。你们把销售与各项费用先列个表，对了，Ivan，打开你的笔记本电脑，现在就做。先把今年九个月的实际数据放上去，然后将第四季度的滚动预算放上去。你们没有，我把 Lily 给我的表转给你们。这个实际与预算混合的数据，德国人称之为 Vist，即当下时点反映的最可能的全年利润。"

很快，他们做好了这样一张表（见表 4-3）。

---

① RFC：Rolling Forecast 的缩写，意为（季度）滚动预测。

表 4-3　2010 年 9 月 30 日的 Vist 报告

	1—9 月实际	10—12 月预测	Vist 2010	销售占比	美元支付（%）
销售收入	805	275	1 080	100%	
费用	769	257	1 026	95%	67.0%
－ 材料	668	219	887	82.1%	79.5%
－ 折旧	35	12	47	4.4%	
－ 车间消耗品	9	4	13	1.2%	
－ 模具备件	16	7	23	2.1%	31.1%
－ 工资福利	15	6	21	1.9%	
－ 水电气	10	3	13	1.2%	
－ 运费	8	3	11	1.0%	72.1%
－ 税费	3	1	4	0.4%	
－ 管理行政开支	5	2	7	0.6%	
利润	36	18	54	5%	

Ivan："我们以前学财务的时候，包括我在原来的美国公司，要么做精确的实际数据报告，要么做预测报告，把这两个混在一起还是第一次看到。"

王丽："这么一混其实还是挺有意思的，我们能在一年中的不同时点，将全年可能达成的财务结果呈现出来。"

Bob："对喽。一般我们会在右边加一列全年预算的数据，然后拉一个百分比进度差异，再做一个差异分析说明。当然，这次我们是分析汇率问题，所以取而代之我们加了一列'美元支付'。回到 Ivan 刚才所说的实际与预测的混合，这从数据结构的角度看是有点不伦不类，但这份报告对应了财务会计中一个很重要的原则，你们还想得起来吗？"

Ivan："谨慎性原则，不对，可靠性原则，好像也不对。"

王丽："相关性原则，对了，就是相关性原则。财务数字要提供最能贴切反映经营现状的会计信息。"

Ivan："既然这么好，为何我们不在半年报或三季报时提供这样的 Vist 报告呢？"

Bob："因为这违背了你刚才说到的可靠性原则。第四季度是管理层的预测数据，有相当强的主观判断在里面。因为无法审计其真实性，所以就不能作为可靠的数字发布给投资者看了。但中看的未必中用，这也是会计报表与管理报表的区别。发给资本市场的报告必须中看，要严谨。而管理层最想看的是最佳估计值，管它在程式上是否符合什么审计标准呢。"

王丽再次被 Bob 折服了，怎么做一个汇率报告，Bob 都能把会计原则与管理会计报表讲得如此透彻呢？这让王丽对会计信息有了更全面的认识，包括各种报告的局限性与侧重点。

王丽突然想到最重要的汇率数据还没有。就问道："这些内部数据是用上了，那汇率走势数据上哪儿去找？"

"要说难也不难。"

说着，Bob 从书柜里拿出一本资料，翻开一张汇率波动影响模拟表（见表 4-4）摊在桌上。

表 4-4　汇率波动影响模拟表

	Q1	Q2	Q3	Q4
德意志银行	7.31	7.22	7.13	7.05
荷兰银行	7.32	7.25	7.15	7.00
瑞士银行	7.22	7.10	6.97	7.06
美国银行	7.20	7.10	7.00	6.80
花旗银行	7.13	7.05	6.98	6.80
渣打银行	7.25	7.10	7.00	6.90
汇丰银行	7.30	7.20	7.10	7.00

"这是安永两年前给我的一份人民币汇率报告。我搜一下，应当有电子版的，回头邮件发你，你知道该怎么办了吧？"

王丽："我把这份邮件转给安永的审计经理 Andy，问他要一份有关明年汇率走势的最新报告。"

Bob："对喽，要善于使用外部资源。把我们说成是'四大'的客户，这是不正确的，但毕竟我们一年也要付他们可观的审计费，这类不影响审计独立性的忙，安永是很乐意帮的。"

60　从家庭财务穿越到公司财务

第二天，从安永那儿拿到汇率分析报告之后，Bob 让王丽取了国外几家投行的高位、低位与中位三个汇率值，放入原先的假设数据之后，形成了图 4-8 中完整的假设数据表。

	主要假设	假设依据
销售增长	20%	总部销售滚动预算 RFC1015 版
采购材料销售占比	80%	本年前 9 个月平均 82.1%
材料美元占比	80%	本年前 9 个月平均 79.5%
固定资产投资	$60M	计划部提供的设备清单有 $57M
设备美元结算比例	50%	本年前 9 个月平均 46%
加薪比例	8%	人事部提供的明年预算
人民币本年平均汇率	6.77	前 9 个月平均汇率
人民币预测 – 高位	6.39	境内外 7 家投行最高位平均值
人民币预测 – 中位	6.55	境内外 7 家投行中位平均值
人民币预测 – 低位	6.72	境内外 7 家投行最低位平均值

图 4-8　模型框架图

Bob："好，现在我们可以来测算明年的费用了。你们先算出明年的人民币总费用，因为我们的报表是以美元为功能货币的，所以按不同汇率就可以算出不同的美元费用报表差异。"

Ivan："等等，你刚才说的功能货币是什么意思？"

Bob："功能货币（Functional Currency）是根据一个公司的经济实质来定的。如果一个公司的主要经营活动是以美元进行交易的，如我们公司，虽然我们在中国注册，而且从交易的频次上看，大部分是以人民币结算的，但是我们用美元买进的晶圆占销售额的 60% 以上，而销售又是 100% 出口以美元结算的，那么我们QSZ 的功能货币就是美元。"

王丽："你的解释与定义我是听明白了，但我不太明白为什么要搞一个功能货币出来，它的作用是什么？我大学就学过这个概念，考试也这么过了，但老实讲，我是知其然却不知其所以然。"

Bob 起身，拿了一支笔在白板上写了起来。边写边说道："我们来举个生活中的例子吧，就拿我们公司的 Lily 说吧，Lily 在中国工作，她老公在澳大利亚读书，学费全靠 Lily 的工资。我们不妨就列一个最简单的家庭收入费用盈亏表。

"假设 Lily 2010 年年收入 100 万元，这一年 1 澳元可以换 6.5 元人民币。Lily 在国内一年的生活费开支是 10 万元，其丈夫在澳大利亚除了 2 万澳元的生活费，还有 3 万澳元的学费，就这些分处两地的收支，我们可以列出两张 P&L 盈亏表，一张是澳元视角的（见表 4-5）。

表 4-5　2010 年 Lily 家庭合并报表

澳元汇率 6.5	澳大利亚 / 万澳元	中国 / 万元	澳元视角 / 万澳元
收入	0.00	100.00	15.38
生活费	2.00	10.00	3.54
学费	3.00	–	3.00
盈亏表	（5.00）	90.00	8.84

"单位都以万元计的话，从澳币的视角看，这一年他们家盈余 8.84 万澳元。

"我们还可以切换一个视角，若以 Lily 作为生活重心，他们家一年的净收入变成表 4-6 里的 57.5 万元人民币。当然，如果汇率一直保持 6.5，那无论从哪个视角看都没问题。8.84 万澳元就等于 57.5 万元人民币。

表 4-6　2010 年 Lily 家庭合并报表

澳元汇率 6.5	澳大利亚 / 万澳元	中国 / 万元	人民币视角 / 万元
收入	0.00	100.00	100.00
生活费	2.00	10.00	23.00
学费	3.00	–	19.50
盈亏表	（5.00）	90.00	57.50

"但是，如果汇率一变，事情就变得有趣了。我们略为夸张一些，假设第二年，澳元汇率跌成 6.0 了，1 澳元只能兑 6 元人民币了。他们家收支一切不变，那我们再来看看澳元视角与人民币视角下有什么不同。谢谢你 Ivan，刚才你把这些数字已经敲入 Excel 表了，你再拷贝一下，但把汇率改成 6.0，然后在下面算一个

相比前一年的汇率损益给大家看一下。"

很快，Ivan 就演算好了，如表 4-7 所示。

表 4-7　2011 年 Lily 家庭合并报表

澳元汇率 6.0	澳大利亚 / 万澳元	中国 / 万元	澳元视角 / 万澳元
收入	0.00	100.00	16.67
生活费	2.00	10.00	3.67
学费	3.00	–	3.00
盈亏表	（5.00）	90.00	10.00
汇率损益			1.16
视角差异			0.74

澳元汇率 6.0	澳大利亚 / 万澳元	中国 / 万元	人民币视角 / 万元
收入	0.00	100.00	100.00
生活费	2.00	10.00	22.00
学费	3.00	–	18.00
盈亏表	（5.00）	90.00	60.00
汇率损益			2.50
视角差异			-4.46

"比起 2010 年，这一年因为澳元的走弱，从澳元视角看，汇率损益一栏表明了他们家与去年同比多了价值 1.16 万澳元的钱（10.00−8.84=1.16）。但从人民币视角看，他们家只多了 2.5 万元人民币（60.00−57.5=2.50），显然这里有视角差异。若他们家以人民币记账，则少赚了 4.46 万元人民币（2.50−1.16×6.0=−4.46）。反之，若以她丈夫为主做家庭财报，用澳元记账，他们家多赚了 0.74（1.16−2.50÷6.0=0.74）万澳元。"

王丽："那到底以哪个视角为准呢？"

Bob："这就是确定功能货币的必要性所在了。假如 Lily 要去澳大利亚生活，那么就以澳元视角看；假如她丈夫毕业后要回中国生活，那就以人民币视角来衡量。"

Ivan："这个有意思。夫妻两个以不同生活重心来看同样的收支，居然会有不同的盈利结果。"

王丽："我们可不可以推出这样一条规律，用强货币记账的汇率差异好处会少于用弱货币记账的好处？"

Bob："差不多，你得加上一个前提，在收支层面呈现强货币长、弱货币短的情况下，用强货币做合并报表的功能货币会显示较少的汇率差异好处。"

王丽："一个跨国公司涉及那么多国家，这报表并来并去的，不知会有多少利润或亏损影响呢？"

Bob："这种反常理的人为盈亏一定要消除。不能因为货币视角的差异所形成的盈亏误导了投资者对当年经营绩效的判断。所以，会计准则要求将这类货币翻译差异（Translation Difference）计入权益（Equity）下的其他综合收益（Other Comprehensive Income，OCI），它是一个权益科目，不在当年盈亏表中体现。"

Ivan："它们在这等着了。原来这些会计准则都早有准备了，以前没想这么深，所以背下来了也不懂，你这Lily家的例子让我彻底搞明白了。"

Bob："你们岔打远了。来，我们把昨天的模型做完。Ivan，王丽把明年汇率的数据发你了，快，放入昨天的模型中，我们看看最后的结果。"

王丽与Ivan在Bob办公室里弄了一阵儿，Bob又修正了几次，终于得到了表4-8。

表4-8　2011年QSZ人民币汇率波动对利润表影响的模拟测算

灰色为假设数据，**粗体**为基于今年的推算数据，黑色为公式生成数据

假设汇率6.77	单位百万	2011预测基本模型，汇率维持2010年			
		合计	美元交易	美元等值	人民币交易
销售收入	美元支付比例	$1 296	**$1 296**	$0	¥ -
费用		$1 234		$360	¥2 440
- 材料	2011年80%	$1 064	**$846**	$218	¥1 478
- 折旧	2011年新增部分50%	$60	**$6**	$54	¥366
- 车间消耗品		$15	**$0**	$15	¥103
- 模具备件	沿用2010年31%	$27	**$8**	$19	¥126
- 工资福利	外籍工资不变	$25	**$4**	$21	¥145
- 水电气		$16	**$0**	$16	¥107
- 运费	沿用2010年72%	$13	**$10**	$4	¥25
- 税费		$5	**$0**	$5	¥32
- 行政开支		$8	**$0**	$8	¥57
利润		$62			
	升值幅度	人民币费用	美元报表	报表损失	占销售比
2010年基准汇率6.77		¥ 2 440	$360		
2011年预测高位6.39	5.60%	¥ 2 440	$382	$21	1.7%
2011年预测中位6.55	3.20%	¥ 2 440	$372	$12	0.9%
2011年预测低位6.72	0.70%	¥ 2 440	$363	$3	0.2%

Bob 对王丽说道："假设你是 Adam，我是集团 COO，你来用这份表给我做个演示说明。"

王丽："先交代一下数据结构。灰色数据为假设数据，也是要提交管理层作为讨论的重点来审阅的，粗体是用去年的实际数据按销售增长做同步推算后得到的，黑色为公式生成的。这里面最关键的是汇率。"

听到这里，Bob 打断道："第一部分讲得很好，第二段不行，给上司做报告，得先讲结论再讲逻辑，重来。"

王丽："我们模拟测算的结论是，人民币波动带来的报表影响是 $3M ～ $21M，占苏州公司销售的 0.2% ～ 1.7%。若以美元升值的中位值 3.2% 测算，即从今年的 6.77 升至 6.55 来测算，一年的利润影响占苏州公司销售的 0.9%，占 QMD 整个集团，则只有 0.2%。"

Bob："还记得我以前和你讲过的'以终为始'的报告呈现方式吗？我估计 COO 听到这里就足够了。在我们研究具体细节的人眼里，这汇率从 6.77 到 6.55 可是升了 2200 个基准点（Base Point）的，但高层最想知道的很简单，就是这个外界传得沸沸扬扬的人民币波动到底会有多少报表上的影响。从最后结果来看，这个 0.2% 的影响是不足为道的。"

Bob 转身对 Ivan 说道："Ivan，你把刚才的材料占销售比从 80% 调到 82.1%，看看对结果有没有影响？"

Ivan 调了一下，结果居然没变。多放出一位小数点，才发现是 0.92% 与 0.93% 的区别（见表 4-9）。

表 4-9　材料占比变化敏感度测试表

材料比例	78%	80%	82.1%
绝对值（M）	$1 011	$1 037	$1 064
汇率 6.55	0.91%	0.92%	0.93%

Bob："你要是有兴趣，可以去对各项参数分别做个敏感度对照表。怎么样，对你早先强调的材料占比 82.1% 与 80% 的差异，现在还有顾虑吗？"

Ivan："没想到影响这么小。"

Bob："这就是数字思维的奇妙之处。不管对不对，先定一个目标扔出去，扔出去之后再不断修正。我们从小受的教育是至少要给足三个条件才能解出一个三元方程，但实际生活中并不存在显而易见的条件给你。

"这一条数字思维，可以说是我在国外工作时学到的最强大的思想工具。我们总部办公室的一帮同事，有美国人、南非人和德国人，当然还有我这个亚洲代表，虽然很混杂，但有一点共通之处成了我们的集体标签：我们都自称是贝叶斯人。"

王丽："谁是贝叶斯？"

Bob："贝叶斯是一个英国人，主职是牧师，业余爱好数学。他发明了一套概率统计理论，后人称之为贝叶斯定理。用大白话讲，贝叶斯定理的精髓就是，确定一个先验性数据，然后根据更新的信息来修正之前的主观判断。

"往大了说，人类文明的进步就是在这种从无到有的思维下发展出来的。"

Bob 这些上升到哲学层面的高谈阔论，王丽是选择性吸收的，离自己太远，听了也不懂，还是来些实在的吧。

王丽回到办公室，将这个文件重新起了个名，存入了自己的知识库，标签为：数字建模。

61　开发右脑能力

时间过得真快，转眼又到 QSZ 财务学习型组织每季度一次的工作坊了，据说这是 Bob 从德国带回来的创新实践，他想以学习型组织的方式把德国人的知识管理精髓普及到 QSZ 财务团队中，并优化大家的思维素养和职业习惯。

每次的工作坊，王丽都满怀期待。

这次的工作坊在坐拥湖光山色的五星级酒店举行，这么贵的场地，据说还不用公司掏一分钱——场地是 Bob 从银行那里"化缘"化来的，因为 Bob 给银行做过免费的领导力培训，作为回馈，银行承担了这次活动的酒店开支。

走进会议室，每个人桌上都放了一本书——《全新思维》。

Bob 手里拿着这本书，开启了这次的好书共读工作坊。

Bob："讲这本书之前，先给大家看张图（见图 4-9）。"

图 4-9　Bob 的暖场图

Bob 指着画面说道："刚才在做暖场游戏时，Elvan 说他小时候曾骑过大鹅，我就想象着他在山东农村的那个画面，给他现场画了一张图。"

大家都喊了一声，哇！

Bob："我当然没有这个水平，这是我让 AI 现场画的，不到 1 分钟就画了出来，怎么样？来，Elvan 你上台来，送你一件小东西。"

说着，Bob 从桌台边拿出一个精致的相框，刚才的那张画已经打印成一张照片放在相框里了，相框下面印着：QSZ 第九期工作坊。

Elvan 拿过小礼品，向大家挥了挥手，有点哽咽地说了句："太感谢了。"

Bob 接着说道："我希望你们今天都被 AI 的技术震撼到了。今天给大家介绍的《全新思维》这本书的作者丹尼尔·平克，在多年前就预判到了机器智能对传统行业的冲击，你们现在用的RPA（Robotic Process Automation）办公机器人，以前完成一次发票、订单和收货单的三单匹配要10分钟，现在只需1秒钟就解决了。这还只是开了个头，以后会有更多的颠覆。

"这本书介绍了从左脑向右脑开发的应对思路，左脑能力包括逻辑、推理、分析，我们财务工作大部分在用左脑；右脑负责创新、宏观思考、情感等活动。落到具体生活中包括以下六种：故事力、共情力、交响力、意义感、娱乐感和设计感。

"我先讲一个对我们财务来说最陌生的'设计感'。书中提到的设计不是我们常说的产品包装设计或广告文案设计之类的创意构想，而是一种顶层设计的思维。做任何事，得有从上而下的价值设计，能根据工作场景去设计具体的价值交付活动。"

说着，Bob点了下一张PPT图。

"这是我看了这本书后，为我们财务专门做的'财务工作流价值设计图'（见图4-10）。横坐标是我们财务工作常见的场景，如收付款、税务、报表、做各种KPI报告等。纵坐标则是我花了好几次头脑风暴一步步完善之后的价值交付点。

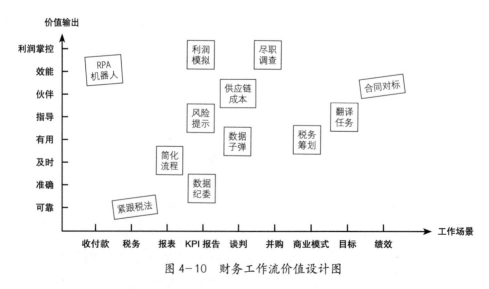

图4-10　财务工作流价值设计图

"在我看来，我们QSZ的财务团队，需要给组织与业务伙伴提供以下几个方面的价值交付：可靠、准确、及时、有用、指导、伙伴、效能和利润掌控。然后将这些价值要素，通过工作流的设计，植入相应的工作场景。

"例如，财务提供的信息要及时。总经理 Adam 曾抱怨要一周后才能看到财报，我们前段时间做的财报流程缩短的项目就是一个自上而下设计的结果。

"表 4-10 中的内容你们都熟悉。

表 4-10　财报流程重组前后对照表

责任人	工作内容	重组前				重组后			
		日常	结账前	结账	结账后	日常	结账前	结账	结账后
Ivy	资产减值测算计提			●			●		
Susan	银行对账			●				●	
Ivy	税务申报				●				●
Susan	仓库盘点			●					●
Helen	请购预算核查	●				●			
Susan	打印出口发票	●				●			
Mary	预提存货准备金						●		
Susan	供应商付款		●	●	●		●		
Helen	成本中心费用报告			●			●		
Ivy	坏账准备金计提			●			●		
Helen	标准成本审核更新			●			●		
Susan	工资结算			●					●
Susan	水电费预估入账			●				●	
Helen	差异分析				●			●	
Ivy	进项税转出计算		●					●	
Susan	匹配报关单	●				●			
Mary	客户应收款对账			●				●	
Ivy	重点供应商对账			●				●	
Suan	费用报销	●				●			
Ivy	资金预测表	●				●			

"我们去年这个时候做的专题工作坊，曾专门讨论过缩短结账时间的方案。例如，将一些集中在结账日的活动平摊到月中的日子里（如固定资产的减值评估），这些估值不可能会在月末发生突然变化，完全可以放在工作量相对轻松的时段来完成。而且，为了将减值评估做得更自动与全面，我们让 IT 部门开发了小程序，做一个存货满 1 周年、待建工程（Construction In Process，CIP）满 6 个月的自动提示，以提升我们的工作效率。

"大家可以从中看出设计的重要性，我们重点做什么项目、由此对其他部门提出的支持性要求有哪些，都是一个自上而下的顶层设计的结果，不能碰到问题一个一个地去解决。后者的做法不仅被动，还常常挂一漏万，不系统。"

王丽听到这里，突然想到了最近在审核采购合同时因提示了风险而将合同打回采购部的情况，看着 PPT 上的风险提示指导，特别想了解操作的细节，就问道："我该做的汇率风险、付款风险都提了，但业务部门不听怎么办？"

Bob："有一个关键的区别——我们财务是在以监督者的角色去做风险警示，还是以业务助动者的角色去帮助业务部做成交易。姿态不同效果就大不一样。"

说着 Bob 弹出了一张 PPT，是他以前自己做合同审核时总结的采购合同核查清单（见图 4−11）。

- 基建合同：确保设定逾期惩罚条款
- 设施合同：尾款要高于对方毛利以防止验收扯皮
- 装修合同：定制设备要有技术部确认的规格参数表
- 进口合同：比较运保费，可能买家购买力强费率更低
- 劳务合同：境外服务商预提所得税要在合同中注明
- 租赁合同：注意租赁设备零利息的噱头
- 硬件合同：能否获得原厂商的源代码避免升级困难
- 软件合同：用户账号要考虑未来人员的扩充
- 精密设备合同：精密仪器要购买安装工程一切险
- 自动化设备合同：自动化设备先买一台样机测试后再批量采购

图 4−11　采购合同审核控制清单

"这份清单既是财务的风险核查清单，也是帮助业务部避免踩坑的友情提示清单。比如基建合同，我们如果工作细一点，能提醒对方过去曾有过因尾款太小，承建商已赚够了利润，对我们提出的质量改善要求置之不理的情况，如果采购签了这样的合同会被用户部门，比如设施部门骂死。

"换一个角度，你站在对方角度去帮他，想到他没想到的细节，效果就不一样了。

"今天时间关系，有关采购合同审核的指导作用，我就不一一展开了，回到前面的主图上，刚才讲的财务价值流设计，有了风险提示的助动者角色设计，你

平时就会有意识地去做合同审核复盘总结，有了总结就会有帮到对方的实用提示，你的价值被认可了，沟通也就顺畅了。

"今天我只是开了个头，有关这部书中的开发右脑的其他几大能力，比如故事力、共情力、交响力等，我会在后期的工作坊与大家交流。有些我们一直在做的事，像提升意义感、学习型组织的各项活动，就是在构建意义，让大家在获得成长机会的同时，提升组织的存在价值。"

回去的路上，王丽在想，再过五年，自己现在所做的工作是不是会被 AI 完全替代呢？这本《全新思维》真是来得及时，以后要有意识地开发自己的右脑能力。

62　谈判的学问

这一周，总部司库负责推进银行关系的董事经理施密特来苏州访问。他来访问的目的有两个，一是来苏州做两年一度的例行业务回顾访问；二是考察当地的三家银行，选定一家作为战略合作银行。

访问银行时，Bob 与王丽和 Ivan 随行。一天的访问活动结束，离晚宴还有大约 1 小时，Bob 就拉着王丽和 Ivan 进行了复盘。

"我们这两天一共开了四个会，一个是昨天的内部准备会，另外三个分别是与三家银行的业务会。我们盘点一下这些会议的各个细节，无论是内部还是外部的，有哪些做得好，又有哪些做得不够好。"

Bob 一边说着，一边在白板上画了一个"T"型框架，即 T 型复盘工具。Ivan 与王丽一五一十地说来，Bob 一条条记录到框架里。

等他们讲完之后，Bob 回到座位上拿出他的电脑，将他的笔记投射到屏幕上（见图 4-12），说道："这是我记录的，权当补充吧。我比较挑剔，记的更多的是问题。"

Ivan 感叹道："老板，你是什么时候完成这个笔记的？"

Bob 回答："我一般会在这种会议上打开电脑，会议中总有插科打诨或是切换投影仪之类的非实质性交谈时间，这个时候我就把要点敲入电脑中。这个习惯来自内部会议，以前做项目时，我的上司教我，一边记会议纪要，一边听大家发言，一场会开下来，会议纪要就基本写好了，人还没回到办公室，会议纪要已经发到大家的邮箱了。这就是职业化精神的效率。"

做得好的	做得不够好的
• 吃中午饭时，A 行的客户经理先预告了今天有几道菜。德国人最喜欢做事的可预见性。这一细节说明他们经常接待外宾，从侧面显示了银行的国际化经验 • B 行的领导拿出了施密特两年前的名片，并准确地说出施密特从"高级经理"提升为"董事经理"的变化，并给予恭贺。这一点值得我们学习	• 原则上应当谈判方各自带翻译，施密特讲的内容应当由 Ivan 或王丽翻译，你们让他们的人翻译，当然会被选择性翻译了 • A 行的业务经理犯了大忌。以自己对外汇顺差有专业研究而否定领导的个人主义，让施密特彻底怀疑 A 行的整体水平 • 在与 C 行的会谈中，王丽与 Ivan，你们中间插话太多，谈判应当有一个主谈，主谈人发出求助指令时，随行人员才补充

图 4-12 Bob 的复盘记录

Ivan 又说："今天我们都留意到了 A 行的业务经理在专业意见上与其上司唱了反调，我听他讲的那段'一季度的贸易逆差不宜过度解读，是农民工回乡过年导致开工不足而形成的出口短暂回落'，从专业上讲确实更有道理。我不清楚，像今天的场合到底该不该更正上司？"

Bob 并未回答，而问道："王丽，你觉得呢？"

王丽想了想，答道："我觉得今天谈到的贸易逆差，只是由谈判结束阶段施密特一个随意的话题引发的。这种非关键性问题说错了，一个老外未必听得出来，一更正，反而给人一个不好的印象——这 A 行领导的业务能力很有限。"

Bob 点头道："说得好。战术上的是非对错要服从于战略上的大局方向。"

Ivan 又问："那如果是在讨论重要的专业细节时，下属真的发现上司说的有问题，如报价报错了，难道也不该提出来？"

Bob 说道："很好的问题。不过你刚才的问题里，有一个隐藏的假设。"

Ivan 不解："什么假设？"

Bob 回答道："下属比上司更正确。领导能当上领导，一般而言，还是有两下子的。而且领导得到的信息与接触的资源往往是下属所不能及的，很多事情下属并不知情。我以前就碰到过类似的情况。有一次与我的领导去拜访一个客户，领导答应'24 小时内保证换货'时，我说了一句，'给我们 48 小时吧，海关报关要两个工作日才能放行'。回去就被领导批了，其实领导在见客户前专门找了海关的关长，已经得到了 1 天放行的承诺。所以，下属在做出'我比上司更正确'的判断时要非常小心。"

Ivan 还是紧追不舍："那真的是领导错了怎么办？"

Bob 说道："这就不得不提谈判的细节准备了。今天谈到这个话题了，我就多说几句。谈判是一门很深的学问，里面有太多的细节要认真准备。例如，借上厕所的时候出去打个请示电话，陷入僵局的时候提议吃完饭之后再谈。日本人还喜欢先陪你玩，把你的时间耗完了，你急着要交差时就会什么都答应了。"

Ivan 点了点头："老板，你懂的太多了。有什么谈判技巧方面的书推荐给我们读读吗？"

Bob 回答："我也没看什么书，都是自己平时观察积累的。要说推荐，喏，那个 T 型框架，是一个复盘的好工具。要我说，在工作层面上，一个好习惯比一本好书更能造就一个人。"

Ivan 认同道："嗯，明白。"

Bob 接着说："回到你提的问题，其实有一个办法，就是让助理坐在右边。主谈者与助理坐在一起，有什么不该说的，桌底下轻轻踢一脚就可以及时刹车了。还有一个办法，就是用纸条提示或写在本子上推给一旁的领导看。我以前陪亚太区总裁与客户谈判时，就写了一张纸条：运保费要三个点，建议待会儿补上。这张纸条不仅起到提醒的作用，对于主谈者，他还完全可以灵活掌握。若信息属实，就立即补正；若信息不对，就当一张废纸而已。说出去的话就成了泼出去的水，最好在泼之前有一个控制选项。而要落实这个控制选项，座位的安排很重要。你们知道英文中的 Right Hand Man 是什么意思吗？"

王丽习惯性地想去抢答，但马上意识到要多给下属表现的机会，就止住不说了。

Ivan 答道："得力助手。"

Bob 点点头："对了，Right Hand Man 就得坐在 Right Hand。你以为这些英文词是随便说的？很多都是商业智慧的结晶。商业经济，人家搞了几百年了，实在有太多的细节值得我们琢磨与学习了。"

63 职业进阶图

一周的时间过得飞快，转眼又到周末了。王丽正有滋有味地读着每周五公司发的"下午茶幻灯片分享"，这时，税务会计 Eddy 敲门求见。

Eddy 平时很少进王丽的办公室，王丽有了一丝警觉与好奇。果然，Eddy 提出了辞职。

"来，坐下说，你是出于什么样的考虑提出的？"

Eddy 平静地说："也没什么，感觉财务的工作太单调乏味了。在 QSZ 又是一个萝卜一个坑的，很难有发展空间。我来公司有三年了，先做了一年出纳，后转岗去 AP 做了一年，后来税务的 Tina 回去生孩子了，我又转到税务去顶岗。财务的模块已经做了好几个，想出去闯闯。"

王丽问道："你在外面找到工作了？"

Eddy 回答："倒没有，我还没认真找呢。"

王丽心里咯噔了一下，心想这些年轻人就是不一样，居然敢裸辞。换成自己，一定要找好下家才会辞掉手头的工作。

Eddy 接着说："上周与大学同学 Tom 吃饭，感觉自己挺失败的。在大学时，我俩成绩不相上下，但就是因为他英语口语比我好，毕业校招时他就加入了毕马威事务所。同样工作三年，他被猎头挖到一家港资企业做财务经理了。我觉得外面机会挺多的，想出去闯闯。"

这个时候 Lily 在办公室探了一下头，提醒王丽一起参加 Bob 的一个项目会议。王丽先安抚了一下 Eddy，说开完会再与他谈。

1 小时的会开完，Bob 将王丽留了下来。

Bob 问她："你知道吗？ Lily 要走了。"

王丽不悦地说："今天是什么日子，怎么有那么多人想离开。"

Bob 大吃一惊："还有谁？"

王丽回答："我下面的 Eddy，做税务的。"

"我先把 Lily 的事说完，再谈 Eddy 的事。Lily 老公已经在澳大利亚毕业了，并且在悉尼的投行找到一份很好的工作，Lily 几番纠结，最终还是决定放下自己的工作去澳大利亚和老公团聚。"

"那 Lily 挺可惜的，以她的性格，能乐意在家做家庭主妇？"

"还好。我们 QMD 澳大利亚的销售公司正好也在悉尼，那边的总经理以前在总部时和我一个楼层，还算熟悉。我跟他打了个招呼，他们正好在扩展业务，需要一个商务经理，没想到，这一推荐就成了。"

"那他们一家真该好好感谢你了。"

Bob 说道："也不用谢我，其实这就是在大公司工作的好处。只要你在你自己专注的岗位上做出成绩，内部流动的机会是小公司没有的。上次在德国开会遇到一个日本同事，也是华人，小时候在新疆长大，后来随父母移民到了阿根廷。他自小就被日本的动漫吸引，特别喜欢日本文化，在布宜诺斯艾利斯大学①毕业后专

---

① 阿根廷最大的综合大学，出过很多诺贝尔奖的获得者。

门找在日本有分公司的大公司工作。果然，最后来我们 QMD 所在的西门斯集团在阿根廷的办事处做了客户服务。他在一个全球供应链项目上给销售副总裁留下了深刻的印象，就在那天项目庆功会上，通过与副总裁 10 分钟的交流，就搞定了新工作。两个月后如愿去了东京公司上班，梦想成真。"

"这故事真该讲给我们的 Eddy 听听。"

Bob 在了解了 Eddy 辞职的详情后，问道："你准备怎么办？留他还是不留？"

王丽为难地说："一半一半吧。这 Eddy 不愧是上海财经大学毕业的，专业上一点就通，是一块好料。但他心态上又有明显的不足，好高骛远，总觉得财务日常的琐碎工作限制了他的潜力。你看，他最近两个月的税表我都发现了数字错误，心不沉下来做，一定做不好。还有，他的情商也要提高，做 AP 时采购部对他投诉最多，回答人家的话总是只说半句，与他沟通挺费劲的。"

"来，我打印一张图给你，我上周刚做完的，我给财务的每个岗位都画了一张金字塔图，我称之为技能进阶图（图 4-13）。"

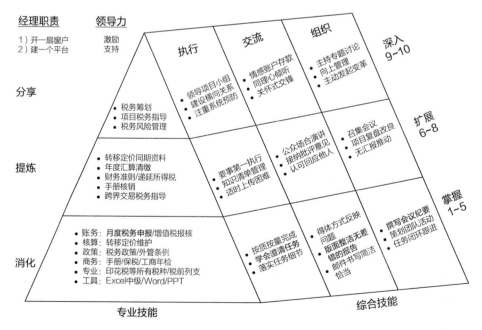

图 4-13　技能进阶图（专业以税务为例，综合技能通用）

王丽问道："这张图怎么用？"

Bob 回答："首先，这张图是针对那些有潜力没定力的员工的，这在刚投身财务工作的年轻人中相当普遍，Eddy 正属于这一类员工。这张图有两个维度、三层进阶，共十二个分区。左右分专业与非专业技能，上下分掌握、扩展与深入三个层次，可以用 1 到 10 分打分。"

王丽提问道："对照在 Eddy 身上该怎么用？"

"你就让他对照这张图打分，从专业到非专业，看他自评的分数是多少。"

"他自己评一般分都会偏高。"

"所以，你要事先准备一些具体实例，如你提到的最近两个月税表上都有数字错误的问题，那他专业技能上的分数连基本分 1~5 分都没达到。你再问他一两个诸如保税区流程与招待费可否税前列支之类的技术问题，他若答不上来，那么即使他想争辩，都无法否认专业能力达不到基本分的事实。"

王丽接着问："专业上的评判比较直观，那非专业能力怎么评估打分？"

Bob 回答："所以，我列的这些小项都力求具体，如在'执行力'方面，他平时有没有用清单管理每周工作事项；在'交流能力'方面，他的书面报告能否做到整洁无差错；在'组织能力'方面，他能否撰写一份像样的会议纪要。这些你都可以马上翻出他的报告给他看。"

王丽想了想说："那我估计 Eddy 基本上都在 1~5 分，无论是专业还是非专业上的。"

"对于心气高，但实战能力又有明显差距的员工，第一步就是要让他谦虚下来。这张图就是一面镜子，让悬在半空中想飞的他认清自己，回到地面上。"

"然后呢？"

Bob 答道："然后要给他提振士气。让他抬头向上看，看最高层的各项能力表征，让他有向往与憧憬的感觉。简单来讲，给他打开一扇窗，让他看到有朝一日他可以成就的风景。"

王丽又问："那中间一层是做什么用的？"

Bob 回答："这些可以看成是一个人攀登的一个个台阶，攀岩的一个个抓手。

．

跟员工谈职业发展不能停留在一个空洞的许诺上，要让他看到一个个具体的抓手。例如，在执行环节，当他碰到困难时会不会适时上传问题、寻求支援；和其他部门交流时，能否认可并回应别人的表达；在组织能力方面，会不会主动召集会议解决一个跨部门的协作问题。很多刚工作的年轻人心态不成熟，光看到贼吃肉，没见过贼挨揍。他'四大'的同学被人挖去做经理，可人家在'四大'的日子是怎么熬过来的，他知道吗？别的不说，人家能做一场内容精练、表达得体的陈述报告，Eddy 行吗？"

王丽笑道："我估计这么一说，他会趴下的。"

Bob 继续说："那就是你要跟进的了。你要帮他做一个量身定制的培养计划。这 40 多个小项，每个月操练一两项，就可以把他未来两年的路铺得很扎实了。"

果不其然，一轮自评下来，加上王丽给出的实例，Eddy 的头一路往下低垂。最后，当王丽帮他理出一个两年规划加上六个月的近期计划时，Eddy 心中充满了感激与力量。

六个月提升计划

练就"四大"水准的财务报告能力

完整梳理各项税种的特点

写 3 篇高质量的知识总结文档

全盘掌握关务与手册核销的流程

养成每周任务清单习惯

做 7 分钟的专业演讲，在每周学习会上展现

当 Eddy 拿着手稿扬着头离开办公室时，王丽得到了一种从未体验过的满足。原来帮助他人成功是如此幸福的一件事。突然，王丽第一次觉得深刻地理解了Bob。

64 难忘的欢送晚会

上次与 Bob 谈到 Lily 要走，有一件很重要的事，王丽居然忘了问。

周一一上班，王丽就去了 Bob 的办公室。

"对了，上次忘了问你，谁来接替 Lily 财务控制部经理的职位啊？"

"噢，财务控制需要对公司有比较多的了解，所以公司不打算从外面招人。我跟总部财务控制的头儿 Martin 通报 Lily 离职的事时，他向我推荐了一个人，是内审部的经理，马来西亚人，叫 Lee Chee Kok，大家都管他叫 CK。他也是华人，很喜欢中国文化，所以对这个岗位很感兴趣。以前做项目时我与他打过交道，人很聪明。最早在我们的外审安永工作，后来跳槽来我们公司，上周我与他在电话里聊了 1 小时，基本上就定他了。"

"嗯，我也在想，内部提拔暂时看不到合适的人选。"

Bob 突然说道："对了，过两周正好 Martin 要到我们 QSZ 来，我想搞个像样的派对，给 Lily 搞一个欢送晚会。这样吧，交给你策划一下。"

王丽问道："有什么具体要求吗？"

"具体的要求倒没有，重点就两个字——回忆，而且是属于我们财务团队的共同回忆。"

说着，Bob 指着电脑上的屏幕，说道："你看，新加坡《联合早报》上的一篇文章，提到了新加坡总理的感慨与呼吁，我们新加坡虽然也有历史，但是我们却没有回忆。总理号召大家将首届青年奥林匹克运动会①，办成一个全体新加坡人的共同回忆。"

王丽说："以前觉得你这个移民新加坡人假模假样的，没想到你还挺关心你们国家的。"

Bob 笑道："其实国家小有国家小的好处。组织越小，越能打造共同的回忆。

---

① 首届青少年奥林匹克运动会于 2010 年在新加坡举办。

我们财务部应当搞出一个成为大家记忆刻度的精彩活动。"

"压力好大啊，好吧，我试试。"

一吃完饭，王丽没有像往常那样在楼下散一圈步，而是把自己关在屋子里，准备欢送会的筹划。

Bob 推门进来，见王丽桌上摊满了晚会筹划的稿纸，马上说道："你还真干上了。"

"你不是让我负责这次欢送晚会吗？"

"没错，但让你负责不是让你自己干啊。"

Bob 在听了王丽的一系列想法之后，摆了摆手，说道："你的这些想法都是老一套的了，为什么不交给年轻同事呢？他们脑子活，特别能搞事，交给他们，肯定会给你一个惊喜的。"

王丽找到了 Ivan 与出纳 Elva，让他们筹划，只给他们提了一个要求：一定要令人难忘。没想到 Elva 立马爽快地回答道："老板，放心，包你满意。"

欢送晚会那天，到场的除了总部 CFC 的 Martin，还有总经理 Adam。主持人 Ivan 一开场就给大家留了一个悬念——今晚要送给 Lily 一份特别的礼物。

大家想着一定是一份珍贵的礼物，Lily 自然也十分好奇，就问一旁的 Bob 到底是什么，Bob 摇头道："你一会儿就知道了。"

这时，前台的灯暗了下来，投影幕布上开始播放一段段视频。

片头是一段欢快的音乐，然后闪出一段文字：Lily，我们有话要对你说。原来是财务部所有同事对 Lily 的回忆与寄语。

镜头中第一个出现的是 Bob，这是 Bob 事先录制的一段话。

"Lily，有你这样能干的同事，让我的工作变得无比轻松。真的，过去三年的共事，很开心。不多说了，祝你在澳大利亚家庭幸福。对了，好好享受澳大利亚的大自然与空气。"

接下来是下属 Maggie 的录音。

"Lily，有你这样的上司，说实话，就两个字——痛快。过程是痛的，但结果是快意的。你的强势，在事情的推进中确实有些冲击我的自尊，但回过头来想想，看到我做得不对会严厉指责的，除了父母，也只有你了。你就像我的一个大姐，很严厉，但心地却是善良的，祝你前程似锦。"

接着王丽出现在镜头里了。

"Lily，我们共事不长，才两年多，但工作上的交集还是挺多的。说实话，我刚开始时会尽量躲着你，因为你总喜欢挑战他人，后来，我自己带一个大的团队时，就开始观察你，你这么厉害，为何下属还那么乐意为你工作？有一次，你看到因为系统不稳定导致团队连夜加班补数据，就立马冲到 IT 主管那里，当面要求那个新加坡人写下书面承诺。你敢于为下属挺身而出的气度真的感染了我。我现在更多的是把你当作一个学习的标杆来对照，可惜你马上就要走了。你走了，我们这个办公室一定会清静下来，真的，我们一定会想念你的。"

听到这里，Lily 的眼泪夺眶而出，拿桌上的餐巾纸不停地擦眼泪。好在这时，镜头切换为一组组小团队的温馨祝福，来自 AP 组、司库组、总账与税务组，小伙伴们摆出多种 Pose，用各种俏皮话为 Lily 送上祝福。

"Lily，大姐，快到悉尼买个大 House 吧，哪天我们团队建设就去那儿住你的大'豪斯'。"

"Lily，工作是公司的，身体是自己的，愿你愈发苗条与年轻。"

"Lily，你最美的时刻就是你穿裙子的那一刻，以后要多穿裙子哦。"

……

这一串串言语，充满了甜蜜的回忆，也寄托了真诚的祝福。

片尾，大家还放了一段片花。

在这个讲究个性的时代，哪怕是自己在镜头前犯的错，能被晒出来也是令人开心的。

这还不是让大家最开心的，接下来的一首自编自唱自演的《常回家看看》，把每个人都逗翻了。

找点空闲，找点时间
带着礼物，常回家看看
带上笑容，带上祝愿

拖上老公，常回家看看

上司张罗了一场知识分享

同事准备了一张购物清单

生活的烦恼，跟王丽说说

工作的事情，向 Bob 谈谈

常回家看看，回家看看

哪怕给我们捎个奶粉带袋大米

我们不图你给财务部做多大贡献呐

同事一场就图个实实在在

Lily 在下面乐开了花。

歌声散去，主持人请总部的 Martin 上台演讲。

Martin 一改平时的肃穆表情，声音也格外亲和。"我相信刚才 Ivan 准确无误地翻译了'奶粉和大米'，但我还是没有领会到你们的那个笑点。不过，这没关系，我还是听明白了，你们舍不得 Lily。好消息是，Lily 还是我们 QMD 的人，她并没有真正离开。"

众人响起一片掌声。这时，主持人请出了晚会的主角 Lily，让 Lily 给大家做压轴演讲。

Lily 走上主席台，几欲开口，却激动得哽咽了。最后，还是噙住眼泪说：

"这场晚会，实在是一个意外的惊喜，这里面的每个环节都是围绕我展开的，我不知道你们居然还保留着几年前我掉入游泳池的照片，太感人了。真的，从小到大，这是我第一回成为中心人物。来 QMD 五年，有付出，有欢笑，也有泪水与挣扎，但没想到，这些平凡的日子，被这场晚会组合成可以定格为我一生回忆的高潮。

"特别要感谢成本组同事对我的支持，感谢你们能包容我的强势性格。还需感谢上司 Adam 与 Martin 的指导。最该感谢的是我的上司 Bob，你不仅给了我专业上的帮助，更是我的人生导师。我曾经……"Lily 说到这里，半分钟没说出一个字，"……你教给我的，是怎样做一个人，用人格力量去影响别人，这股正能量将成为我日后回忆起来最甜蜜的收获。"

王丽目睹这一切，竟不自觉地开始想象自己离开 QMD 的那一天会是怎样的。能像 Lily 这样离开自己的工作舞台，能受到这般认可，苦一点，累一点，也值了。

Ivan 的声音，把王丽从思绪中唤回。王丽赶紧给 Ivan 做了交代：把今天的晚会刻成光盘给 Lily 留个纪念。

65　你的职场行为动机是什么

接替 Lily 做财务控制部经理的 CK，也许是受以前的工作背景影响，始终无法进入角色。

这让 Bob 很伤脑筋，三个月下来，态度上倒很积极，但着力点出问题反而适得其反，引来了许多抱怨。

上周，Bob 让 CK 去了解为何最近两个月的运费特别高。结果，CK 忙乎了一周，不仅没拿出有洞察力的分析报告，还与业务部门顶上了牛。CK 的背景是做审计的，所以，他的着眼点是交易的真实性，一天到晚询问人家发票有没有假、花费与合同是否对得上，完全偏离了方向。

Bob 找到了 Mary，希望这位人事总监能帮他出出主意。

Mary 翻开了桌上的一本书，指着其中的一个章节，说道："这是我最近学到的一个概念，叫作基于价值的兴趣点（Value Based Interest，VBI），很好地解释了一个人职场上的行为动机。"

"VBI？有意思，你详细说说吧。"

Mary 继续说道："就从 CK 的前任 Lily 说起吧。Lily 的 VBI 很明显，就是获得外界认可。这是一种典型的外在驱动型人格。你、Adam，或是总部财务圈子的表扬与认可，可以彻底点燃 Lily。只要能获得外界认可，她可以全身心地投入与付出。"

Bob 点头道："你这么一说倒还真是这么回事，除此之外还有谁有清晰的 VBI？"

Mary 又说："还有你们财务部的 Vivian，从王丽手下转到 Lily 部门的那个 Vivian。Vivian 的 VBI 是'获得社交乐趣'。Vivian 前一阵与王丽合不来，但她没有选择走人，就是基于她的 VBI。她在你们财务部有好几个相处得非常愉快的同事，你看她们吃饭总在一起，下了班一起去购物。时不时搞个庆祝活动，周末相约去打个羽毛球之类的，Vivian 总是乐此不疲。"

"是啊。当时我还担心她会离职呢，经你这么一分析，看来是我多虑了。那你说说这个 CK 的 VBI，他可是马来西亚人哦。"

Mary 回答："以我的观察，CK 的 VBI 是'以证伪的方式获得专业上的认可'。他是审计师出身，审计师和律师一样，是专门挑刺与找漏洞的。碰到一个问题，他的着眼点不是寻找解决方法，更多是基于'是非对错'的价值判断，在与其他部门的接触上，会给人一种不信任别人的感觉。事实上，当你用一种找毛病的眼光去看待别人时，你总能找到毛病。"

Bob 认同道："这让我想起一句有名的谚语，'When you have a hammer in hand, everything you see becomes a nail'，当你手握一把榔头的时候，你放眼所见的就全是钉子了。"

Mary 笑道："这个比喻太形象了。所以，我对 CK 在咱们这儿的前景不乐观。一个人的工作方式是由他深层次的 VBI 驱动的，我不是说他的 VBI 有问题，而是这种价值观不适合这个岗位。"

从 Mary 的办公室走出来，Bob 开始在琢磨，王丽的 VBI 是什么呢？还有自己，对了，自己的 VBI 到底是什么呢？

正思索着，手机铃响了，是 Adam 找他。

一进 Adam 的办公室，就听到 Adam 的抱怨："你们这个 CK 与 Lily 有着天壤之别。我问他，为什么生产部与财务部报告的产值不一致，他的解释那叫一个细啊！什么关账截止（Cut-Off）差异，什么月末成本更新（Cost Update），一大堆术语，绕来绕去，谈到的数字又是很小的差异，跟他交流实在太累了。"

Bob 觉得很有必要找 CK 谈谈了。从哪儿入手呢？就从财务部存在的核心价值说起吧。为这场谈话，Bob 做了精心的准备。

Bob 与 CK 的交谈从卡诺价值模型（Kano Model）（见图 4-14）开始。

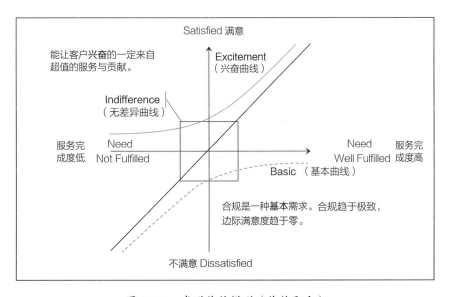

图 4-14　卡诺价值模型（价值取向）

Bob 先解释了这张图的坐标。"纵坐标比较好理解，即客户满意度，上方表示满意度高。横坐标为服务完成度，越往右表明服务完成度越高。就拿财务工作来说吧，像报税，20 年前，能独立完成税务报账的会计很少。那时，从不会到会，从 20 天做完到 10 天做完一张税表，客户（管理层与税局）的满意度也随着报税能力的提升而线性上升。但这种上升是有极限的，到一定程度，做得再好，客户的边际满意度也不会再上升了。当你能及时且正确无误地完成报税时，再提早一天完成，也激不起管理层额外的满意度。这就是下面这条基本曲线代表的服务价值。你想想看，我们财务工作中还有哪些是属于这条基本曲线的？"

CK 答道："员工报销。我们把报销周期从 30 天缩短到 10 天时，员工一片叫好，因为不用他们刷自己的信用卡垫钱了。然后从 10 天缩短到 5 天，员工就无所谓了。"

"非常正确。"Bob 又问，"还有呢？"

CK 回答："付款、开票、收款、记账、做报表。天哪，我们财务也太惨了吧！都是基本曲线。"

"先声明一下，基本曲线上的工作不能说惨，这些工作非常重要，是一个公司运行的根基。至于报表，要分会计报表（Financial Accounting）与管理报表（Management Accounting），后者如果能做出一些有洞察力的业务分析，就属于上方的兴奋曲线了。"

"那你说说上方的兴奋曲线是怎么回事？"

Bob 解释说："若我们把基本曲线称为基本需求的话，那兴奋曲线就是价值亮点了，就是那些你的客户没有想到，但你已经开始提供的服务。"

"能具体举个例子吗？"

Bob 举了个例子："例如说我上周出差住的香格里拉酒店，一进房间，房卡一插上，电视屏幕上就显示出'华立新先生，欢迎您入住'。多个性化啊！我走进卫生间，走到抽水马桶跟前，原本合上的盖子居然自动翻了起来。这些都是用户未曾想到的意外体验。我当时就在想，这马桶是否智能到可以根据房客性别判断该翻起一层还是两层盖子呢？"

CK 哈哈地笑了起来。

Bob 接着说："回到我们的财务工作上，你认为有哪些属于兴奋曲线的工作呢？"

CK 想了想，答道："嗯……税务筹划。"

Bob 点点头，又问："这个可以算，但这是总部税务团队做的事。我们地方工厂呢？具体到我们财务控制部呢？"

CK 开始了沉思，许久没有说话。

这时，Bob 给了 CK 第二张图——财务贡献一览图（见图 4-15）。

Bob 进一步解释道："这张图是用地方子公司财务能做的价值亮点来描绘的，除了销售端是我以前公司的经验，其他的都是我们现在在做的。这张图里很多还是会计工作，也就是王丽那一块的，例如说与采购端的合同设计。中间这一块，生产环节，这里列的厂房的租赁、设备转运以及材料本土化中的增值税指导意见，都是财务会计方面的。在生产环节，你们成本控制部有更多的价值亮点可以挖掘。"

CK 正要发问，这时 Adam 走了进来，有急事要找 Bob 商量。

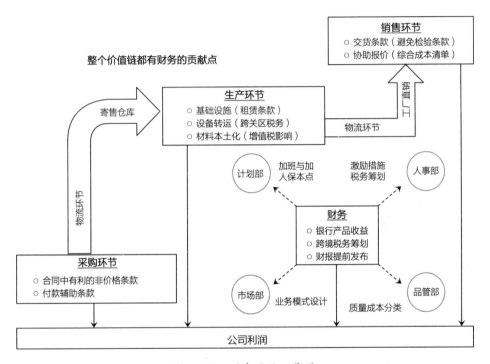

图 4-15　财务贡献一览图

Bob 最后说道："好，今天就谈到这儿。根据这两条曲线与这张财务贡献一览图，你回去想想，你们部门有哪些可以去实践的价值亮点。"

66 成本密码

CK 拿了 Bob 给他的两张图，开始思索本部门的价值亮点。CK 列出了这样的一张清单。

物料清单（Bill of Material，BOM）的及时更新

月末结账时将未实现的采购差异（PPV, Purchase Price Variance）分配入存货中

季度末标准成本按最新成本刷新

月度管理层 KPI 分析报告

作业成本法费用分摊（Activity Based Costing，ABC）

各成本中心的实际与预算比较分析

CK 对这份清单还是挺满意的，因为像 PPV 分配、ABC 费用分摊都是技术上的高级活。于是，CK 去找了 Bob。

Bob 看了这份清单，评价道："这是控制里的会计，虽然涉及成本内容，但还是核算方面的，只说明了 What，没有涉及 How 与 Why。"

CK 不解："How 与 Why？"

Bob 说道："对。这样吧，我们从产品的成本结构说起，从料、工、费三个方面分析。来，我给你看张图（见图 4-16）。"

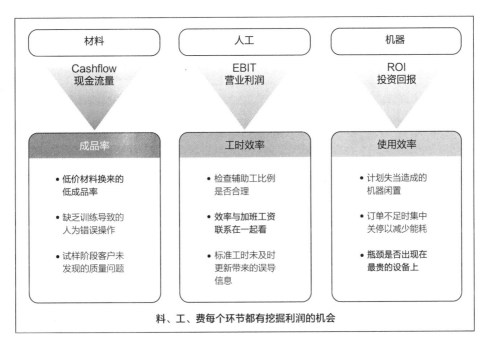

图 4-16　生产成本资源消耗与财务效果

　　"作为一个制造型企业，所谓成本控制，无非是对料、工、费的控制。材料是我们 QSZ 最大的一块成本，在这方面的控制主要是抓好成品率。这成品率又有一系列驱动因素，如过度追求便宜的辅材会带来工艺上的不稳定，进而造成大批量的报废。"

　　CK 想了想，说："嗯，我们报废的百分比虽然不高，但绝对值也不小，以我们公司的体量，一个月有好几百万呢。但似乎每次报废的原因都不一样，不好抓啊。"

　　"其实也是有规律的。如同类性质的报废重复出现，很可能是机器问题；反之，若每次的报废原因各不相同，则很可能是人的问题。你说得对，问题千种百样，怎么抓呢？一个好的方法是分类细化。这么说吧，分类是解决一个复杂问题的第一把关键钥匙。"

　　说着，Bob 又拿出了一张表（见表 4-11），这是以前 Lily 的团队与质量部一起开发的一个在线分类小工具。

表 4-11　报废缺陷类别在线分类表

日期	产品料号	报废数量	报废批号	车间	问题描述	缺陷类别

缺陷类别代码（Defect Code）
01：供应商品质　　　02：客户设计　　　03：生产品质
03A：机器问题　　　03B：人为事故　　　03C：制程稳定性

缺陷类别处有一个下拉菜单，对应了表格下方的六种缺陷代码。

CK 惊讶地问："财务还要参与到这么深？"

Bob 解释道："这张表只是原始数据，我们成本组会用一个纵向查找函数（V-lookup）将对应料号的标准成本放进去，然后生成一个每日报废成本图，按缺陷类别、车间、金额各种视角，提供给生产与品质总监。如前一天 90% 的品质问题是 01 代码的，那供应商质量工程（Supplier Quality Engineering，SQE）与采购就要向供应商索赔；如果代码是 02，那么客户质量工程（Customer Quality Engineering，CQE）与销售部就要与客户去交涉。这每 1 分钟的材料损耗，损失的不仅是利润，而且都是现金。所以，在生产成本资源消耗与财务效果图上要用'现金流量表'特别标出。"

CK 倒吸了一口冷气，这与以前自己所做的财务工作太不一样了。

Bob 喝了一口水，继续说道："中间一块，人工方面的成本，在我们 QSZ 所占的比例最小，但现在中国工厂工人的工资已经超过了马来西亚工厂，我们若不控制好人工成本，未来新的产品总部可能会优先考虑马来西亚工厂。"

CK 又问："你中间的一条'效率与加班工资联系在一起看'是什么意思？"

Bob 这时又拿出了一张图（见图 4-17）。

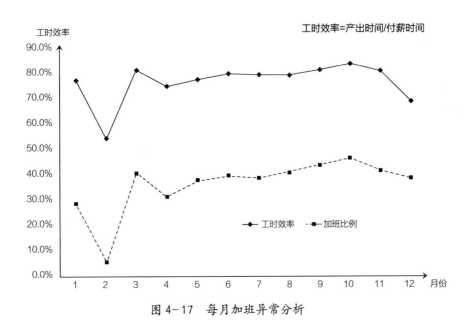

图 4-17　每月加班异常分析

"你通过这张图读到了什么？"

CK 回答："工时效率与加班比例基本呈正相关性，但最后一个月似乎工时效率下跌很多，而加班比例的减幅却相对较小。"

"你抓得很准。这是好现象还是不好的现象？"

"工时效率我不太明白，这是怎么计算的？"

Bob 解答道："工时效率是当月带来产出的工作时间除以当月付薪时间。假如说 1000 个工人，人均月工作时间以 167 小时算，当月的付薪时间即 16.7 万小时。假设每个工人每月只做一种产品，共产出 10 万个产品，每个产品的标准工时为 1 小时，那么当月的工时效率为（10 万 × 1 小时）/ 16.7 万小时 ＝60%。工时效率下降，说明带来有效产出的工作时间变少了，很可能是因为订单不足又来不及遣散工人，就造成了人工浪费。"

CK 又问："这与加班又有什么关系呢？"

Bob 回答说："加班，一般是活太多，来不及干才会产生的。工时效率若下降 20%，加班时间却只降 10%，这背后一定有问题。要么是计划部排班出了问题，要么车间里有加班作假。"

一听到加班，还有公司里经常切换的 5-2 班、6-1 班，CK 的头就大了，到今天，CK 都没弄明白这两者在工资结算上有什么不一样。

Bob 继续解释道："这最后一列是机器成本。对于重资产投入的 QSZ，这一块也很重要，这里边最重要的一个考核指数是 OEE，即机器的利用率，计划部在规划产量时都得考虑各种机器的 OEE。我们 QSZ 有几个重要的制程，不同制程的设备产出也不同步，这里必然有个瓶颈问题，这个你明白吧？"

CK 点了点头："这个我了解。我刚到 QSZ 时，生产部经理带我到工厂参观时跟我说过，若前道的固化每小时产出小于后道的测试，那么测试机器不得不停下来等固化，固化就成了瓶颈。我每天开车上班，在高架上四车道，下高架的辅道只有两车道，这辅道就成了瓶颈，高架上开再快也没用。"

Bob 继续说："很好，那我们看下一张图（见图 4-18）。

"你觉得瓶颈应该出现在最贵的设备上，还是最便宜的设备上？这个柱形图的粗细表示投资，最粗的，也是最贵的机器在测试工位，最便宜的是固化，柱子的高度对应了纵坐标的单位时间产出。"

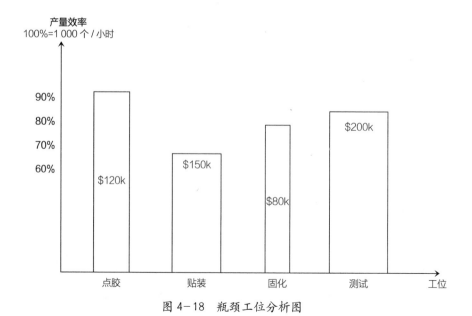

图 4-18　瓶颈工位分析图

CK 猜："最便宜的设备吧。"

"为什么？"

"我是这样想的，假如我们要举办一个重要的庆典，大家都到齐了，只缺一个人，如果缺的是一个无关紧要的人，庆典是照常可以进行的。"

Bob 问道："你这背后的假设是什么？"

CK 想了想，答道："背后的假设？嗯……不重要的人参不参加无所谓。"

Bob 补充道："说得更明确一些，你的潜在假设是，有人可以不参加。但在车间里，没有一道工序是可以省略的。回到你的例子上，对应生产过程应当是这样的：只有每个人都在签到板上签完字，仪式才可以开始。贵的机器用 VIP 来代表，便宜的机器用普通嘉宾表示。你说，假如有一个人没到，是应该让 VIP 等一个普通嘉宾呢，还是让普通嘉宾等 VIP？"

CK 回答："当然是普通人等 VIP。"

"说得对。同样的道理，只能是便宜的机器等贵的机器，倒过来的话，说明这家公司的资产配置有问题。用我们的财务术语讲，资产回报率（Return On Investment，ROI）一定会很低。"

CK 又问："这些都是生产与计划要考虑的事，我们财务为何要介入？"Bob："我要去开个会了，明天回答你，你的问题很重要。"

67　生产效益不等于财务效益

第二天一吃完饭，Bob 就把 CK 叫到了办公室。

Bob："咱们接着你昨天的问题继续说下去。你昨天问我，机器瓶颈都是生产与计划要考虑的事，我们财务为何要介入？"

CK："对的，这是我的问题。"

Bob 从电脑中打出了一张网上审批的"设备投资审批表"（见表 4-12）。

表 4-12　固定资产投资回报 ROI 申请表 – 净现值测算

投资设备名称	点胶机		总投资	17 500	币种	USD	日期	2010.12
对应产品或项目	X001		订单开始	2011.1	申请部门	工程部	备注	
	Year 0	Q1	Q2	Q3	Q4	Year 2	设备残值	合计
设备投资	-17 500						10%	
现金流入								
– 产出量（工程改善带来的额外产量）		2 250	3 000	4 500	3 750	6 750		20 250
– 产品单位现金贡献		1.50	1.50	1.40	1.30	1.20		
– 现金流入总值		3 375	4 500	6 300	4 875	8 100		27 150
– 设备测算期结束时残值（若有）							1 750	1 750
现金流出								
– 折旧（仅作税的计算用）		-2 188	-2 188	-2 188	-2 188	-8 750	0	-17 500
税前利润		1 188	2 313	4 133	2 688	-650	1 750	11 400
所得税（25%）		-297	-578	-1 028	-672	163	-438	
净利润		891	1 734	3 084	2 016	-488	1 313	
现金流净值	-17 500	3 078	3 922	5 272	4 203	8 263	1 313	
折算率（资金成本 WACC）	15%	2 967	3 648	4 739	3 655	6 248	992	22 249
净现值（NPV）	4 749							

"这是工程部申请点胶设备改良的投资测算，这张表你熟悉吗？既然讲到这张表了，你索性看一下，有什么问题我可以解释给你听。"

CK 读了一下这张表，毕竟是"四大"出来的，对数字敏感，又有财务功底，很快，CK 就给出了他的解释。

"这是按现金折现法（Discounted Cash Flow，DCF）计算的投资决策依据。将设备投资带来的未来现金流用资金成本折成现值，然后与当期投资现值做比较，若大于投资额，就通过；若小于投资额，则被否决。"

Bob："说得对。那你看看这个点胶机的工程改良项目通不通得过？"

CK："NPV 净现值是正的，如果价格预测与设备残值等数据足够稳健，应当批准投资。"

Bob："可是我不会批这笔投资的。"

CK："为什么？"

Bob："昨天我给你的图带来了吗？"

CK："带来了。"

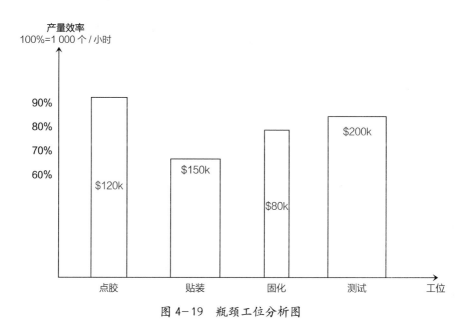

图 4-19 瓶颈工位分析图

Bob："你看，现在公司的瓶颈工位在哪里？哪道工序产量最高？"

CK："瓶颈工位是贴装，产量最大输出的是点胶。"

Bob："虽然投资不到两万美元可以将点胶的单位时间产量（throughput）提升 5 个百分点，但这不是问题的关键所在。这笔投资就相当于你之前举例的高架修路，从四条车道拓宽成五条车道，但不解决出口处的瓶颈，高架上拓宽的结果只是让车辆早一点到瓶颈处排队而已。"

CK："噢，明白了。我们应该将有限的资金转投到贴装上。"

Bob："其实，这个问题很普遍，这也是大公司的通病，分工细了，各个组织就按自己的逻辑行事，结果是单个部门认为有益的投资却被证明在公司层面是不明智的。我结合前家公司与现在公司的制造端成本控制经验，做了一份清单（见表 4-13），我打一份给你。"

表 4-13　财务控制价值清单

对应部门或流程	典型矛盾实例	财务控制价值
设计 vs 计划	大型设备一次冲压成型，但吃掉车间线体场地	测算构成机会成本的临界点
采购 vs 设施	设备采购价降了，但维保费增了	按设备生命周期综合测算
前道 vs 后道	两个单张改一个大张可省人，但后道报废成本增加	前后道成本考核参数调整
软件 vs 硬件	测试程序调整密度，以降低测试仪购买数量	强化软件零边际成本概念
自制 vs 外购	外部报价的会计成本 vs 内部自制的经济成本	成本比较时忽略沉没成本
生产 vs 仓库	生产效率的提升，以线边仓人员增加为代价	将资源受益者与成本承担者一体化
全自动 vs 半自动	车间智能物流，但仓库却手工取货	以全流程投资进行 ROI 测算

CK 深深地吸了一口气，这么多的门道啊！没想到部门与部门之间会有这么多在财务绩效上形成冲突的事件。

Bob：“我这里列举的只是大类，像采购与工程、前道与后道之间，争夺资源或局部利益最大化的事例举不胜举。财务的作用就是整合资源、协调利益。必须以前后一体化的角度来看资源的综合效率，必须站在公司整体的高度来判断和取舍利益。”

说着，Bob 在白板上写了一组对比词（见表 4-14）。

表 4-14　对比词表

业务眼（Operation Perspective）	财务眼（Finance Perspective）
效率（Efficiency）	效能（Effectiveness）
速度（Speed）	方向（Direction）
过程（Process）	结果（Result）
可见（Visible）	隐形（Invisible）

CK：“可不可以这样理解，效率，注重的是量；而效能，注重的是质。”

Bob：“你抓住了要点。对了，那天没来得及展开讲卡诺价值模型（图 4-20）的第三条曲线，那条波浪线就是财务线，用‘财务眼’来把控价值方向。”

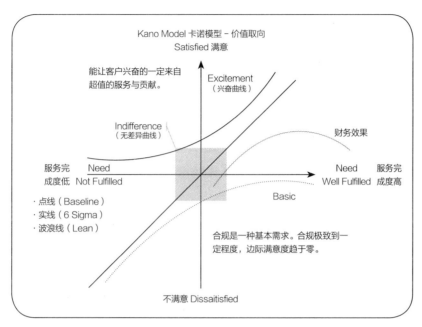

图 4-20　卡诺价值模型图（价值取向）

CK："也就是说，不是所有能给客户带来价值的东西都值得去做？"

Bob："没错。给你讲个真实的案例，是我一个麦肯锡的朋友亲自指导的成功案例，就一个小小的动作，1 秒钟的时间，顿时让一个企业扭亏为盈。"

CK："1 秒钟，1 个动作，就能扭亏为盈，有这么神奇？"

Bob："我这个朋友是做财务咨询的。有一次，他被邀请去一家机场的咖啡店做业务诊断。这家咖啡店设计得很有品位，有舒适的沙发、打扮成空姐模样的服务员、音乐、咖啡，据说咖啡豆还是从哥伦比亚进口的，用户体验非常棒。总之，比起其他机场咖啡店，这一家确实最能吸引顾客了。但是，这家店就是不赚钱。"

CK："这是为什么？成本太高，还是价格太低？"

Bob："都不是。我那个麦肯锡的朋友坐他店里喝了一个下午的咖啡，起身跟店主就讲了一句话，'你把那个该死的航班信息显示屏给关了'。就这个动作，让第二天的营业额一下子翻了一倍多。"

CK："我明白了。很多顾客一旦看到自己的航班有延误，就待在那儿不走了，这样翻台率就很低了。"

Bob："你知道这翻台率对应哪一个财务指标吗？"

CK想了一下，说道："资产周转率。"

Bob："你真聪明。同样的装修投入，同样支付一天的雇员工资，每天一张桌子接待5档客人与10档客人，边际贡献（Contribution Margin）可差一倍呢。再来看这张图的财务效果曲线，它未必总是线性向上的，有可能会是下垂的。当你提供的有价值亮点的服务并不能带来财务收益，这样的价值主张（Value Proposition）就需要反思了。"

CK："现在商学院不是经常讲一些互联网公司贴钱圈用户的商业模式吗？这又怎么理解？"

Bob："首先，买来的用户一定有它的盈利模式做支撑，如我这手机，入网送的，但每月四百多元的最低话费人家又赚回来了。其次，一些经典的烧钱圈用户的做法都是土豪公司的大手笔，我们听到的只是不到1%的成功案例，但99%的公司都是亏的，小公司一批一批死掉，只是没被报道而已。"

CK："这样一说也有道理，看来，平时进入我们大脑的信息已经不全面了。"

Bob："这叫作Selective Bias，选择性偏见。不能构成轰动效应的事件都没机会进入我们的视角，于是一开始的数据样本就是有问题的。我们财务人员要做的一项专业工作就是去伪存真，用数据还原业务的真相，甚至在方向上先用财务回报的视角进行筛选并设计。"

虽然Bob的例子很生动，但CK并没有被打动。相反，CK开始怀疑来QSZ工厂做财务控制经理是否是一个正确的选择。

在接下来的两天里，他们从成本密码聊到了财务主导业务指标的设定。CK感到其中的信息量太大，很多都是全新的概念。CK觉得自己正站在两扇门之间，一扇门是以前的老本行，审计与会计之门；另一扇门是成本控制之门，财务与业务的融合。CK越想心里越慌，好像被人拉到了他最害怕的游泳池边，即使没有下水，一闻到游泳池里的消毒水气味，他就两腿哆嗦。

虽然想明白了自己的角色，但CK还是不认同，这与自己的专业特长并不匹配。

回到住所，CK 与在新加坡"四大"工作的女友通了两小时的电话。挂掉电话后，CK 渐渐有了清晰的思路：离开 QSZ，还是回去干审计，或者回总部做财务核算。以前的职位总部还未补缺，应当回得去。

第二天，CK 径直去找了 Bob，将自己的打算告诉了上司。

让 CK 意外的是，Bob 并没有露出应有的惊讶。

Bob 走到白板前，画了一组同心圆（见图 4-21）。

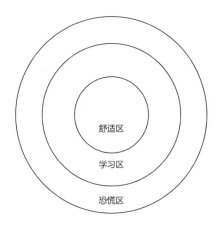

图 4-21 舒适区、学习区和恐慌区图

"一个人做自己熟悉的东西，就处于舒适区。面对自己毫无经验的东西，就到了恐慌区，就像一个不会游泳的人进入游泳池就害怕一样。但当你跨出一步，走出自己的舒适区，便进入了学习区，随着对新领域的了解，你的恐慌感会消失。当你掌握了之后，你就不会觉得别扭，这时，你的舒适区就扩大了。所以，你现在面临的真正问题是：你想待在你的舒适区，还是走进一个新的学习区？你是想坐享自己积累的存量红利，还是愿意探索全新的增量机会？这是你自己要做的决定，你回去想想再告诉我。"

68 做一个说走就走的职业背包族

CK 回到家，打开电脑，新建了一张 Excel 表，然后将自己去还是留的种种考量因素配以一个权重，算出了一张得分比较表（见表 4-15）。留在苏州的分值为 74 分，去新加坡的为 84 分。

表 4-15 工作比较综合打分表

QSZ 财务控制	满意度	权重	得分
工作内容	20%	25%	5%
发展空间	90%	20%	18%
薪酬待遇	100%	15%	15%
同事氛围	90%	10%	9%
生活配套	90%	30%	27%
		100%	74%

QAP 内审	满意度	权重	得分
工作内容	80%	25%	20%
发展空间	80%	20%	16%
薪酬待遇	80%	15%	12%
同事氛围	90%	10%	9%
生活配套	90%	30%	27%
		100%	84%

对照的选择是：留在 QSZ 做成本控制，还是去新加坡做内审。CK 列了五个考虑的维度：工作内容、发展空间、薪酬待遇、同事氛围和生活配套。

Bob 看了之后，嘴都笑开了，说道："真不愧是一个职业会计的决策模式，好，有意思。不过，除了权重最低的同事氛围，其他像薪酬、发展空间与生活方面的满意度都是现在的这份工作更高。"

CK 说道："主要是第一项。说实在的，我对成本控制的兴趣一般，满意度只有 20%。"

Bob 则说："如果，我是说如果，将第一项你的工作内容满意度提升到 80%，你会怎样选？"

CK 没有着急回答，低着头一阵心算。第一项把 20% 换成 80%，那总分可以提高（80%-20%）× 25%＝15 分，那就是 89 对 84 了。算毕，CK 回答道："那我不必回新加坡，说实在的，我可喜欢苏州这个有山有水又有文化的城市了。"

Bob 在旁一阵暗笑：这职业会计都是先算好分数，再找理由来证明的。

Bob 点头道："好，我明白了，今天就谈到这儿。"

Bob 刚才之所以提出那样的假设，心里其实已经有了打算：干脆让王丽与 CK 对调一下岗位。王丽的职场价值驱动动机与 CK 的不一样，CK 享受他的存量，而王丽显然更在乎她的增量。想到这儿，Bob 一个电话就把王丽叫进了办公室。

"老板，你找我？"

"你坐下，有件事想听听你的想法。"

"什么事？"

Bob 问道："如果把你和 CK 的工作对调一下，你怎么想？"

王丽大吃一惊："啊？为什么？"

Bob 回答："CK 对成本控制兴趣一般，他甚至想离开我们 QSZ 了。"

王丽说："这我倒不奇怪。他要是做我现在的这一块，一定会得心应手的。说实话，他的财务知识功底比我要强。"

Bob 又问："那你呢？你对成本控制这一块有兴趣吗？"

王丽没怎么思考，脱口而出："兴趣当然有了。我本来的想法就是用五年的时间将 QSZ 所有的财务模块做一遍，这样专业知识就很全了，只是……"

"只是什么？"

"只是没想到会这么快，这样轮换是否快了点？"

Bob 回答："轮岗的快慢不能用时间来衡量。"

王丽问道："那你是用什么标准来衡量的？什么时候可以结束一个岗位转到新的岗位工作？"

Bob 答道："对内容的掌握。具体来说，就是知识库里已存满了对相关知识点的总结。我问你，在税务、司库、总账与 AP、AR 这些环节，你的知识点掌握得怎么样了？"

王丽坦诚地说："这方面我倒是挺满意自己的进程的。我按你的方法，每遇到一个专业问题，就学着用 T 型账、思维导图或是流程总结的方式做知识点总结。虽然只做了一年半财务经理，但总结的文档已经有上百个了。还有，平时的非专业软技能，像《高效能人士的七个习惯》那本书里讲到的体贴与勇气的平衡、同理心倾听，以及如何有效地给予下属指正性反馈，这些我也经常做案例总结。"

Bob 说道："这就够了。职业发展，不应该是苦哈哈地熬日子，守住一个岗位盼着自己的上司离开后补缺，关键是要有专业与管理技能上的持续精进。你把该掌握的技能以核对列表的方式一一打钩完成了，就可以投入到一个新的挑战中。就像大学里的课程，早修满学分就可以早毕业嘛。"

王丽兴奋地问："那，要走什么程序吗？"

Bob 答道："我的两个下属对调一下工作，这种事情，我应当有七八成的话语权。当然，这种事情，会有大老板一票否决的风险。没事，我会跟我的上司提前沟通。Adam 一直很欣赏你的活力，总部那边，上次你去开会在财务大老板面前也留下了不错的印象，应当不会有什么问题的。"

王丽万万没想到，上次去总部开会，Bob 执意要自己做一个演示报告，原来都是为今天铺垫。想到这里，心里好一阵温暖。可能是激动吧，王丽的声音有点颤抖："真的，老板，太感谢你了。现在想来，你上次带我去德国就开始认真培养我了。"

"有些事，规划得再怎么周全，都未必能成。但是，要是没有长远打算，那肯定做不成。我从我们亚太区总裁 Powel 身上学到了一个培养下属的方法，特别是针对像 QMD 这种层级很多的控制型组织，那就是要给下属尽可能多的职场可视度，让下属在最终决策者面前多露脸。我当时只觉得你是个好苗子，并没想到今天的这个具体情况，但该做的事情就得去做。"

Bob 喝了一口水，继续说道："作为一个带团队的管理者，我认为最核心的两个使命就是做出业绩和培养下属。前者是明线，后者是暗线。很多职业经理人只顾自己往前冲，甚至害怕传授经验给下属会影响到自己的职位，这样的格局是走不远的。像我们 QMD 这样的跨国公司，机会多的是。其实，从某种程度上讲，我也是为自己考虑，尽快培养出可以接我班的人，这样，哪天公司在哪儿搞一个大项目，或者收购一家公司，我可以说走就走了。CK 是个背包族驴友，我们也要学着做职业背包族，培养好接班人，做一个说走就能走的职业驴友。"

第五部分

完善自身，在财务领域驰骋

69　谜题一样的外汇汇兑损益

周五的下午，Bob 总会拿出他的平板电脑，做每周知识文档总结。刚写了几个字，桌上的电话就响了。Bob 被总经理 Adam 叫进了他的办公室，王丽也在里面。Adam 带着急促的口气说道："王丽跟我讲上个月的财务报表中出现了外汇汇兑损失，是我们半年前买的美元远期合同造成的，我没听明白，王丽你再解释一下。"

王丽："是这样的，半年前，也就是 4 月 15 日，美元兑人民币的汇率是 6.50，那时 6 个月的远期美元结汇汇率是 6.60，即 10 月 15 日我们会以这个价格将 100 万美元结汇得到 660 万元人民币。"

说到这里，Adam 立刻打断了王丽，说道："现在的汇率是 6.70 了，我们 6 个月前不买那个远期外汇合同，现在可以换得 670 万元的人民币，摆明亏掉了 10 万元。"

听到这里，王丽说道："但也会出现相反的情况，假设现在的汇率是 6.40，我们依然可以按远期合同锁定的价格 6.60 结汇，我们就会赚 20 万元。"

Adam："这听上去像是赌博，赌对了人民币升值就赚，但实际是人民币贬值了，我们就亏了。你们财务做的这些交易以后要跟我商量，不然会影响 QSZ 的财务业绩。"

Bob 听到这里，明白了原委。远期外汇的交易是与总部司库组通报后执行的交易，让工厂总经理参与进来，只会增加麻烦，但直接拿总部出来压 Adam，非但不能解决问题，他捅到 COO 那里，只会把事情搞复杂，所以必须先把 Adam 稳住。

于是，Bob 决定先从 Adam 最关注的 KPI 说起。

Bob："Adam，你放心，我们 QSZ 与财务绩效相关的 KPI 中是不考虑外汇损益的因素的，我们工厂作为成本中心，只需要做好每片成本（Cost Per Piece，CpP）的管控就够了，我们在计算 CpP 时，连总部卖给我们的材料成本都会剔除，只算中间的 Value Added，成本附加值。所以只有工厂端的工资、折旧、水电费、辅料等会被算进去。"

听到这里，Adam 紧锁的眉头舒展了许多。

Bob 继续说道："既然说到远期外汇的影响，那我也借这个机会跟你解释一下。从集团司库的外汇管理政策角度，我们是不去赌汇率的走势的，我们之所以要进行远期外汇交易，仅仅是为了锁定汇率，不管未来的汇率怎么变，我们都以 1 美元兑换 6.60 元人民币，这样做就让我们的预算有了一个锚点。

例如，总部会要求中国区的销售团队用这个汇率来进行报价，你刚才说的 6.60 元的锁汇价格，比起今天即期报价的 6.70 元，的确有潜在的结汇损失，但在报价环节，因为我们也是用锁汇的 6.60 来折算的，原来 100 元人民币成交的货，我们用了 6.60 而不是 6.70 报价，进口我们产品的中国经销商不得不花更多的美元来买我们的货，所以远期合同中亏掉的钱，我们会在实体交易中补回来。"

Adam："这么说，我们是不亏不赚的。"

Bob："还是那句话，我们尽量不用盈亏来定性，而是给自己一个标准，就是在汇率 6.60 的情形下依然要实现一定的盈利目标，这样，我们的业绩就不受汇率的波动影响了。"

Adam："如果我们不锁汇会是怎样的情形呢？"

Bob："我给你举个例子吧，明天要开董事会，早上 9:00 的会，你会让司机走高架还是地面道路？从你的住所到公司，走地面道路，会碰到 10 个红绿灯，一般

35 分钟至 45 分钟到；如果你走高架，不堵车的话，20 分钟就能到，但若遇到堵车，60 分钟也未必下得来，你会怎么选？"

Adam："有重要会议不能迟到，那我会走地面道路，8:15 出发，保证 9:00 前能到达。"

Bob："买远期外汇合同就等于锚定你刚才说的 8:15。在这件事上，你并不追求走高架早到办公室 20 分钟的目标，你的目标是避免董事会迟到的糟糕结果。"

Adam："你这么说我就明白了。买远期外汇合同是为了避免交易上的'裸奔'，把无法掌控的事尽量纳入自己的掌控范围之中，有了 6.60 的锁汇点，我们只要确保在这个汇率点能达成既定利润就行了。"

从 Adam 的办公室出来，来到 Bob 的办公室，王丽松了一口气。

王丽："幸亏你解围，不然我是说不清了。"

Bob："在 Adam 那里我们是解释过去了，但是关起门来，我还是有疑问的，这个月的汇兑损益有一部分是从资产负债表中的权益科目其他综合收益（OCI）中释放出来产生的。所以，我们最终的利润结果并不完全像你解释的那样。"

王丽："不瞒你说，每个月我最害怕分析汇率对利润的影响了，有一种百爪挠心的感觉，太复杂了。"

Bob："害怕总不是办法，这样，你和你的团队去做个全盘分析，就我们做的所有涉及外汇的交易，来个一网打尽，看看到底有哪些交易和月末评估会影响哪张报表的哪个科目。"

王丽："好，我和我的小组先讨论一下，周五找个时间向你汇报。"

回去之后，王丽与自己的团队组织了一次深入的研讨会，他们将所有的交易与月末结账中的估值分录一一列出，然后关联出各个科目以及对应的报表栏目，经过一个下午的讨论，终于整理出一张汇率报表影响一览图（见图 5-1）。

图 5-1　汇率波动的财务影响探究：影响 2 张报表，利润表影响 5 个报表栏目

Bob 看了这张图后，赞叹不已："这正是我想看到的，这远期外汇合同交割的部分以销售订单套保体现在销售收入中，未交割的则反映到权益表中的"其他综合收益"科目中，前者直接影响我们的 Bottom-Line 净利润，后者类似于准备金，暂时存贮于资产负债表中，日后交割时一步步释放出来。而且你们还把这个 OCI 对递延税务资产（Deferred Tax Assets，DTA）的影响都考虑进去了，这总结，可以与'四大'的水平媲美了。"

受到上司如此慷慨的褒奖，王丽备受鼓舞。她越来越喜欢 QMD 这家公司了，公司总有源源不断的实战案例，让自己的专业知识不断提升与拓展，当然，最需要感谢的是这个能循循善诱的上司 Bob，他总能在复杂的案题中找出清晰的路径，让下属去实践与探索，然后在实践中丰富与提升每个人的专业技能。

70　预算背后的商业智慧

王丽与 CK 的工作对调十分顺利地完成了，这是一个皆大欢喜的结果。CK 找回了专业自信，王丽开辟了全面提升自己的新领地，而 Bob 则留住了人才，获得了团队的平稳过渡。

王丽接手成本控制的第一项任务，就是做好新财年的财务预算。预算对于王丽而言是全新的工作，王丽找到了 Bob，希望他一如既往地给自己进行系统的讲解。

出乎王丽的意料，Bob 这次推却了："不要找我，有比我更懂这一块的人。"

"谁？Lily 吗？我总不能给她打越洋电话吧。"

Bob 回答："找总部 CFC 的 Ralf。"

"那个从麦肯锡加入我们公司的 Ralf？"

"对。你知道吗？Ralf 是'二进宫'了。十年前他曾在我们的新加坡工厂做过成本控制经理，后来去了麦肯锡，两年前又回到我们 QMD。所以，他既有工厂一线管理的经验，又有总部宏观规划的大局观。他来辅导你，最合适不过了。"

王丽高兴地说："对了，他这周正好在我们公司，太好了，今天下午就找他去。"

"等等。既然教，就多找点学生，让大家一起学吧。我们这次的每周学习会，干脆就让 Ralf 给我们讲讲预算。"

当王丽找到 Ralf 时，Ralf 笑了笑："我早准备好了。你们的 Vivian 上周就给我写邮件，要我趁出差来 QSZ 时给你们做一场 L&L，我还正好选了预算的话题。"

为了适应 Ralf 的时间，这周的 Lunch&Learn 前移到了周二。Bob 做了简单介绍之后，就把讲台交给了 Ralf。

Ralf 一开场先提了一个问题："你们知道预算是谁发明的吗？"

众人面面相觑，没有一个说得上来。

这时，Ralf 放了一张照片，一个西方人的照片。

"你们肯定不认识他，因为我也不认识他。这个人虽然大家都不认识，但一定听说过，詹姆斯·麦肯锡。麦肯锡作为美国芝加哥大学的会计学教授，在 20 世纪 30 年代推动了会计界的一场革命。会计从诞生到他那个时代的 300 多年里，一直只是对过去发生交易进行记录，麦肯锡提出了一种提供前瞻性会计信息的全新思路，就是用预算做事前管理。他的成本预算大受业界欢迎，许多大公司纷纷找他咨询，他一个人忙不过来，干脆成立了一家公司——麦肯锡咨询。"

众人伸长了脖子，"噢，原来麦肯锡是会计教授"。

Ralf 笑道："好，给老东家的广告就做到这里。下面，我先从预算的核心说起。

"从图 5-2 中的这张思维导图，我们可以看到，预算首先代表了一种新的管理思维。做预算的过程实际上就是让经营环节的每一个资源拥有者对自己掌控的资源做一个全面规划。很多人把预算简单理解成做费用计划，其实费用只是表面，核心是资源的规划利用。

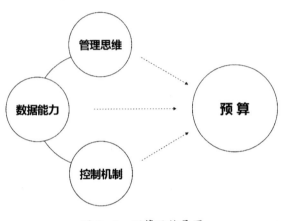

图 5-2　预算思维导图

"比如说，你们工厂的操作工工资每年以 20% 的涨幅上升，过年时甚至会出现用工荒。做预算的目的绝对不只是将 20% 的涨幅纳入成本预算中，而是让成本中心的责任人以管理的思维来重新审视这个问题，比如用机器替代人工，走自动化路线。我这次来，与 Bob 和 Adam 谈得最多的就是自动化。自动化，对于 QSZ 工厂，已经是获得持续发展的基本战略了。

"有了管理者的思维，下一步自然是怎么做的问题。预算谁都会做，关键是预算的质量。要做得准，就得有很强的基础数据能力，比如说销售增长 10%，费用会是什么走向？有的费用，如厂房折旧可能不会变；有些费用，比如 BOM 中的直接材料几乎是百分百同步变动的；但更多的费用是介于 0 与 100% 之间，有点线性，但又不全是。这怎么办？

"我借用你们 Lily 以前发给我的一张表（见表 5-1）给大家看一下，为今天的 L&L，我特意让 Martin 翻成了中文。谢谢 Martin。

表5-1 预算费用与销量关联系数经验数据测算表

百万美元	成本成因	销量系数	历史参考			预算	说明
			2008年	2009年	2010年	2011年	
销售收入		10%	820	850	860	946	销量按销售部1120FC，单价总部核定
材料	100%		44.5%	46.0%	45.5%	43.0%	集团采购会降2.5%
工人工资	70%		9.5%	10.0%	10.4%	8.7%	考虑自动化降30%人头，但工资增20%
制造费用			90.2	102.0	99.8		
折旧	0%	0%	25.5	26.0	26.2	30.0	增加部分为自动化设备的折旧
车间耗用品	75%	7.5%	35.0	31.5	32.6	35.0	
a）一车间	各个车间的历史数据推演	80%	14.0	12.6	13.0	14.1	一车间制程比较老，变动费用比例高
b）二车间		70%	8.8	7.9	8.0	8.6	2010年的基数8.0×1.07
c）三车间		70%	12.3	11.0	11.4	12.2	
机器维护费用	20%	2%	15.5	15.0	15.3	15.6	80%与设备供应商签了包年固定维护费
水电费	50%	5%	21.0	19.5	20.0	21.0	
其他费用			6.8	10.0	8.4	8.5	
毛利			35.0%	32.0%	32.5%	36.6%	

"这里面有一个销量连动系数（Volume Correlation Ratio），即销售或者产量每增加10%，相应费用的跟动比例。例如，电费是50%的连动系数，那销量增加10%，电费会增加5%；车间易耗品的连动系数为75%，那销量增加10%，易耗品费用会增加7.5%，诸如此类。"

Jeff举手提了一个问题："这些连动系数是怎么得来的？"

Ralf答道："这就是我说的数据能力了，这是一个公司的数据内功。首先要对数据分类，分得越细越好。我听Bob说，你们在Oracle的账套中创建了一列附注栏，将维保费都标识了机器名称的跟踪信息，这样就可以抓得非常准了。然后对这些数据进行纵向历史比较，这个数据样本量越大，模拟的准确度就越高。现在所谓的大数据，其实我们QMD一直在做。总之，没有数据能力，预算输入的是垃圾，输出的也必然是垃圾。

"再给大家看张图（见图5-3），财务对一个工厂的数据把控力应当做到这样一个水平。

- 良率每提升 1% 带来的毛利贡献
- 瓶颈工位设备利用率每提升 1% 带来的产值增加
- 操作工离职率每下降 1% 带来的成本节约
- 主材每提升 1% 的排版利用率带来的毛利贡献
- 最大辅材采购价格每降 1% 带来的利润贡献

图 5-3　财务数据基本功

"每一个生产要素的 1% 对应的财务影响，我们要有清晰的模拟。成本控制的精髓是控制在先，用清晰的财务目标去驱动业务变革。

"最后一个是控制机制，即我们经常做的月度差异分析。这种差异分析本质上是一种复盘。实际与预算差异大，无非两个原因，实际费用太离谱，或者标准本身出了问题。我们马来西亚工厂，去年第一次做闪存，由于经验不足，预算做了 20 台贴片机，而实际在订单增加 10% 的情形下才用了 12 台，为什么？我们在做差异分析时找到了症结——预算时测算机器需求量所用的单位时间产出（UPH，Unit Per Hour）是用的试生产的 UPH，而从试生产到规模生产往往有一个学习曲线（Learning Curve）；结果 UPH 在量产时提升了 80%，导致机器过量采购。所以，通过复盘，我们又长了一个见识，在做预算时应当植入一个'量产 UPH 放大系数'。"

王丽举手提了一个问题："这个量产 UPH 放大系数又是谁来确定的呢？"

Ralf 回答："这就是集团总部的价值所在。我们的后道工厂（Corporate Back End，CBE）有一个工程团队，他们的工作就是提取各个后道工厂的工程数据，成为一个工程能力中心，然后将经验与各个厂家分享。当然，去年的失误，总部是有责任的，他们没有及时识别新产品的生产率波动。"

Ralf 用光标点了点幻灯片上的"预算"，继续说道："但这正是预算的难点与精髓所在，向着一个不知道具体在哪里的目标尽量靠近。关键是理念，一种相信自己会不断改善的理念。"

王丽早闻麦肯锡的大名，也听说过集团 CEO 言必称麦肯锡。今天听了 Ralf 的这堂课，王丽打心眼里佩服世界顶级咨询公司的专业智慧。以前一直觉得有

Bob 这样一个上司是自己的运气，现在看来，世界顶级公司网罗了各行各业的牛人，碰上 Bob 似乎又是偶然中的必然。

71 预算的流程到底是怎样的

Ralf 在 L&L 中的最后一张幻灯片，在王丽看来也是当下最实用的一页，就是预算制作的流程图（见图 5-4）。

Ralf 进一步解释道："首先，预算的起点是销售预测，来自市场部对来年销售的预测。这个预测从时间角度会拆分到每个月，从内容上会具体到产品组合的数量结构，有了哪些产品、多少订单需求的数据，配以一定的库存变化假设，就可以推算出来年的生产量。这个生产量再按产品线分配到各个工厂，就形成了工厂的生产预算。

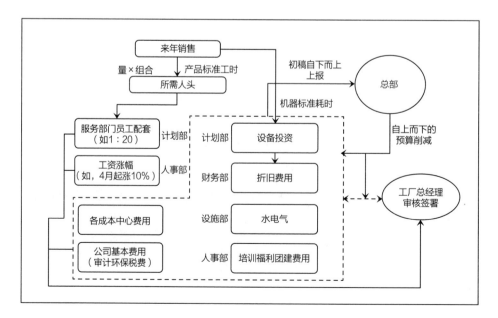

图 5-4　预算流程图

"例如，QSZ 拿到了明年要生产多少万片的 256MB 与 512MB 内存的详细信息后，就可以进行资源规划了。根据两个标准时间，标准工时与标准机器时间，可以推算出每个月需要的劳动工时与各条线上的机器工时。前者再配以一定的加班比例假设就可以算出需要多少工人，后者则成为新增设备投资的计算依据。有了人、机两个基础信息，每个部门就可以开始做费用预算了。例如说各个生产车间可以根据新增的工人数量进行工资预算，工程部可以根据新增的机器数量与类别做维保费预算。"

成本组的 Vivian 提问道："那我们财务的角色是什么？"

Ralf 答道："首先，每个成本中心的责任人才是预算的负责人，这一点必须明确。财务的作用是整合这些信息。还有，为了更好地合并汇总，财务必须建立一个标准模板，第几行填哪种费用，哪些单元格锁定不让成本中心填写等，这些必须事先说明并做好必要的培训。如果每个责任人提供的表格不一致，整合起来将是一场噩梦。当然，财务可以提供一些贴心的服务，例如，在差旅费预算上，很多预算人并不清楚去德国出差要花多少机票、住宿费，我们可以在表格下面设个折算值，责任人只需要规划去慕尼黑多少人次，来回机票费与协议酒店的费用都是相对固定的，算一个折算数就可以免去他们的计算了。"

Bob 听到这儿插话了："这就是我一再跟大家强调的财务角色定位。我们财务是业务部这些'纳税人'养的，所以一定要有服务意识，事事处处想着为生产与销售等一线部门提供便利与帮助，这一点是我们必须时刻牢记的原则。"

"谢谢 Bob 的点评，我接着讲。一般预算有两个过程，首先，是你们工厂的Bottom-up，自下而上的流程；待你们上报总部后，总部往往会做一个自上而下的Hair-cut，砍费用。"

Bob 打趣说道："你们现在都给我们理成平头了，总部这把刀越来越快了。"

Ralf 又说："我在麦肯锡做咨询时，经常碰到这样一个矛盾，地方工厂认为费用已经在去年基础上有了大幅削减，但总部仍然会再砍一刀。"

王丽插话道："我听说过预算余量（Budget Buffer），总部不相信地方，总认为有富余，要把泡沫挤掉。"

Ralf 解释道："这是一个原因，但更多的是内部视角与外部视角的差异。从内部视角看，我已经达成了 20% 的成本削减，这是要相当努力才能达成的目标；但以外部视角看，你比起去年来有多出色一点都不重要。总部 CEO 看的是我们与行业领先者之间的差距。"

"我昨天做了一个竞争对手分析报告，这些对手与我们一样都是上市公司，所以这些数据都是公开的。当然，我们也通过专业的咨询公司获得了一些更细致的数据。例如，我们一个德国研发工程师的平均工资是韩国工程师的 1.8 倍，但我们一个研发工程师一年的工作时间却只有韩国工程师的 72%，这个差距我们必须在其他方面给弥补回来。简单来说，你们工厂每一年的费用，总部是以这个逻辑来自上而下锁定的。"

王丽又问："两者之间的差距怎么缩小？差异大的话，工厂怎么办呢？"

Bob 说道："你这个问题可不是 Ralf 一小时能回答得了的，待会儿你到我的办公室进一步细说。今天的 L&L 就到这里，实在要感谢 Ralf 给了我们全面翔实的预算培训。这次 Vivian 的计划工作做得也非常好，以后就是要养成一个习惯，凡是有总部财务来这儿出差的，当周的 L&L 就由总部的专家来讲。就像今天 Ralf 给我们讲的预算，可以拓宽大家的视野。"

散了会，王丽来到 Bob 的办公室，想听他讲讲上下之间的预算差异怎么处理。

"这个差异，在预算结束的这一刻，消化不了也得先认下来。事实上，我们会把它做成一个项目，名字就叫消除差额（CtG）。"

说着，Bob 给了王丽一张图（见图 5-5），"这是项目的组织架构图。你今天不提这个问题，我也准备找你说这件事，因为你已经被任命为项目组长了。"

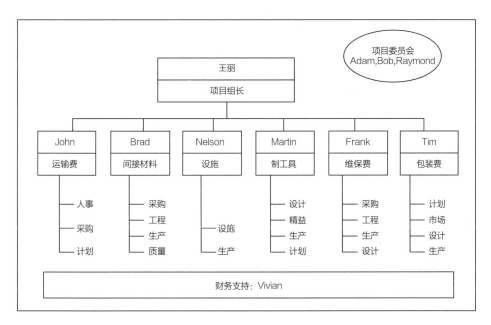

图 5-5　财务领导的生产率小组项目组织图

王丽一看图上的参与部门，有工程、生产、采购，还有设施与人事等支持性部门，非常有挑战性。王丽最大的担心是，怎么指挥得动这些部门的领导，他们都是与自己平级甚至更高级别的部门长。

Bob 了解到王丽的顾虑之后，劝慰道："你不用担心，这就是项目的好处，在项目里，官不分职级，一切围绕项目目标来展开。再说，上面有一个筹划指导委员会，有我、Adam 和运营总监 Raymond 在背后为你撑腰呢。这是一个跨部门、跨年度的项目，可以说是全员参与，全年跟踪，直至项目目标达成。"

"我一头雾水，这么大的目标，我们一年的费用差额听说有 5000 万元人民币呢，怎么消化这么大的差额？"

"不用担心。你的工作，其实就两项，开好'两个会'，将两个会把握住就行了。"

"哪两个会？"

Bob 回答："一个准备会，一个回顾会，当然回顾会是每月开的。第一个准备会很关键，我和 Adam 商量了，今年到太湖边的西山宾馆开，开一天的封闭会议，确切地讲，是一个研讨会，确保这 5000 万的差额分解到位，落实到人。"

王丽提出疑问："这个会也要我来领头吗？"

Bob 答道："我当然可以来领这个会，但这样你就失去了一年才有一次的学习机会。你要能组织这样的会议，哪天 QMD 不行了，你到外面也可以做一个专业的研讨会助动师（Workshop Facilitator）。"

王丽不解："Facilitator 这个词我经常听到，有时像培训师，有时又像主持人，到底是什么角色？"

Bob 解释道："Facilitator，顾名思义，是使事情变得容易的人。作为 Facilitator，我们不对内容负责，但对议程负责。成本削减，财务不是主体，各个费用部门的负责人才是。我们的目标是引导、组织与一定的专业支持。马云赋予阿里巴巴的使命，最好地体现了 Facilitator 的作用，让世界没有难做的生意。阿里巴巴就是这样一个助动平台。"

被 Bob 这么一说，王丽有点动心了。能学到新的技能，这是王丽最感兴趣的地方。

Bob 补充道："你不用担心。这个 CtG 研讨会下周五才开呢。我带你演练一遍就行了。"

72　成本节约研讨会

上次 Bob 与王丽谈完之后，去北京出了两天的差。着急的王丽看到 Bob 进办公室，就去找了他，讨论如何准备预算研讨会。

Bob 先问她："你知道这个项目成败的关键是什么吗？"

王丽问："全员参与？"

"你说对了一半。"Bob 又问："你怎样保证全员参与？"

王丽回答："设成大家的 KPI。"

Bob 说："KPI 比较适用于个人能掌控的东西，像集体协作的项目，KPI 并不合适。最关键的一点是总经理的支持，具体而言，要让这个项目成功，我们得让他做两件事。"

"哪两件？"

Bob 答道："第一，会议开启时，由他做个开场演讲，为这个项目定个调。这个项目有多重要，从我们财务人嘴里说出来与从总经理嘴里说出来，效果大不一样。第二，要让总经理确保参加每个月的项目进程回顾会。他的参加本身就是一个信号，即使他坐在那里一言不发，只要他每次开会第一个坐在会议室里，等大家一个个入席，大家都会高度重视这个项目的。"

王丽还是不大放心："Adam 会照我们说的做吗？"

Bob 说："当然。要知道，消化这个费用预算差异，首先是他一厂之长的任务，他比谁都着急。他巴不得有人出来挑头帮他落实这个目标呢。"

王丽又问："那具体怎么开？"

Bob 回答："分三部分。开头介绍，我会让 Adam 做个重要性指示，花三五分钟把形势说清。然后我会放一张幻灯片，回顾一下去年的预算差异我们是怎么用各种节约项目消化的。这既是对大家工作的认可，也是给大家提振信心。之后进入第二部分就是具体讨论。最后，由各个小组呈现讨论结果。"

"所以，第二部分由我带领？"

"对。我建议以一个'3O 模板[①]'来开启研讨会的具体讨论。"

说着，Bob 在白板上写了起来：

大目标（Outcome），QSZ 成为成本领先的后道工厂

研讨会目标（Objective），消化 5000 万元预算费用差异

---

① 3O 模板出自帕拉布·耐度与赖美云合著的书《SPOT 团队引导》。

研讨会输出（Output），落实到人的项目节约清单

"这三个'O'往会议室一贴，大家就很清楚今天为什么要来开这个会，以及自己要贡献的是什么了。这个'3O 模板'基本上适用于任何研讨会的开启。"

王丽点了点头，说："这听上去很有逻辑，大目标连到当下的目标，最后落实到当日的输出，然后呢？"

Bob 接着说："然后按事先分好的组，以 PCMO 的成本构成来让大家分组讨论（见图 5-6）。P 代表人员费用（Personnel）；C 是机器相关的费用（Capital Cost）；M 是材料费用（Material）；O 是经常费用（Overhead）。我们要事先分好目标，根据不同的成本影响，这四个组会有不同的指标。

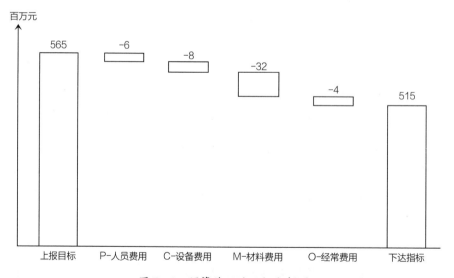

图 5-6　预算差距的目标分解图

"然后，每个组有一个组长。像 P，人员费用生产占大头，由生产部经理担任；C 是设备，工程部经理引领；M 是材料，采购议价是关键，就由采购部经理做组长；O 是各项费用，我们以能资消耗比较大的设施部经理来带领。其他二十来个经理按工作相关性分到各个小组之中。"

"分好了组，就由他们自由讨论了？"

"对，让他们进行头脑风暴。"

王丽又问："那我们财务做什么？"

Bob 回答："我们会给他们提前准备好清单。比如材料费中，除了总部统一采购的主控材料，由我们 QSZ 工厂负责的材料费中，由高到低，前 20 项成本最高的材料是什么。"

"就到 20 项？"

"大概吧，也许 15 项，也许 30 项，反正把花费最多的材料列出来就行了。这样，他们讨论时就有的放矢了。"

"我还是感觉有点不踏实。就放任他们讨论，他们要是拿不出达标的费用节约怎么办？"

"说句套话吧，办法总比困难多。"

说着，Bob 从电脑里调出一张图（见图 5-7）。

"这 5000 万元的费用节约，70% 估计可以从材料上省出来。材料的节约，按数学公式，无非是单价 × 数量。左边是价格贡献，基本上由采购落实；右边是用量节约，由生产与工程部主导。"

"这张图真有意思。"

Bob 说："左边是采购的贡献手段，常用的手段有累计量折扣，年初订一个开放式合同，采购 100 万个是 1 元 / 个，采购量达到 120 万个，则每个降到 0.95 元，包括前面的 100 万个都得给返点（Rebate）；还有，用我们充足的现金，提供早付返点，特别是对国内供应商，我们 QSZ 这样的德国公司实在是付款标兵了。我们可以在 90 天付款的基础上，提供早付 30 天换取两个点优惠的方法，这年化收益 24%，绝对比我们的税前利润率高出一大截。这一招在过年时特别管用。"

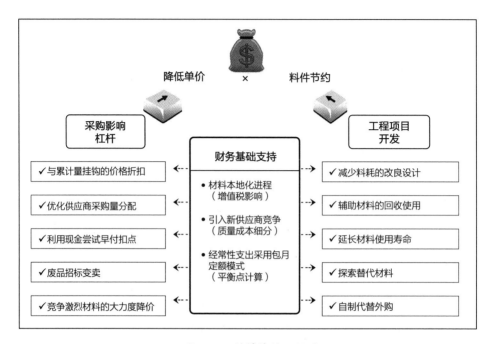

图 5-7　材料节约示例图

王丽说道："我叔开的厂，卖给国内企业的产品，90 天到期给你一半货款就不错了。"

Bob 强调道："德国公司是非常重视供应链关系的。你有没有发现，我们很少换供应商。德国产品质量之所以可靠，其中的一个重要原因就是把供应商当作可持续发展的战略伙伴。"

王丽又说："那说说右边一块材料的节约吧。"

Bob 解释道："这块就更有趣了。这里的每一条都是有创造性的工程智慧。比如我们有一块最大的辅材开支，钻针一年要花 2500 万元，因为钻了几百次，头钝了，就得换新的。去年我们的一个点子就是让供应商重新研磨，磨过之后，虽然使用寿命只有原来的一半，但费用只占购买新针的 20%。"

王丽惊喜地说："太有意思了，好聪明啊！还有呢？"

Bob 答道："多了，我这里只是列了几个大类，比如替代材料，镀金能否改为镀铜；设计改良，板子倾斜一个角度，材料使用率是否可以提升 10%；延长使用寿命，加一层保护膜可以起到减缓氧化的作用；外购的改成自制，将多余的设备利用起来自制模具。 这每一条建议，都可以看作是对现行规程的一种创新挑战。 反过来，一个没有创新贡献的公司，在每年都有大幅降价的电子行业是很难生存的。"

王丽点头道："经你这么一讲，我彻底明白了 Ralf 所说的外部视角了。 竞争对手都在创新，我们不跟上的话，就要被淘汰。"

"对。 表面上大家拼的是成本，但成本的背后是智造，智慧制造。 怎么样，是否有点期待这个会议了？"

"当然，我们成本组能成为这种智慧制造的见证者，已经很荣幸了。"

Bob 却说："我们不只是见证者，还是积极参与者。 除了数据引领与项目组织，我们还要提供专业指导。"

王丽问道："什么样的专业指导？"

Bob 抬腕看了一下表，说道："我要开会去了，明天再说吧。"

73　什么是质量成本

第二天，王丽在与 Bob 开完部门会之后，留在他的办公室继续请教研讨会的问题。

"你说的财务除了数据引领和会议组织，还要积极参与，具体是哪些？"

"我们可以围绕成本展开，去看各个环节优化的机会。"

说着，Bob 在白板上画了一下成本优化的三个要素（见图 5-8）：交易成本、决策成本及信息成本。

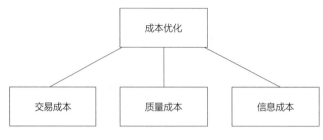

图 5-8　成本优化的三要素

"先说最容易想到的，交易成本。我们接着上次的材料成本节约继续讲。

"上次没来得及说中间一块，财务的基础支持。比如说我们的很多设备都是从日本进口的，他们在上海的那些株式会社来我们这儿做一次维保都要收个好几千美元，所以，我们就可以从设施部采集一下一年的维修数据，测算一下，维修多少次以上值得让采购跟他们谈一个包年维修合同。财务作为费用统计者，对发生的费用最敏感，而用户往往比较迟钝。就像你们女孩子，口口声声说一年没买多少衣服，但淘宝网帮你们把数据一拉，就会让你们大吃一惊。人的直觉并不可靠，财务的理性可以起到提醒与控制的作用。"

"对了，这中间一条质量成本我第一次听说，能否详细说说。"

Bob 说道："质量成本（Cost of Quality），我们把它分成四块。"

说着，Bob 从电脑里打出一张图（见图 5-9），递给了王丽。

"说起质量成本，你马上想到的是什么？"

王丽答："报废成本，我们的产品，听说一根内存条都卖几十美元呢。"

Bob 说："对，这个我们叫内部损失成本（Internal Failure Cost）。除了各个生产环节可能产生的报废，还有重工返修成本。你现在明白 Adam 为什么一再强调一次良率了吧，靠二次良率做上去的会有额外的重工成本。我们车间里贴的一个标语'Do Things Right in the First Time'，第一遍就做对，为的就是提高减少重工成本的意识。"

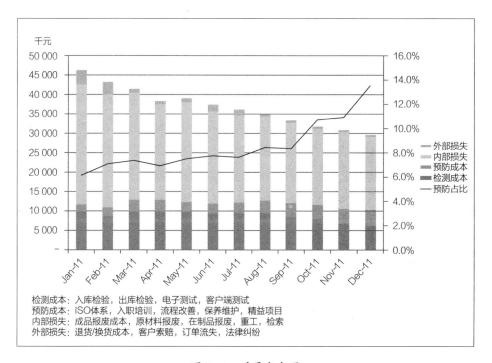

检测成本：入库检验，出库检验，电子测试，客户端测试
预防成本：ISO体系，入职培训，流程改善，保养维护，精益项目
内部损失：成品报废成本，原材料报废，在制品报废，重工，检索
外部损失：退货/换货成本，客户索赔，订单流失，法律纠纷

图 5-9　质量成本图

王丽又问："那外部损失应当是客户端的成本了？"

Bob 答道："对，这是公司最不想看到的。品质问题在客户端被发现，换货退货的成本只是小头。如果客户要索赔就麻烦了，即使不索赔，客户将订单转给竞争对手，这损失也难以估量。这张图无法精确计算这种隐性成本，所以外部成本只是用客户换货的成本来计算。"

王丽想了想，问道："那检测不是生产的必要环节吗？为什么也要纳入质量成本？"

Bob 解释说："最好的生产是不需要检验，即一次生产出百分之百的合格品。即使达不到，这种意识也一定要有。检验是一项非增值性劳动，把检验成本纳入质量成本，是提醒大家用价值思维去组织生产经营活动。元器件已做过电测的，在模组阶段是否还有必要再做一次百分百测试，这些都是值得探讨的地方。"

"这个我现在明白了，但最后一项防护成本好像不好理解，预防成本为什么也放在质量成本中？"

"这张图，就看两点。一个是总的质量成本，即柱形图的高度是否逐月下降；另一个是看中间的一根百分比线，即预防成本占总成本的百分比是否在增加。最好的品质管理是防范在先，一个公司如果不舍得在新员工入职培训上花钱，不去建立一个质量流程体系，机器不做定期保养，最后，在质量上都会以前面三种形式的质量成本体现出来。还记得《高效能人士的七个习惯》中的四个时间象限吗？做重要而不紧急的事，这品质防范就是典型的第二象限活动。"

每次听 Bob 讲解，王丽都有这样的深刻体会：Bob 总能将业务、管理与财务融会贯通。

王丽突然想起一件事，说道："对，上次 CK 和我讲起你讲授的成本的密码，其中说到一个在线统计工具，缺陷类别代码（Defect Code），这也是用来抓质量成本的吗？"

Bob 回答："对。不过那些机器问题、设计问题等各个分类，是用来进一步细化这上面的一个大类——内部损失成本。"

王丽又问："我们财务在质量成本控制上的参与可否归纳为统计、分类和分析？"

"对。再加上一条，呈现。日常经营的信息很多很复杂，我们要把它用通俗易懂的方式呈现给最高管理层。你有没有听说过一个词，影响力成本？"

"没有，影响力也有成本？"

Bob 回答："当然，好的影响力当然会带来正向效用，但不好的影响力就是一种'噪声'，会分散决策者的注意力，甚至产生误导。我们常说的'会哭的孩子有奶吃'，就是一种影响力成本。当我们把最具有专业价值的信息呈现给管理层时，某种程度上也降低了他受片面信息影响的影响力成本。总经理如果只听到'新的工艺用小机器代替大机器节省了车间空间'的一面之词，而没有看到由此带来的检验工序增加而造成的检验成本，那就是受到一种噪声影响。我们财务就像一个副驾驶，为总经理这个驾驶员保驾护航，让他及时获得全面而客观的经营信息。"

王丽觉得副驾驶这个说法很有趣，也挺喜欢这个比喻的，因为自己平时坐车特别喜欢坐副驾驶的位置。

Bob 又说："这成本控制的门道可多了，因为它与生产和销售直接关联，我们还是每天讲一段吧。"

74　决策成本

上次在 Bob 那里讨教了财务在生产率项目上的参与作用，一下子拓宽了王丽对成本控制的认识。只是最近几天 Bob 都在忙别的事情，王丽没机会进一步向他询问。

上次说到，财务除了数据引领与项目组织之外，还有一个核心的作用是如何帮助公司降低交易成本。王丽对其中的质量成本的计算与控制尤感兴趣。

中午吃完饭，好不容易凑到了 Bob 有空的时间，王丽来到了 Bob 的办公室，继续请教另外的两大块——财务如何帮助降低公司的决策成本与信息成本。

"就用我为 QMD 大学讲课的材料吧。"说着，Bob 给了王丽两张幻灯片。

"第一张（见图 5-10），是我总结的一个概要。决策成本的三个要素，资源取舍、资源节约、资源优化。

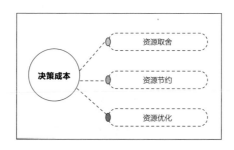

图 5-10　决策成本要素图

"围绕资源的利用，财务可以帮助最高管理层做出更好的决策。

"先说第一个，资源取舍。这是决策的常见难点，在资源耗用上，财务给出的建议基本上是'两害相权取其轻'的逻辑。"

"你能否具体讲讲？"

"那我们就来看第二张幻灯片（见图 5-11）。

财务透彻的分析穿透表象，让管理层的决策变得异常容易！

财报数据	原因分析	决策措施
工资费用超常	付薪人数多，合同工离职率高，不同工同酬	合同工与固定工同工同酬
报废成本突增	良率起伏，夜班批次普遍差，夜班无工程师	夜班配工程师
外加工费用高	产能不足，测试瓶颈，5% 测试时间给研发	重新调配研发测试时间
加班费超常低	工时效率低，冗员太多，计划部用旧工时	每月更新标准工时
当月运费猛增	空运增多，客户催样品，小样未列入计划	> 10k 试产列入生产计划
耗材费用波动	回收使用无成本，领料随机，仓库不分类	仓库分类，先进先出
应收款余额大	收款慢，出品单据回转慢，总部指定货代	直销客户用自己的货代
资产回报率低	设备闲置，过度投资，投资预算用试产工时	引入量产放大系数

图 5-11 向数据要管理：财务如何用数字帮助管理层决策

"这里，我列出了一些过往碰到的经典案例。对了，这张图最左侧的一栏是财务的账面数据。我们曾发现有一个月的工资费用剧增，然后进行了层层分析。这种分析有结构化数据的比较分析，比如当月工资表上人数的增加；也有非结构化的数据，比如员工离职面谈上的原因归类总结。总之，这一个月的种种数据表明，造成当期操作工大进大出的主要原因是正式工与合同工不是同工同酬，比如正式工有十三薪，合同工却没有。"

王丽有点疑惑："我们财务要介入得这样深？"

Bob 回答："这一点我和 Adam 有高度的共识。我们不在乎成本控制组的人是否做财务工作，公司在乎的是要有一针见血的数据分析师。当然，不只是分析，分析完了，还得有建议。"

"那这个案例我们是怎么给出建议的呢？"

"直觉告诉我们应当推行同工同酬，但我们还是进行了一番测算。"

王丽问道："怎么测算？"

"这里就是一个费用支出的取舍比较问题。如果这些合同工享受正式工的待遇，每年多一个月工资以及一些过节费，可以算出一年要多花二十几万费用。我们做了一个离职成本计算。

"根据过去一年的数据，离职成本有显性成本，比如中介费、招聘与培训费，还有隐性成本，因人员反复变动造成的质量损失、效率损失等。"

王丽打断道："等等，这个质量损失是怎么计算到人员离职率上的？"

Bob 回答："这当然是一个有难度的估算。但只要你不断摸索，还是可以获得一些经验数据的。例如，我们以前讲过的产线报废记录的缺陷类别代码，其中一项就是人为操作失误造成的。这项成本，可以说 80% 以上与新人相关。有些估算，如面试成本是 300 元一个人，这些都是大差不差的。我们一项项测算下来，离职成本占到操作工总成本的 18%（见表 5-2）。"

表5-2　2013 年公司离职率成本核算表（单位：元）

	实际成本	假设	离职率成本
离职员工数	1 443		
离职率	81%		
显性成本			
－劳务中介	558 425	70% 离职率相关性	390 898
－培训费	476 015	50% 离职率相关性	238 008
－招聘费	319 928	70% 离职率相关性	223 950
隐性成本			
－报废成本	17 285 584	30% 离职率相关性	5 185 675
－效率损失	814 149	50% 离职率相关性	407 075
－后勤支持	1 252 924	20% 离职率相关性	250 585
－其他：			
－面试成本		300 元一人	432 900
－离职处理		200 元一人	288 600
－新员工融入		500 元一人	721 500
总成本			8 139 191
每年人均离职率成本			5 640
操作工月工资	2 600	离职率年成本占比 [5640/（2600×12）]	18.1%

"这么高？那合同工的十三薪摊下来才增加工资的 10%。"

Bob 补充道："而且只是合同工的 10%，占到整个工人的工资费用，其实不足 5%。有了这样的计算，总经理即使以调整的眼光将离职率成本减半，也有充分的依据来执行同工同酬了。所以，我们财务人一定要走出自己的'精准思维'误区，有时相对精确已经足够了。"

走出"精准思维"误区，这句话对王丽是相当震撼的，自己以前也是这样的，因为数字不精准，干脆推迟行动了。

Bob 又说："下面我说一下资源的节约，你继续往下看第二个案例。某一周的报废成本剧增，我们财务层层分析，发现有规律地出现在夜班下料的批号中，再到线上一考证，原来夜班没有工程师，导致有些质量问题无法及时识别与控制。"

王丽说道："分析到这个层面，总经理直接就可以决策了。"

"对。决策的关键是要有依据，没有穿透力的分析，决策就是雾里看花，抓瞎。"

"那再讲讲第三条资源优化方面的决策。"

"接着看第三个案例。我们的测试仪非常贵，所以测试仪也常常是瓶颈工位。"

王丽说道："这个我学过了，瓶颈工位也应该出现在最贵的设备上。"

"对。问题是要区分真瓶颈与假瓶颈。例如说，有一次费用分析会上采购对外包供应商费用高的解释是测试端的瓶颈。当时，Adam 就讲了一句'让财务测算后再定'。"

王丽问道："为何要让财务测算？"

Bob 解释说："我经常参加一些财务沙龙，很多同行都在抱怨财务在公司里太弱势，被其他部门直接忽视，财务老是最后一个知情者，要到付款了才会让你介入。依我看，这财务影响力是要靠自己去打造的。当你经常提供一些打通财务与业务的具有洞察力的分析，别人自当刮目相看了。"

王丽又问："总经理欣赏我们，其他部门会不会反而妒忌呢？"

Bob 回答："很简单，每当总经理要等财务的数据才做决策，其他部门自然会见机行事的，而且不是一般的配合。所以，你要感谢你的前任 Lily，她已经创下了一个很好的口碑。"

王丽接着问道："那这个案例我们最后有没有续签外包供应商的订单？"

"没有。我们呈现了测试仪的使用列表，发现有 5% 的时间拨给了研发部。总经理就开始质问了'为何研发要用到 5%'。下面的回答是'这是两年前的德国研发总监定下来的'。"

"后来呢？"

"后来看到研发实际只用了不到 1% 的时间，一下子就释放了 4% 的产能，外发费用大幅削减了。"

王丽感叹道："这过程可能挺复杂的，但最后的决策如此简单。"

"我们今天很多的做法都是被昨天绑架的，一些老规矩老经验会成为不假思索的预置假设。我们财务的客观不在于我们的数字有多精确，而在于我们财务不偏不倚的中性角色，成为管理层可信赖的决策依据。"

说到这里，Bob 将桌上的一本书递给了王丽，是丹尼尔·卡尼曼的《思考，快与慢》。

"这本书里讲了一个慢思考与快思考。像 5% 时间给研发就是以前的经验沉淀下来的系统 1 思考，快思考。我们财务做的事情就是将业务部不假思索扔进后脑的快思考认知移到前脑，用系统 2 慢思考的方式重新审视，挑战既定思维与预置假设。一个公司，不能人人都在快思考，总得有人用专业的态度来做慢思考。"

王丽拿了书，走出 Bob 的办公室，一边在想：原来财务是企业思考的大脑。

75　人人都是企业家

第二天下午，王丽如约来到 Bob 的办公室，继续听他讲解财务如何在信息成本方面为公司做贡献。

Bob 先给王丽看了一张图（见图 5-12）。

图 5-12　Bob 外派德国时租住的房子

"这是我在德国时住的房子。"

王丽羡慕地说："哇，这么漂亮，这要花多少钱？"

Bob 解释说："租金是公司承担的，是派遣合同里的规定。德国公司其实很人性化，只要是派遣，不管是总部向地区子公司派遣（Downstream），总部派往地方担任高管的，还是地区子公司向总部派遣（Upstream），像我这样由地方派到总部培养的，只要是长期派遣，待遇都一样。"

王丽被激起了好奇心："还有什么待遇？哪天也让我上游一下，游到总部去住住这样带花园的大'豪斯'。"

"除了房租津贴，还配一个大集装箱，给你运家具等生活用品。"

"把咱中国的家具运过去的运费都可以在那儿买一套了。"

Bob 却说："账可以这样算，但理不能这么说。自己睡过的床是带着自己体温的，还有那些工艺品，都珍藏着自己美好的度假回忆，当然要原封不动地运到派遣地了。我读派遣合同时，被德国人的各种人性化细节给折服了，第一次感到表面冷峻的德国人，内心情感是很细腻的。"

王丽问道："你读到什么了？"

"你可以托运你的小狗小猫等宠物，如果因为长久派遣不得不卖掉你的汽车，卖车的损失，即卖价与车行评估价的价差，公司会给予报销。我从德国回来时，那辆二手Polo^①汽车卖掉的时候根本不用货比三家，卖多少是多少，反正差价公司会承担。所有这些条款背后的一条人性化原则就是，不让员工因外派而产生损失或不便，包括孩子读书与家属的跨文化适应开支，公司都会考虑。"

王丽兴奋地说："太棒了，我也要争取外派。"

Bob笑道："没问题。你只要证明给公司看，你是值得公司投资的人才。"

"我们扯远了，你房子的图片想告诉我什么？"

"噢，对了，我想跟你分享一个事例，我们家的亲身经历。有一次，我儿子邀请他同学来家里玩，两个男孩玩疯了，结果把房门给撞坏了。喏，就是中间那个被圈出来的门。"

"然后呢，要赔房东了吧？"

"当然。我跟房东打了个电话，略表歉意之后，告诉她我已经在欧倍德（OBI）超市看中一款门，会把它替换掉。没想到律师出身的房东太太在电话那头立马回绝了，'不行，欧倍德的东西怎么能进我们家？你没看到我的门、扶梯、台阶都是一个颜色没有色差的吗？'"

王丽笑道："当会计师遇上律师，就算是遇到对手了吧。"

Bob解释说："那倒算不上。对方不是有意为难我，只是人家的标准在那里。房东马上安慰我说，'别担心，我一会儿就把装修商的电话给你，你找他去，他有办法的。'

"我电话打过去，把门牌号与房东名字一报，从电话这头就能听到对方在电脑里搜资料，对方问清楚楼层后，通过图纸居然精确地说出我每一层有多少扇门。我正要约他来实地量门，对方说不用的，过一周上门一次性换掉就是了。"

王丽吃惊地问："对方只来一次就做完了？"

Bob说："当然，而且活干得相当漂亮，连铰链都是原配的。把新门装上之后，一点都看不出是换过的。只是账单让我大吃一惊，明明20分钟干完的活，却

---

① Polo：汽车型号，在德国是广受欢迎的经济型小汽车。

要收我 1 小时的工时费。"

"怎么会这样？"

"对方说，时间得从他开车出发的点算起，回去的时间没算我钱已经是便宜我了。"

"这老德也太会计算了。"

"我在德国住久了，也明白。他们的人工费实在太贵了，这是劣势，却反过来逼他们在各个环节提升效率。你看，这窗外那么多车，现在知道我们的马路这么堵的原因了吧，因为很多空跑的车都是跑在第一趟去量门的路上。"

王丽笑道："哈哈，你这比喻也太形象了。"

Bob 认真地说："我从这个事例中得到的一个体会就是，信息就是成本。我们每个人每天不知要花多少时间在寻找资料和搜索文件上，你没看到我以前德国上司家里的书柜，整整两大排文件夹，上面贴了各种标签，电费、电话账单，银行账单甚至按每个银行的资料又有分页活页夹。"

"家里还要搞成那样？"

"人家是养成了习惯，而习惯背后的驱动力就是，他们深知信息的成本有多高。"

"你说的都是生活中的事。公司里的信息成本，能具体说说吗？"

"我们财务是汇集信息最多的一个部门，各种订单、合同与发票都流经我们的手。有效串联这些信息，让各个部门在信息共享的平台下对话，并促进协作，可以为公司节约很多成本，甚至带来增收。"

"信息整合有这么大作用？"

Bob 答道："就拿销售与采购的信息整合为例，这是价值链上对称的两个环节。财务在审核合同时，是唯一一个可以看到两边交易细节的部门，如果我们经常组织一些业务交流会，让他们分享一下他们各自的交易对象的做法，对公司会有极大的好处。"

"能否具体说说？"

Bob 回答："如合同中的非价格条款，客户有一定比例的免费样品条款，我们为何不在供应商合同中植入同样的条款？还有谈判时的付款跟踪，我们追踪客户付款的详细记录，以便在下一个价格谈判中向客户施加压力减缓压价力度。同样的做法，我们财务可以做付款跟踪，然后交给采购部作为谈判的备选子弹。如果我们的付款记录非常拿得出手，就可以作为一个谈判的筹码拿出来，要求供应商做更多的价格让步。还有，季度末的降价，客户在 25 号降价日执行前会尽量不拉货，为何我们在供应商面前那么本分，送多少收多少？为何不能联合计划部做一个最低拉货量测算，撑一撑，等到 25 号降价后，再大批量把货拉进来？"

王丽感叹道："这些都是做生意的门道啊！"

"对。我们财务并不拥有这些智慧，但可以成为一个信息媒介，通过我们完成商业智慧的分享交流，以实现公司利益最大化。像上面提到的免费样品，就这一条信息，价值好几百万啊！"

王丽在想：这也是财务，那我以前做的是什么呢？

Bob 突然话锋一转："企业与企业家，从经济学层面讲，企业是能让资源高效整合的载体。企业家的使命就是让生产要素经过他的整合，创造出高于社会其他形态组织的效率与价值。"

"照你这么说，每个人都可以是企业家了。"

Bob 说："当然，我们通过信息的整合来优化资源配置，那我们财务人也就是企业家了。"

76　做个懂政治的财务官

周一中午，刚吃完饭，王丽就被 Bob 叫进了办公室。

Bob 让王丽看电脑上的一则题为《美国财长保尔森访华，呼吁建立中美经济关系"新框架"》的新闻。

王丽花了几分钟读了一下，没怎么明白上司的意图，问道："怎么了，这与我们有关吗？"

Bob 说道："当然有关了。保尔森这家伙来访一定是继续施压，要求我们对人民币升值。我刚才和香港某银行的朋友打了个电话，境外人民币远期报价的波动很大。我让 A 行与 C 行给我报了今天的 6 个月美元远期报价，发现即期与远期居然有 1200 个点的价差。1200 个点，你算一下，以 6.15 元的汇率算就是 1.95% 的升值幅度，我们若抓住这个窗口期做融资汇款，将手头的美元以即期的高位结汇存入银行，然后借一笔 6 个月的美元用于未来做远期交割，人民币存款利率 3% 与美元借款利率 4.5% 虽然有 150 个点的损失，半年也就是 0.73% 的损失，但 1.95% 减 0.73%，收益达到 1.22%，即使去掉银行的费用，保守算也有 1% 的净收益。"

王丽想了想，说道："1%？那以我们两家工厂每个月付母公司与海外供应商 2 亿美元的体量，一个月就能挣 200 万美元，1000 多万元人民币了。天哪，我姑父的机械厂号称有上亿元的销售额，一年也挣不到 1000 万元利润！"

"我们今天把交易锁定了，这些就是板上钉钉的收益。按理说，即期与远期汇率的差异升水多少，贴水多少，是完全由两种货币对应期间的利息差决定的。美元半年利息诱人，若欧元的同期利息差得太多，持欧元的人就会即期换掉欧元改持美元，远期与即期汇差就这么简单。但是，这是开放市场自由货币交换下的交易模型，人民币不是自由流通的货币，其汇率的受控因素常取决于中国经济的内在需要。"

王丽问道："所以人民币兑美元远期汇率有相当的不确定性？"

Bob 回答："对。所以，信息就是财富，早做早得收益。"

王丽问道："司库这块现在我交给 CK 了，你跟他说了吗？"

"我当然会让 CK 来执行的。和你说这个，是延续上周的信息成本话题，让你知道政治经济信息对一个公司的财务价值。"

说着，Bob 打出一张幻灯片（见图 5-13）。

政时要点	财务运作
○ 人民币升值压力 / 美国财长	○ 锁定汇率波动的套利空间
○ 推进软件与信息产业的"产业基金"	○ 3% 以外的增值税全额返还
○ 两化融合	○ 自动化项目申请专项基金
○ 宏观调控 / 4 万亿刺激配套	○ 税源缺口下的税务风险
○ 兑现减排承诺	○ 预判停电 / 租用发电机
○ 领军人物	○ 争取博士 / 专家津贴
○ 低碳经济	○ 绿色节能项目争取专项基金
○ 政府职能转变	○ 海关服务与历史遗留问题
○ 战略倾斜产业	○ 增值税返还 / 下乡补贴
○ 走向西部	○ 税务筹划下的公司布局
○ 服务业转型	○ 营改增政策下的采购策略

图 5-13　信息的价值体现于超前意识

"这张幻灯片将是我这个周末去上海参加一个财经研讨会的主讲话题，做一个懂政治的财务官。"

王丽不解地说："你不是一直嘱咐我们远离政治的吗？"

"之前说的那是办公室政治，现在说的政治乃宏观大局。借用前人的话'风声雨声读书声，声声入耳；家事国事天下事，事事关心'，我们掌握公司财务命脉的财务官，也得有这样的视野与敏感度。"

王丽浏览了一下幻灯片的内容，什么"产业基金"，什么"两化融合"，既陌生，又让人充满好奇。

王丽问道："你能否借着这张幻灯片跟我具体讲讲？"

"就说这产业基金吧。你可能不记得了，国家为扶持半导体成为支柱产业，曾出台过一个文件，即《关于进一步鼓励软件产业和集成电路产业发展的若干政策》，给出了很大的增值税优惠，高出销售额 3% 以外的增值税全额返还。什么概念？若我们将利润留在 QSZ，进价 60 元，销售 100 元，增值税为 $40 \times 17\% = 6.8$ 元，即占销售额 100 元的 6.8%，6.8%－3%，销售额的 3.8% 全额返还。3.8%，要知道，我们做的所有增收节支，加起来都不到销售额的 1%。"

王丽又说："那我们 QSZ 现在的成本加成只占 5%，实质上也享受不到啊。"

Bob 则说："我们的 5% 利润是内部以转移定价自己定的，这里我们可以算一个毛利的平衡点，3% ÷ 17%＝17.6%，毛利若定为 20%，就有 0.4%（20%× 17% － 3% ＝ 0.4%）的返还。虽然我们做的是后道，但放在中国半导体产业界来看，我们的技术含量还是相当高的，比如我们独树一帜的超细线路打孔技术，绝对可以围绕它做些文章，将利润率拔高。我们可以赋予 QSZ 更多主营者的职责，将利润尽可能多地留在 QSZ，以便充分享受这一优惠政策。就靠这块政策，我们可以为集团贡献一年 500 万美元的额外收益。"

"所以，平时要多关注产业政策方面的消息。"

"对。不光是'产业基金'这样的行业特殊政策，还有像'物联网'这样的通用政策。"

"物联网的确是最近的热点。"

"现在各级政府都在响应产业升级的要求，你看看近年的《政府工作报告》，自动化、信息化、物联网，这些词反复出现。"

"我从来不看报纸，电视中一看到相关新闻，也会换台。"

"你要成为一个称职的地方财务官，必须紧跟形势、了解动态，因为每一条信息都是潜在的机会。你看，行政部刚转发了我园区经信委发来的通知，要我们上报'产业升级'的项目，入围的项目可以获得扶持基金。"

王丽兴奋地问："会有多少钱？"

Bob 笑着说："问得好。经信委的王主任是我在交大的校友，有一次校友会活动聊到这个话题时，王主任跟我交了底——政府优先扶持的是国企、民企。"

王丽问道："那我们有亮点项目吗？"

Bob 回道："亮点还得回到政府的热点话题上。最近听我一个在无锡政府工作的朋友讲，无锡与苏州在争夺全国物联网试点城市，这就是我们的机会。你看，我们仓库中的旋转木马系统（Carousel System），多先进啊。出货单上的二维码用电子枪扫一下，系统就能通过射频识别（RFID）找到对应码的货架位置，按一下确认键，库位上的机械手就会将产品顶入滑道，滑入下面的转盘，在传送带的推动下一直送到你跟前，这不正是带有智能跟踪的硬件与网络连接相结合的物联网吗？"

王丽说："我刚加入公司时，去仓库参观过，当时也确实觉得挺神奇的。"

"这可是我们集团十几年前开发的系统，只不过现在大家给取了个时髦的物联网名字。企业内的内网连接，国外早用在生产自动化上了。我们就拿这个项目去申请，一定能获得可观的奖励基金。"

"你这么自信？"

Bob 解释道："我们的项目很有亮点。关键是，我们要从政府的角度考虑问题。我爸退休前是在政府部门里写总结文章的，他告诉我，写作时一定要抓住政府工作报告中的核心任务。我们若能突出'省内首家成功落地的物联网项目'这一主题，园区管委会一定会选中我们的项目。能成为试点城市，对苏州的发展很有意义。"

王丽感叹道："你真是知己知彼啊！政府在想什么，你都知道。"

Bob 又说："这也是我找你来的原因。Adam 与 CK 毕竟是新加坡与马来西亚华人，虽然中文说得不错，但真要把握这些商业机会，还得靠你我这样土生土长的当地人。新加坡是没有城市概念的，因为国家本身就不大。你要让他们弄明白无锡与苏州的关系，他们的大脑中找不到对等的概念。外企，迟早是要被我们中国人接手的。看不到这个趋势的外企，迟早要被市场淘汰。凡事积极一点，我们就当为未来的机会做能力储备。这张幻灯片你拿回去好好研究研究，每一条信息都是开源生财的机会。"

王丽走出 Bob 的办公室，低头沉思起来：财务官还得懂政治，这可是一个全新的维度啊！

77 直接收益与潜在收益

财年开始的第一周，公司将中层经理以上的干部汇集在太湖边上的西山宾馆，专门开了一天的研讨会，讨论如何落实 CtG 项目，消化总部全年预算目标下的 5000 万元费用差异。

王丽照着事先和 Bob 预演的"3O 模型"开场：

大目标（Outcome），QSZ 成为成本领先的后道工厂

研讨会目标（Objective），消化 5000 万元预算费用差异

研讨会输出（Output），落实到人的项目节约清单

在大家展开头脑风暴之前，Bob 先给大家做了一个简短的财务成本知识培训，好让大家对费用、成本和节约等基本概念有个清晰的理解，希望大家能明白哪些措施能直接带来利润的贡献，哪些省的只是资金占用。

这张图（见图 5-14）纵向分了四列：直接效益、成本避免、潜在效益与间接效益，对应了财务报表中的四个不同方面：当年的盈亏表、预算或预测报告、来年的盈亏表以及资产或现金流量表。大家在做创收项目中，应当先明确哪些可以消除当年的 5000 万费用缩减缺口。然后，在横轴，又可以区分出是直接、间接还是潜在地影响当期利润。

接着，Bob 开始一一举例。

"第一类，能带来直接效益的节约项目。最直接的是减少材料损耗，例如，通过工艺改良减少物料清单中的直接材料耗用，可以用软件调整排列组合，在单位基材上多安放 10% 的元器件，这样就可以减少单位基材的耗用量，这类节约是直接挂钩到每个产品的，效益的可量度性也很高，对当期利润表的影响也是直接的，这类节约对 5000 万元缩减目标有直接贡献，是项目的首选。

图 5-14　财务在生产率效益项目上的指导作用

　　"第二类，是成本避免。这有点复杂。有些所谓的节约是基于未来假设的某个版本，而不是基于当下实际的费用水平来计算的。严格来讲，这类节约不是真实的节约。例如，去年有 3000 名操作工，今年产量增加 20%，预算匡算了增加 600 个操作工的人头预算。现在，生产部提交了一个精益项目，实际只要使用 3400 人即可达到相应的产量。于是，在项目申请书上就填写 200 个工人相应的费用作为成本节约。严格来说，这只能算是成本避免（Cost Avoidance），即一切按原来的假设推算的话，可以省多少费用。这是一个基于未来假设的比较结果，只是一个理论节约。这里最关键的一个问题是假设的可靠性。很显然，这里没有考虑到工人随着学习带来的效率提升，也没有考虑机器协同效应，比如 2.0 版本设备的停机时间会比上一代大幅缩减，这会带来一些轻而易举的好处。所以，这种节约有可能是假节约。

　　"第三类，我称之为潜在效益，即项目的收益并不能形成当年的直接收益。比如我们看到去年的很多自动化项目，像那个号称可以大幅省人的自动上下料项目，按样机测算，人工上料下料每张要 8 秒，用机器只要 4 秒，于是就得出了一个班次 10 个工人可以省掉 5 个的成本节约。其实，这种收益只能算是潜在收益，这每个班次 5 个人去了哪里？

"我最近发现，自从上了自动化项目，厂门口工人休息时的抽烟时间变长了。我平时中午绕工厂走一圈，工人都散了。现在走两圈，工人仍旧在那里抽烟。为什么？因为这节省下来的时间没有被计划部通过富余人员调节的方式补充到其他工位中去。这 1 个班次 5 个人的节约，只有在两种情形下会在财务报表中得以实现：一是替代本来要招的新工人，二是裁员。后者会有辞退成本，不做推荐。大家应当严丝合缝地去落实这 5 个富余人员的岗位安排。还有，在旺季转淡季的时候，这种节约只能算作潜在效益，待来年产量增加到需要扩充新人的时候，我们原来要招 10 人的改招 5 人就行了。所以，在财务核算上，该项目的成本节约，我们不是从项目实施的那个月算起，而是从产量提升到需要增加这 5 个人的节点算起。什么时候沉没成本①（Sunk Cost）变成了机会成本②（Opportunity Cost），收益才成为带来财务效果的真实收益。

"最后一类，间接收益。这里我要重点讲一下资本与费用的区别。我上月去总部开会，我的上司不太相信我们一年的供应链节约有 3000 万元。我一看报表，原来做报表的人将一年减少 3000 万元的占用库存直接当费用节约填了上去。这占用库存的减少，减的是占用资金，影响的是资产表上的现金，当然对现金流量表也有改善，但算到利润表上的费用节约，还得乘上一个资金成本。如果我们的借款利息是 6%，那节约的利息开支就是 180 万元，这 180 万元才是真正的利润贡献。"

这时，下面有人问："如果我们不借款，自己有充足的现金呢？"

这时，王丽做了回答："如果是这样，所节约的费用只能按我们的存款收益来计算，即把省下来的钱放进银行，年息如果是 3%，那节约就只有 90 万元了。"

Bob 赞同道："王丽说得对。不过，我提醒大家还有一种别的计算，除了将多出来的资金存在银行，还有可能产生别的不一样的收益吗？"

采购部经理王兵回答道："其实，在财务的指导下，去年我们展开了一场供应

---

① 沉没成本：已经付出而又收不回来的成本。
② 机会成本：为了得到某种东西而放弃另一种东西，后者即为付出的机会成本。

商现金状况调查，对资金短缺的供应商，我们推出了让利早付的计划，将应付款周期从 90 天减到 60 天，供应商可以早 30 天拿到货款，但得给我们 2 个点的折扣。我们推出这个项目后，特别在临近年关的时候，有好几十家供应商踊跃响应。这时，资金收益就可以按 24% 的年化收益来计算。"

"谢谢王兵。从刚才的两种情形中，我们看到了两种不同的计算。我提出这个问题，是希望大家对财务节约有一个'动态把握'的意识。财务的收益，受实时价格、供应链资金状况，以及内部资本结构等多重因素的影响，可不像工程上一个清晰明了的数学公式就可以算清的。"

这时，工程部经理举手发言道："这么复杂的东西，我们哪儿算得准，我们只管省材料、省人工就是了。"

"如果你们可以一下子算得那么清楚，我和王丽就都要失业了。"

下面一阵哄笑。

Bob 继续说道："我只是想提醒大家有个动态管理目标的意识，现在算好了的节约，未必就是来年财务账本上一模一样的数字。"

经过大半天的讨论，每个小组产生了许多点子。成本组复核后，汇总出了表 5-3 中的项目费用节约表：

表 5-3　各部门的承诺项目费用节约表（单位：元）

费用类别 单位：千元	当年月平均费用			预算	节约目标	负责人	承诺节约
	一车间	二车间	总计				
交通费	463	564	1 027	12 320	1 000	Johny	850
间接材料	3 253	2 481	5 734	65 850	6 000	Alex	6 250
直接材料	9 650	14 325	23 975	283 490	20 000	Peter	27 350
车间消耗品	2 015	1 906	3 921	45 250	5 000	Brad	4 240
水电费	2 471	4 126	6 597	77 500	7 000	Nelson	4 450
模具费	755	1 215	1 970	22 560	3 000	Martin	2 470
维修维护费	372	1 180	1 552	18 600	2 500	Frank	2 590
备品备件	601	956	1 557	17 050	2 500		1 330
包装费	993	1 158	2 151	22 380	3 000	Tim	890
合计	20 573	27 911	48 484	565 000	50 000		50 420

在王丽陈述完这张表的数字之后，Adam 起身做了总结发言："很高兴看到大家开动各种智慧，形成了这 5000 万元的节约项目。Financial Leadership，Number Driven，Operation Accountability and Monthly Tracking。这是我们这个项目的方针。Bob，你帮我翻一下。"

"财务指引，数字驱动，业务负责，动态跟踪。"

Adam 又说："对。我们的 CtG 就按这个原则去消除差额，相信大家一定能获得成功。"

78　与"老冤家"的关键对话

周三的上午总是特别忙碌，王丽正要找下属部署工作，Bob 的一个电话把她叫进了自己的办公室。

"我让你做的工时分析报告怎么还没发我，明天开会要用的。"

"我也正要去找 Vivian 呢，太不负责任了，上周催了她两次，昨天下午四点就走人了，请假居然还让 Maggie 来代请。"

Bob 听完，皱了一下眉，突然想起了昨天收到的 Vivian 的信息（见图 5-15）。

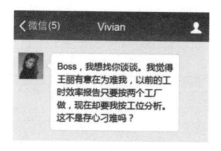

图 5-15　Vivian 的信息截图

Bob 很清楚，这工位分析是自己下达的要求，不存在刁难的问题。但有了上次王丽因为跳过 Vivian 直接找下面的出纳安排工作而造成的矛盾，Bob 多了一份警觉：看来她俩的矛盾从账务组带到了成本组。

Bob 本想介入的，但又一细想，自己总当和事佬的角色，不利于她俩解开心中的疙瘩。Bob 决定换一个思路。

Bob 拿起桌上的一本书《关键对话》，一边翻书，一边说道："当上下属之间存在信任问题时，就有必要进行一场关键对话了。"

"关键对话？"

"对，关键对话。这本书的作者提出了一个很有洞见的概念，在碰到敏感问题或有冲突关系的事情时，谈话时一定要注意两个核，就如同人脑的两个部分——内容和背景，一个是谈话的内容，另一个是常常被人忽略的、谈话的氛围。这本书是上个月去德国出差时，我们人事部副总裁推荐给所有总监层经理阅读的管理书。读完这本书，我只有一个感受——相见恨晚。"

王丽问道："什么意思？"

Bob 回答："我要是早十年读到这本书，也许早就是原来供职的那家公司的总经理了。记得那时我的部门经理提出了辞职，他在提辞呈前一天就告诉了我，'我已推荐你顶我的位置了，你作为业务骨干，一定能上位的。'可是，我们总经理偏偏要做内外竞争，要求人事部从外面招几个候选人来竞岗。我当时与总经理就有过一次交流，当总经理向我介绍外部候选人的必要性时，迫不及待上位的我居然说出了一番让我之后追悔莫及的话。"

王丽问道："你说了什么？"

Bob 答道："我说如果不选我的话，我会考虑去外面找别的平台发展。"

"这听上去像是在威胁了。"

"后来与副总经理出差时，副总经理告诉我，我当时让总经理失去了安全感，所以总经理毅然决定了放弃我。最近在读这本书时，我脑海中浮现出来的就是这件事，教训太深刻了。我要是明白这场关键对话的重要性，并按书中交代的方法好好准备，我晋升的机会还是很大的。"

听 Bob 这么一说，王丽心里咯噔了一下，看来工作关系上的事不能等闲视之。于是便问道："那有哪些好方法呢？"

Bob 回答："我建议你用场景思维的方式带入与 Vivian 的谈话，然后将这本书的要点结合起来，先好好拟定谈话的思路与框架，然后与 Vivian 好好推心置腹地谈一谈。我相信这本书能很好地帮到你。"

王丽回去认认真真地把这本书读了一遍，并做了不少笔记。然后，照着书中讲到的一些原则与要点，为这场与 Vivian 的关键对话准备了这样的一个架构（见图 5-16）。

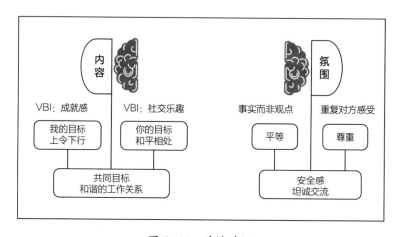

图 5-16　关键对话

王丽特别满意的是，将双方的 VBI 嵌入了这个框架。

为这场关键对话，王丽在服饰上特意花了一番心思。以前的办公室套装被搁置一边，王丽转而从衣柜里搜出了一条鲜艳的长裙。

一旁看电视的老公用惊异的眼光打量着妻子："哟呵，这是要去选美吗？我以为你在工作场所是个对穿着无欲无求的铁娘子呢。"

王丽莞尔一笑："对，就是去选美。"

早上，一踏上班车，王丽就感觉到了有很多束目光朝她扫来，心有点咚咚地跳。王丽惊讶于这久违的感觉，一路上一直在想这样一个问题：以前是否一直只知道上班是奔着工作中的任务而去，却从未想过一个背景的氛围问题，穿着打扮其实也是在构建与周围环境的和谐关系。今天穿得这么漂亮，用自己以前的评判标准甚至感到有点艳了，没想到居然会有这么多认同的目光与赞美。看来自己可以尝试着做些改变了。对，就从今天与Vivian的关键对话开始。

可是，一走进办公室，特别是走过Vivian的座位时，一想到平时打招呼时Vivian躲闪的眼神，王丽心里又敲起了鼓：今天的Vivian，是否会配合自己完成这场关键对话呢？

79 快就是慢，慢反而是快

王丽特意将这次会谈放在了周五的上午10点，周五临近周末，能让整个人比较松弛，放在上午，精力和注意力比下午更旺盛一些。

Vivian走进王丽的办公室，平时对穿着十分在意的她立刻注意到了王丽今天不同往常的着装。按自己的性格，Vivian一定会评价上几句的，但是，与王丽相处，总觉得有一种紧张与生分，所以话到了嘴边又咽了下去。

王丽招呼Vivian坐下后，亲自起身到门外的饮水机给Vivian倒了一杯水。Vivian有点受宠若惊，赶紧起身接水。

让Vivian更惊讶的是，王丽居然一反常态，与自己聊起了服装，说身上的套裙是老公给自己买的生日礼物，平时都舍不得穿，并自嘲有点傻，穿得不像一个女人。

Vivian在家里与老公说起同事时，常把王丽说成是缺乏女人味的女强人。但今天亲耳听到王丽这样说自己，反倒不想应和了。反正，Vivian从未感受过王丽这样的亲切感，尽管显得有点陌生。

一番寒暄之后，王丽进入了正题："今天找你来，没别的大事，就是想与你有些交流。我平时太过于注重工作本身了，可能对大家关心不够，所以想多听听你的想法。上周，有一件事，想了解一下具体情况。我交给你的工时分析报告，邮件催了你三次，你都没按时给我，而且请假也是托 Maggie 代请的，我不知道发生了什么，想听听你的想法。"

Vivian 心里咯噔一下，果然铁娘子还是奔着这件事来的。好在对方没有责怪自己，悬着的心就放了下来。

Vivian 解释说："其实也没什么，本来想自己向你请假的，但怕被你拒了。"

王丽问道："噢，是什么事？"

Vivian 回答："你可能不知道，我是公司羽毛球队的队长，下个月要举行外企羽毛球团体赛，我们每周五都早走 1 小时去球馆训练的。"

按照王丽以前的做法，一定会以工作与比赛孰轻孰重的价值评判定下基调，但一眼瞥见笔记本上"关键对话注意点"的那句"重复对方感受"，就换了个方式。

关键对话注意点

重复对方感受

用事实数据带出问题

顺着对方的兴趣走一段，拉近关系

用"我不是……而是……"澄清意图，避免误解

冷场时，起身给她倒杯水

同理心倾听，换位思考

展示自己的弱点，但要自然带出

王丽又问："你托 Maggie 来请假是怕被我拒了，在球队不好交代，是吧？"

Vivian 回答："对，对，我是队长，召集者，我怎么能不去呢？"

王丽接着说："你很看重这次的比赛，对吧？"

Vivian 答道："当然，不只是我，其实 Adam 也很重视。去年决赛，Adam 亲

临现场观看，可惜我们最后一场女双先赢后输，拿了亚军。Adam 在庆功宴上还鼓励我们今年争取拿个冠军，扬扬 QMD 的名。"

王丽有点吃惊，怎么这些事自己一点都不知道，看来平时太专注于工作了。

王丽很满意今天宽松的氛围，彼此不设防，坦诚交流。于是决定再聊一会儿，慢慢进入正题。

王丽说道："你刚才说到女双，你不知道，我上大学时曾拿过系里的羽毛球赛女双第三名呢。工作之后，我原来的公司在偏远的工业区，周边没有什么羽毛球馆，关键也没好的搭档，就不打了。"

Vivian 眼睛一亮："啊？你打过女双，还拿过名次？太棒了。不瞒你说，去年我的搭档太瘦弱，一到后场球就回不过去，太被动了。要不我们搭档，今年拿冠军就有希望了。不然，今天下午我们就去羽毛球馆。"

"我好久没打了，估计体力也跟不上了。今天肯定不行，我穿的是皮鞋。不过，我会认真考虑的，这样，下周我俩先找个地方练练。我这系里的第三名，没准和你们不是一个水准。"

"好，好，好。没问题，我来订球馆，订好·了提前通知你。"

"好的。"

见 Vivian 低头认真记录订球馆的事，王丽有一种预感，今天自己提再难的工作要求，Vivian 也会积极应和的。

王丽又说："我现在明白你让人代请假的原因了，我要是羽毛球队队长，也会有同样的顾虑。不过，以后有什么要求，你尽管直接找我说，可以吗？"

Vivian 不假思索地回答道："没问题，以后直接找你说。"

王丽接着问道："那工时分析的报告，我想了解你不回复的原因。我问你这个问题，不是为了批评指责你，而是想找到背后的原因来解决这个问题，毕竟 Bob 交给我们的任务，我们必须认真对待。"

听到这是 Bob 的要求，Vivian 彻底打消了疑虑，反而感到一丝愧疚，自己发给 Bob 的信息，是错怪王丽了。

"这是我的错。说实话，我是有意在回避你，今天既然说到了这件事，我也不瞒你了。"

王丽没有说话，只是用赞许的眼光示意 Vivian 继续说下去。

Vivian 接着说："我一度以为你是看着我们太闲，故意用复杂的报告来压我们。所以，我心里一直在抵触这件事。现在说清楚了，是我误解了你，不好意思。"

王丽却说："这事也不全是你的责任，在分配任务时，我若多花几分钟解释一下这项新工作的目的与意义，相信你就不会有这样的误解了。说实在的，我当经理的时间也不长，自己也在摸索成长中。前几天，看到一本亲子教育方面的书，其中说道'孩子是没有问题的，有问题的一定是家长'。我知道这个例子不太恰当，但对我的提醒是，自己在责怪下属之前，有没有先做自我反思？我作为上司，有没有充分调动下属的积极性？在布置任务时，有没有清晰无误地传递工作要求？"

Vivian 瞪大了双眼看着王丽，有点不敢相信自己的耳朵，平时说话简短而且不容商量的王丽，今天完全换了一种风格，居然在下属面前示弱。当然，Vivian 非常喜欢今天的王丽。此时 Vivian 冒出来的想法，是下次卡拉 OK 时一定要把王丽拉进来，以后团购买打折商品，也要算上王丽一个。

Vivian 不好意思地说："老板，你再检讨我就无地自容了。不说了，以后我知道了，有疑问，第一时间找你沟通。"

看着 Vivian 健步而去的背影，王丽握紧了双手，有力地说了一声："Yes！"

此刻，浮现在王丽眼前的是史蒂芬·柯维在《高效能人士的七个习惯》的教学视频中的一句话。"In interperson communication, remember: slow is fast, fast is slow."人际交流的一个法则：慢就是快，快反而是慢。柯维讲的"慢"，其实就是在营造气氛，气氛营造好了，让对方有了安全感，困难的话题也可以迎刃而解。

王丽去 Bob 的办公室还书时，说道："没想到《关键对话》这本书这么好使，看来，以后不能总是低头拉车了，要多读读管理方面的书。"

Bob 笑道："好啊，下周是我们的季度读书会，你来跟大家分享这本书吧。"

80 预算与结算，全球化思考，本地化操作

这两天，新加坡公司 QAP 与苏州公司 QSZ 之间就培训费用的承担问题，邮件飞来飞去。Bob 把王丽与 CK 叫进了办公室，想了解一下到底是怎么回事。

CK 解释说："事情是这样的。有一个高管领导力的培训项目，是由美国 WLP 咨询公司上个月在新加坡做的，我们 QSZ 有 5 个人参加。培训结束后收到了 QAP 寄来的一张美元发票，共 8000 美元，其中由两部分组成，一部分是我们 5 个人 3 夜的酒店住宿费，还有就是 20% 的外部培训费，因为一共 25 人参加，我们 QSZ 分摊了 1/5。"

Bob 问道："那争议在哪里？"

王丽回答："我们去年做预算时没有听人事部门说有这方面的预算。后来问了人事总监 Mary，Mary 说这是总部负责培训的 Hardin 在总部统一做的预算。据 Hardin 讲，这是一个全球性的领导力培训项目，理应由总部统一筹划，而且 WLP 咨询公司也在德国，他们在总部统一议价可以拿到最好的价格。但关键是，这笔预算是做在总部 Hardin 的成本中心的，所以，我建议新加坡公司将发票开给总部。我觉得预算在哪儿，费用就在哪儿，这样有利于费用的管控。"

Bob 没有直接回答，而是转头问 CK："你的意见呢？"

CK 回答："能不付就不付呗。而且，我问过总部负责总账与报表的负责人 Ralf，Ralf 说无所谓，从合并报表角度上讲，这种内部交易最后都要互相抵消的。当然，我没这样转述，我找了一个更具体的理由给拒了。"

Bob 又问："什么理由？"

CK 说："外管局的管制政策。这种非贸易外汇支付需要有劳务合同的，我们 QSZ 与 QAP 又没签这样的合同，我告诉 QAP 我是想付也没办法付的。"

王丽则说："你这个理由倒是挺好的，不过，据我所知，低于 3 万美元可以不用合同。"

"嗨，新加坡人哪儿搞得清那么多细节，反正我把外管局抬出来，他们就只能认了。"

Bob 听他们你一言我一语地讲完，起身，拿了一支笔在白板上写了起来，边写边说道："这件事很有意思，在我看来，这里有三个方面的财务问题（见表 5-4）。"

表 5-4　财务问题表

	会计	控制	税务
相关知识点	合并报表抵销内部利润	预算拥有者与费用承担人合一	以法人公司为单位的税务问题
实务操作原则	内部流程让位于外部成本影响		

CK 先问道："这个内部流程与外部成本能否详细说说？"

Bob 解答道："外部影响，在这个案例中是一个税务问题。QAP 把发票开给 QSZ，QAP 作为非税务居民，在获得收益时，作为境内的付款方，QSZ 应当代扣代缴 10% 的预提所得税。"

王丽又问："为何要收这个税？"

Bob 反问道："上个月周华健来苏州演出，你们知道吗？假设他的出场费是 50 万元，我随便说的数字，假如对应的税率是 20%，要不要收？"

王丽回答："当然要收。不过他在这儿没公司与账户，怎么收他的税？"

Bob 说道："所以，税务局就把扣税的责任下放给支付方，即主办单位，主办单位会把扣税后的 40 万元打到周华健境外的账户中，还有 10 万元交给税务局。这就是对没有税务注册的个人与外籍企业征收的预提所得税。"

CK 又问："QAP 只是代垫代收，其实没有得利，也要缴税吗？"

Bob 答道："总的来讲，税务局的专业态度是，世上没有免费的午餐。QAP 为何要做没有利益的代理劳动呢？当然，也许拿出境外的酒店账单与 WLP 的协议证明给税务局，有可能免除，但这是个没必要冒的风险。"

王丽点点头，说道："我倒没想到这一点。"

Bob 又说："有比这更重要的税务问题。刚才你们说到将发票交给总部 QAG，让 QAG 支付，然后挂到 Hardin 的成本中心，这样做，公司会损失一笔抵税好处。"

CK 惊讶地问："怎么会？"

Bob 解释说："首先，培训费是企业产生收入过程中的合理支出，符合抵税条件。但是，这样的费用必须是本企业发生的真实支出。像我们 QSZ 的 5 个员工，名字不在 QAG 的员工花名册上，这 5 个人的费用拿到慕尼黑税务局去扣减 QAG 的应税收入，一旦被查出来，是会被退票不予抵扣的。但是，这 5 个人的费用，在 QSZ 又是可以堂堂正正地去抵税的。"

CK 问道："这么说，该由我们承担了？"

"这件事整个做拧巴了。"说着，Bob 打印出了一张图（见图 5-17），给他们一人一张。

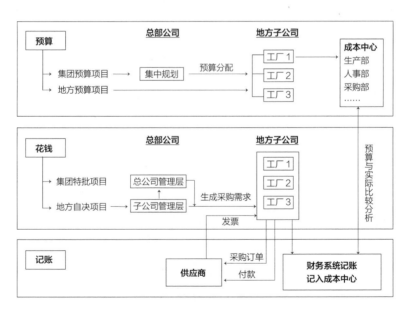

图 5-17　预算与结算流程图

"我在给交大学生上财务课时，用的案例和这个很相似，这是我上课用的课件。这件事的关键，是要把预算与结算结合起来，而且是从一开始就做通盘考虑。最好的解决方法是这样的，Hardin 仍然可以做他的全球统筹，做这个项目的全球预算，但是，做完预算后，应当把相应的预算分配到全球的各个子公司。比如，一年共 100 人次参加 WLP 的培训，平均 1 人摊到 2000 美元，然后将各个子公司 GG 15 级以上的高管人数，分到各个公司的人事部，成为当地人事部培训费的一部分，比如 QSZ 一年有 10 人参加，就分得了 2 万美元的预算。"

王丽问道："所以，Mary 在我们工厂做费用预算时，就应当把这 2 万美元给我们财务做汇总，对吧？"

Bob 回答："对。有了这笔预算，你刚才的'得益方与承担方应当一体化'的成本控制原则就可以落到实处了。"

CK 又问："那外管那头呢？"

Bob 说："完全可以由 Hardin 与 WLP 谈定一个大的框架协议，然后要求他们与我们 QMD 的各个子公司单独签培训协议，或者签一份全球框架协议，然后将各子公司的名单放在附表中，这样我们在外管那儿的付款就有依据了。"

王丽用佩服的眼神看着 Bob，心想：从理论到实践，Bob 完全掌控。

CK 接着问："那现在怎么办？"

Bob 说："现在也不晚。你们同 Mary 一起与 Hardin 开个电话会议，把该补的协议给补了，培训费付给 WLP。至于酒店费，本来就应该是我们的差旅费，以后我们自己支付自己回来报销。这次的费用，先付给 QAP，告诉他们以后不要帮我们垫付。"

王丽感叹道："老板，你的思路好清晰啊！"

Bob 又说："有一句话大家一直挂在嘴边的：国际化思考（Think Global），本地化操作（Act Local）。我看我们很多人只会说，却不知道如何落地。筹划要站在全球层面像 Hardin 那样统一规划，但具体的账务结算，一定要结合当地的政策，关键是要遵循税务是按单独法人个体来申报的原则来执行。我再考你们一下，还有哪个职能部门会碰到'Think Global，Act Local'的操作？"

王丽想了一会儿："人事部？"

Bob 点头道："对。我们德国公司最重视的一个报告就是人头报告。这里其实有个文化差异，我在德国住了几年，发现德国的人头，相当于我们计划经济时代的编制，有了人头编制，就有了工作和体面享受福利的心理资本了。所以，在总部，每个部门要加一个人头，得由高级副总裁（VP）一级的人签字。但在亚洲，特别是我们生产单位，人头，加一个人，其实只是一个成本概念。我和Adam花了两年的时间，并协同泰国与马来西亚工厂的总经理一起游说，才让总部放宽对工厂人头的控制。"

王丽笑道："幸亏你在德国待过，不然地方与总部得有打不完的架了。"

Bob总结道："所谓跨国公司，要运行得好，一定要有全球视野与包容的胸怀。这一点，我们德国公司真得好好向美国公司学习。"

81　标准成本背后的互联网思维

王丽在大学学财务的时候，就对标准成本（Standard Cost）这个概念不太理解，不明白企业搞标准成本真正的目的与意义。以前做总账不需要面对这个问题，现在自己接管了成本控制，天天要与标准成本打交道，不搞清楚，心里就觉得没底。

在王丽眼里，Bob不只是上司，更是一本财务百科全书，碰到这样的问题，自然就会去找他。

"我原来所在的台湾公司用的是实际成本（Actual Cost）法，而我们公司用的是标准成本法。据我所知，管理得好的公司用的都是标准成本法，我知道它好，但就是不明白它比实际成本法到底有哪些优势？"

Bob解释道："实际成本法是一种记账思维，而标准成本则体现了一种管理思维。"

王丽知道，Bob以高屋建瓴的方式开启他的理论时，一定会用简单清晰的实例展开论证。所以，王丽静静地等待Bob讲下去。

Bob边说边走到白板前，在一旁的笔筒里挑出了三种不同颜色的马克笔。他先在板上画了横竖两个轴（见图 5-18 和图 5-19），一边画一边说道：

"横轴代表时间，4 个星期，再加月末结账的那天，就说 1 月 31 日吧。

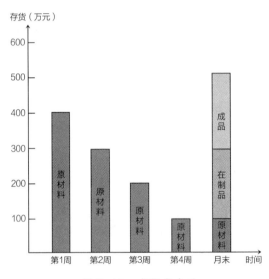

图 5-18　实际成本法

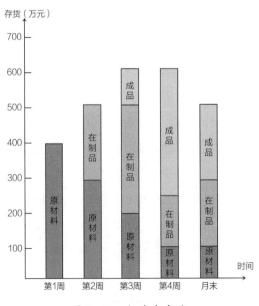

图 5-19　标准成本法

"假设第一周从仓库发出 400 万元的原材料，经过第二周、第三周到第四周的加工，原材料逐渐转化成在制品，在制品又逐渐生成成品，然后到月底 31 号，将当月发生的工人工资与机器折旧等各种生产费用进行计算，假如说材料加上附加值的总额为 1000 万元，当月生产的产品有 50% 销售出去了，这时就有 50% 即 500 万元的料工费要转移到产品上，然后再按在制品与成品吸收工费的不同比例，核算到在制品与成品上去，构成了最右边的一根柱子，我们资产负债表上的存货价值就是这样计算出来的。"

"我们以前公司的实际成本法就是这个逻辑。我觉得逻辑清晰，而且简单，每个月只要月末算一遍，报表上的存货一样可以算得清清楚楚。"

Bob 继续说道："你刚才说的，我们先放一边，我再画给你看标准成本的演化过程。

"标准成本与实际成本的一个根本区别在于每周都能看到附加值的增减，比如第二周不只是原材料从 400 万元中消耗了 100 万元，还有 100 万元的附加值沉入了在制品，第三周又沉入了 100 万元的附加值，同时又有一部分附加值转移到了成品中。这里最大的好处是每一时点都能看到存货中在制品与成品的变动情况，以帮助管理者做更好的实时监控。例如说客户端提出质量问题要叫停某个产品，我们立刻就能知道有多少已经生产成成品，有多少还来得及刹车。我是为了方便说明，才画了四周，实际的情形是每天甚至每小时都能看到其中的变化。今年信息技术部帮我们上了指标看板（Business Intelligence，BI）界面，现在生产经理与总经理室都有一个大的电视屏幕，每隔 5 分钟刷新一次数据。

"你看，上午我去 Adam 办公室，他正指着屏幕在问工程部经理，'快去看看模组车间，是不是机器又出了故障，我看到过去的 20 分钟成品金额一直停在 550k 上，肯定是哪里出了问题。'"

王丽惊讶地说："哇，这真是实时监控了。"

"对，所有这些实时监控的底层都是数据。标准成本的建立以及不断更新，就是其中最重要的一环。你再对照前面的一张图，就能看出二者的差距了。实际成本法只是解决了一个记账问题，只满足了月末能出财务报表的目的，这是最原始的记账功能。现在的财务，要向管理靠拢，用事先控制的先进理念，让决策者获得及时干预的机会，而不是等一个月后的报表结算出来了再去找问题。

"实际成本法相当于土著人的弓箭，标准成本法则是现代人的导弹，平原作战的二维工具怎么干得过海陆空的三维呢？现在你明白为何管理先进的企业都用标准成本法了吧。"

王丽说道："这下我清楚了，从记账思维到管理思维，这确实是个飞跃。我又有一个问题了，既然总经理这么依赖这个 BI 看板，那对它的精确度一定也有要求吧。"

Bob 笑道："问得好，这就不得不说标准成本背后的'标杆思维'了。你知道高尔夫球吧，每次听比赛结果都会听到伍兹以低于标准杆几杆的成绩夺得冠军，这个标准杆就是最形象的标杆思维。高尔夫比赛要打 18 个洞，100 米以内的洞，标准杆为 3 杆打进，即击打 3 次作为标准杆把球打进；200 米到 300 米的洞，标准杆为 4 杆；300 米以外的洞，标准杆为 5 杆。这三类洞平均下来为 4 杆，所以低于标准杆 1 杆的成绩就是用 71 杆打进所有 18 个洞。"

"噢，你这样一说我就明白了。"

"标准成本就如同标准杆一样。这样，我们来画一张最简单的 BOM 表（见表 5-5）。"

表 5-5　BOM 示意表

BOM	用量差异（米/件）			单价差异（元/米）			成本差异（元/件）		
	标准	实际	差异	标准	实际	差异	用量	单价	成本
料件#001	1.05	1.03	（0.02）	5.00	4.8	（0.20）	（0.10）	（0.206）	（0.306）
料件#002									
料件#003									

"物料清单的成本构成就两块，用量乘以单价。用量与单价都可以建立一个标准，然后将实际数据列在旁边，就可以计算出用量差异与单价差异，比如#001号料件，最终形成的 0.306 元成本有利差异，是由用量节约的 0.1 元与采购降价形成的 0.206 元构成的。前者为生产部的贡献，后者为采购谈价的绩效。"

王丽又问："那这个标准是怎么维护的呢？怎样保证标准够标准呢？"

Bob 回答："就一个方法，去建立标准。"

"我们原来的公司也想过建立标准的，但思来想去，过程太复杂，就搁置了。"

Bob 接着说道："这还是一个思维问题。因为标准不好建，所以才要去建。建完之后就有标准了。"

王丽不解："怎么听上去是反的呢？没建标准是因为不知道标准。"

"跟你讲个听上去似乎有点远的案例吧。涂子沛在他的《数据之巅》一书中讲到美国南北战争结束后的一场争论——没有财产的'黑奴'到底要不要给投票权？结果，有人提议给 3/5 的投票权。"

"3/5，这怎么想出来的？太离谱了吧。"

Bob 却说："这就是标杆思维的奇妙之处。先不去讨论标准是否足够标准，再荒唐的标准也要先定一个，有标准总比没标准好。先定一个目标，然后一步步去靠近它、修正它。经过一轮又一轮修正，最后就能形成一个合适的目标了。你看人家前后用了不到 200 年，让黑人不光获得平等的一人一票权，还当上了总统。"

"所以，行动比争论更重要，先跨出一步，目标的完善是个自我演化的过程。"

Bob 认同地说："对，就拿这个物料的标准用量来说，我们以前只有一个历史视角，现在随着经验的积累，又多了一个未来视角。"

王丽问道："怎么讲？"

Bob 回答："以前，我们只有历史视角，将上个月达成的每件 1.03 个元件的消耗率自动滚入成为下月的新标准，现在还加入一个预测修正，比如在引入新的刀具之后，材料的裁切精度能得到更好的控制，完全可以将当月的标准再提升一步，做到 1.02。"

"我想起来了，你在讲影响圈与关注圈时，曾说过一句——当你跨出一步之后，你周围的世界就不再一样了。"

"对，我们通过实践获得的学习效应会不断消除我们行动之前的顾虑与恐惧。标准成本法背后的标杆思维，本质上是一种管理思路的升级——用行动带动认知。少争论，多行动。快步小跑，快速迭代，就是这样的一种认知。现在流行的互联网思维、美国历史上黑人的 3/5 张选票，以及我们今天说的标准成本法，本质上都是同一种世界观——从 0 到 1 的行动思维。"

82 有趣有料的学习型组织

每个季度的第二个月，用 QMD 的财务术语讲，叫 M2，比起季度结账的 M3 与季度初有很多报表要完成的 M1，M2 相对要空闲一些，所以 Bob 将 M2 第三周的周五下午设为固定的季度研习营（Finance Quarterly Workshop）。每周学习会、知识库建设与季度研习营，是 Bob 推行学习型组织的三大核心内容。

平时的专业知识学习，有每周学习会落实；

知识库建设则是全面提升每个员工的知识获取能力，包括知识的图形可视化、知识的归类整理，以及知识的延伸总结，具体体现在每个小组要完成的知识文档书写上；

季度研习营则是从组织层面进行自上而下的梳理，反思总结并改进工作中的低效环节。就像汽车跑满一定的公里数要做定期保养一样，加点油，换个刹车片。财务工作也一样，每个人需要有认知上的提升。

这次的研习营，Bob 先回顾了一下过去两年的内容（见表 5-6）。

表 5-6 财务部季度研习营

	日期	内容
1st Workshop	Aug. 21, 2009	财务精益：如何大幅减少部门加班
2nd Workshop	Nov. 20, 2009	专业素养：如何做出达到出版标准的财务报告
3rd Workshop	Feb. 19, 2010	最佳实践交流：中国区财务团队结账效率分享
4th Workshop	May 21, 2010	外部讲座：农行国际部专家介绍衍生品业务
5th Workshop	Aug. 20, 2010	商战模拟：计算机模拟企业经营比赛
6th Workshop	Nov. 19, 2010	读书会：高效能人士的七个习惯
7th Workshop	Feb. 18, 2011	项目复盘：重庆厂建立的商务流程回顾
8th Workshop	May 20, 2011	嘉宾论坛：转移定价与企业税收筹划
9th Workshop	Aug.19, 2011	团建游戏：财务银行相亲会

研讨会以提升工作效率与个人认知为目的，形式比较多样化。有邀请银行做的金融讲座，有交流管理技能的读书会，也有提升专项技能的话剧表演。讲到后来，Bob 越发兴奋了，不禁讲起他自编自导的一些游戏，其中最让他得意的是自己设计的相亲游戏，为单身男女提供更多的社交机会。为此，Bob 硬性规定：与 QMD 合作的三个银行必须每家选出五个小伙子一起参加。经过两次踩点与场景布置，Bob 把相亲会放在景色秀丽的青山酒店。先让每个女生抽签，当然个子超过一米七的婷婷"被抽中"了一个一米八五的大个子。游戏从酒店大堂开始，然后要走过一座一百多米长的索桥。所有结过婚的，一律作为服务人员在桥的另一端迎候。

迎候的方式是分发一些问答题，比如说出对方的个人之最，包括最喜欢的明星、最喜欢的颜色、最喜欢的旅游城市。答不出来，回去重走。过了这一关，才可以开始玩后面的游戏：

女生要用备好的剪刀、胶水和报纸给男生做一件衣服

男生要用弓箭为女生射下一个事先绑在树上的苹果

两人结对去树林中寻找嵌在树皮里或压在石块下的鸡毛信

男生要通过与其他男伴的竞争，为女生获得一顶花草编织的桂冠

喝啤酒、扔球进筐、跳绳、吹出最大的气球、钻木取火……每个小小的环节，都可以成为擦出火花的契机，例如，最动情的一幕，是女生为男生包扎伤口。

这时，有人举手问道："有匹配成功的吗？"

Bob 回答："我只做平台，这个平台够好玩就行。学习型组织，必须是有张有弛的，通过游戏与场景的结合，学习的效果会更好。所谓的企业文化，就是通过成员间的这类专属时刻串联起来的。"

Bob 突然发现这次的话题跑远了，赶紧打住，进入正题。

今天，因为有新建的重庆工厂的财务团队参加，所以，Bob 的第一张幻灯片（见图 5-20），就从财务部门的绩效讲起。

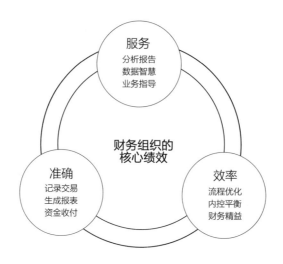

图 5-20　财务组织的核心绩效图

"先从最基础的准确性做起。"说着，Bob 放了一张冰山的图。

"这座冰山由两部分组成，上面的冰山一角是看得见的，而下面庞大的山体，是看不见的。撞沉泰坦尼克号的，不是上面的一角，而是下面的山体。我们工作中看到的各类错误，都像可见的冰山一角，但更值得我们关注的，是看不见的那部分。"

说着，Bob 放了图 5-21：

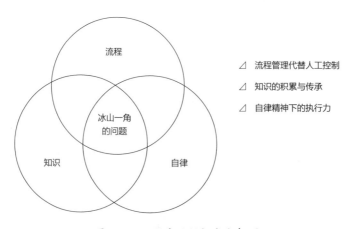

图 5-21　品质问题归类分析图

"一个错误的发生，必有其内在的深层次问题，不外乎三大类：流程，比如防呆设计，未处理与已处理的单据放不同颜色的框里；知识，操作者有必要的培训，比如知道如何对单据分类；自律，严格按流程操作的纪律，比如不得随意乱放单据。"

王丽问道："这些不难理解，但有没有减少错误的具体方法？"

"有。"Bob 说着从旁边拿出了一本《错误归集手册——应付账款篇》，"我要求每个人都要学会编写'错误归集'，将自己犯的错写下来。喏，就像下面（见图 5-22）这篇总结。

类别	总账	编号 AG016
主题词	其他应收款	

案例描述

学友是美华公司的总账会计。月末他收到出纳交来一份入账通知单 9 700 元，通知单上并未注明付款人及款项来源等信息。经过与出纳及应收账款会计确认，都无相关信息。于是，学友就只能先将此笔款项计入其他应付款。主管德华在检查其他应收款明细时发现，有一笔款项 11 000 元在与债务人法律纠纷中，之前与法务部确认应在月底之前处理完毕，故让学友再次与法务部确认，被告知仲裁书已发下，债务人需支付我司 9 700 元。主管想到之前收到过 9 700 元，是否就是这笔款项？经确认，该笔一开始错误的记账处理如下：

	银行存款	其他应付款
1）收到 9 700 元	9 700	9 700

正确的记账处理如下：

	银行存款	其他应付款	预付账款	管理费用
1）期初余额		11 000	1 700	
2a）收到 9 700 元	9 700	8 000	1 700	
2b）应收款注销		3 000		3 000

解决方案

- 应对莫名收款做更多调查（征询业务部门，核查"其他应收款"科目），而不是随便计入"其他应付款"。
- 会计养成记录"信息与相关账务分录"清单的习惯。比如在月中听到法务部"本月会有一笔债务清偿入账"的第一时间，就将该信息计入清单中，月末结账时逐一审核。

图 5-22　案例分析 AG016　莫名收款的处理

"图中的编号 AG016，A 代表 Accounting，G 是 GL，这是财务部总账组的第十六篇总结。主题词在这里是'其他应收款'，我们把这些文档放入知识库里，简单来讲，一份超大的表格就可以起到搜索调用的功能。"

王丽问道："这样的话，以后新招的人假如是做应付款的，他搜索'增值税＋应付款'，是否可以获取所有该岗位犯过的'增值税'相关错误？"

Bob 回答："对。这个文档的一个重要作用就是帮助新人快速熟悉本职工作。从本岗位犯过的错学起，这是最好的入门训练。"

重庆工厂的财务经理刘红问道："让大家写自己的错，有人不愿意写怎么办？"

Bob 答道："这是一个很好的问题。第一，从我这个 CFO 做起，每位经理要以一种开放包容的心态看待错误。我们不在乎谁犯了错，我们在乎的是，这样的错误换一个人来做是否会再犯？第二，你们看这篇总结的当事人名字，是'学友'，我和大家说了，你们讨厌哪个明星就写他的名字，用这种方式来淡化分享错误的心理压力。甚至，我在年会上还用买来的旅游卡奖励错误归集写得最好的员工。"

刘红又问："这个钱要自己掏？"

Bob 回答："你们重庆工厂嘛，你掏的钱我给你支了。大家犯的错少了，这种成就感是花钱都买不来的。其实，公司的产品要讲究质量，个人也得打造自己的质量体系。"

说到这里，Bob 抬腕看了下表，说道："先休息一下，回头接着讲。"

83　财务如何挖掘数据智慧

有关增值服务中的一项，数据智慧，王丽很感兴趣。

研讨会结束后，王丽找到了 Bob，请教他如何挖掘数据智慧。

Bob 高兴地说："你问得好。这块应当是做财务控制的核心，是最能反映水平，当然也是最具挑战的。具体来讲，有两个方面的工作要做，一个是数据的真实性，另一个是数据的洞见力。

"首先是去伪存真，现在数据越来越多，数据加工处理之后，还有一个呈现问题。真实的数据以错误的方式呈现，反而会误导管理层的。"

王丽问道："我们 QSZ 也有这样的问题？"

Bob 回答："当然。你看 Adam 召集的 KPI 会议，每个人都走马灯似的上台做报告，数据一片大好，产量在提升，设备利用率在提高。但最后的成本却没降下来，为什么？因为写报告的人呈现的只是部分事实，这局部的事实放在业务回顾会上展示，会有以偏概全的误导问题。"

"有具体例子吗？"

Bob 随即从电脑中调出一张报告（见表 5-7）。

表 5-7　每周成品率对照分析表

产品名称	第 15 周（本周）报废金额	第 15 周良率 %（A）	第 14 周良率 %（B）	本周与上周差异（A-B）	最佳周良率 %（C）	本周与最佳周差异（A-C）
	¥4 565 707	86.3%	85.9%	0.4%	86.5%	-0.2%
123-219	¥2 313 748	75.7%	75.2%	0.5%	77.3%	-1.6%
123-212	¥503 853	79.7%	79.7%	0.0%	80.7%	-1.0%
123-204	¥369 123	90.6%	90.6%	0.0%	91.0%	-0.4%
123-214	¥229 277	76.7%	76.0%	0.7%	76.0%	0.7%
678-215	¥192 420	92.6%	92.2%	0.4%	92.2%	0.4%
123-216	¥185 229	93.3%	93.1%	0.2%	93.2%	0.1%
123-217	¥159 857	83.7%	82.8%	0.9%	82.8%	0.9%
456-203	¥127 189	94.4%	94.0%	0.4%	94.0%	0.4%
123-217	¥115 115	94.7%	94.1%	0.6%	94.5%	0.2%
123-220	¥112 147	92.5%	91.9%	0.6%	92.0%	0.5%
123-221	¥101 867	87.9%	87.3%	0.6%	87.3%	0.6%
123-222	¥86 348	87.9%	87.6%	0.3%	89.4%	-1.5%
123-223	¥69 534	71.7%	71.9%	-0.2%	74.6%	-2.9%
总报废金额	¥5 538 425	82.4%	金额最高 14 项比例			

"你看，这是我们的每周良率分析表，这是我今年改良过的。以前，只有左半截的比较，本周的良率比上周好，总经理看了就放心了。但是，我们现在放入了最佳周的数据，比如说这第一行的那个产品 123-219，本周的良率比上周好0.5%，但比起最佳周，良率恶化了1.6%。总经理有了这个对照，自然会问，几周

前能做到的，为什么现在做不到了？"

王丽感叹道："哇，这样生产部岂不是压力很大了？"

Bob 说道："这就对了。一个企业，必须做到微观上有序，宏观上微调而已。下面的一线人员不承担压力，那总经理就要承担更大的压力。问题累积起来后的爆发，对企业来讲将是巨大的损失。"

"所以，我们成本组要把真实而又完整的数据呈现给管理层看。"

"对。这些业务部的数据，我与总经理已经达成了共识，必须由财务部提供。我们的立场是中立的，我们充当了数据'纪委'的工作。从人性层面，我们相信每个人都是良善的，但从制度设计上，我们又必须设立必要的防范机制。作为CFO，我要让 CEO 白天时刻警醒，好让他晚上能够踏实睡觉。"

王丽又问："你这个比喻挺形象的。去伪存真，这数据的呈现看来也很重要，那数据的洞察力又从哪儿入手呢？"

Bob 答道："企业最核心的乃是产品，就从产品入手。"

说着，Bob 从电脑中又调出了一张幻灯片（见图 5-23）。

008产品在导轨引入之后，良率的提升带来了毛利的显著提高

	一月	二月	三月	四月	五月	六月	七月	八月	九月	十月	十一月	十二月
费用	$0.85	$0.83	$0.75	$0.84	$0.79	$0.83	$0.85	$0.80	$0.78	$0.80	$0.80	$0.80
人工	$0.16	$0.19	$0.17	$0.17	$0.16	$0.16	$0.16	$0.16	$0.18	$0.16	$0.16	$0.16
材料	$1.77	$1.96	$1.96	$1.90	$2.03	$1.98	$1.90	$1.89	$1.86	$1.89	$1.94	$2.00
成品率	53.5%	56.7%	55.6%	61.5%	68.7%	77.4%	89.3%	92.3%	95.8%	96.7%	97.8%	98.5%
毛利	5.7%	4.5%	5.6%	13.8%	21.2%	30.3%	40.8%	43.9%	46.5%	46.5%	46.1%	45.4%
售价	$5.50	$5.50	$5.50	$5.50	$5.50	$5.50	$5.50	$5.50	$5.50	$5.50	$5.50	$5.50
成本	$5.19	$5.25	$5.19	$4.74	$4.33	$3.83	$3.26	$3.09	$2.94	$2.94	$2.96	$3.01

图 5-23　008 产品关键数据全年跟踪分析图

Bob 说道："去年年底做产品年终盘点分析时你还在财会组，这是我让 Lily 做的一项工作，给产品讲出一个故事。我们财务会做很多数据分析，但这些分析报告，不管归类如何清晰，分析如何细致，最终只是半成品。"

王丽问道："那成品又该是怎样的？"

Bob 回答："要有解读。这么一大堆数据，哪怕已经以可视化的图形呈现了，但信息量还是太大，你得找出一根主线来，最好用一句话把本质给说清楚了。比如这张图，我要求成本组做进一步的分析，最后归纳出这样的一句话作为标题——008 产品在导轨引入之后，良率的提升带来了毛利的显著提高。这句话，基本上是该产品过去 12 个月的一条故事线。"

王丽想了想，说道："这样的高度概括，背后一定是做了很多细致分析的，而且成本组的人得懂业务才行。"

Bob 点了点头："所以我说这是最有挑战的一块。不过你不用担心，经过这几年的布局，我们成本组已经是由一个跨界人员组成的'多国部队'了。有学 IE 工业设计的，有来自生产的工程师，还有曾去采购做过两年的 Maggie。纯学财务的，只占到 40%，这样一支团队，从人才结构上为数据智慧的采集提供了知识保障。"

"这份报告除了 Adam 看，还给到谁？"

Bob 回答："给到总部，事业部的财务总监（BU Controller）。QSZ 的产品对应三个 BU，我们得分别发给他们。他们很高兴看到这样有洞察力的报告，像最大的 BU，最近要求我给他们一组分析报告，把他们对外报价时的工时与机时测算与我们实际的数据进行比照，以进一步提高对外报价的竞争力。"

"那需要多大的工作量啊？"

Bob 则说："这件事，得从两个方面看。从静态层面看，我们先聚焦 20% 左右的主要产品，也就十几个吧；从动态层面看，这又是我们财务转型的大势所趋。我们十几个人的成本组团队，在中国的制造业财务团队中，算是比例高的了，分析也算做得比较深的。但我还是不满意，我们财务团队大部分还是在做付款、报表等交易类的事情。未来，随着更多的数据采集自动化，报告实时化，全程跟踪化，我们应当从繁杂的交易事务中脱身出来，去做更有商业智慧的分析报告。"

王丽恍然大悟："我现在明白了，前天在整理今年的投资预算上，我发现我们在信息技术上的投入是去年的两倍。"

"没错，这增加的投资，有一大半是我们财务提出的。"

"噢？都有哪些？"

Bob 看了一下表，"我要去开会了，下午再聊吧。"

84　培养数字直觉思维

吃中饭时，王丽坐到 Bob 旁边一起吃。Bob 一边吃，一边打开手机给王丽看："你看，今天公布的组织架构图，首席信息官（CIO）汇报给 CFO 了。"

"对啊，有不少欧美公司的 IT 都汇报给 CFO。"王丽问道，"这是出于什么考虑？"

Bob 回答："可能财务是数据的最大用户吧。"

两个人很快吃完了饭，回到办公室继续聊有关 IT 投资预算的事。

Bob 拿出了一张项目清单（见表 5-8）给王丽。

表 5-8　项目清单

项目描述	项目性质	重要性	涉及系统	实施期	财务人
订单与对应发票批处理匹配	人工节约	A	ORACLE	Q1	Elva
销售退回入账应使用销售时汇率	防错设计	A	ORACLE	Q2	Lydia
出口发票信息与客户订单自动关联	人工节约	A	WMS	Q1	Peter
客户端退货信息与销售公司系统关联	提升效率	B	WMS	Q3	Zhou YF
将废品出口会计科目锁定为不可选	防错设计	C	ORACLE	Q1	May
维修等机器相关费用关联到机器型号	数据智慧	A	MES	Q2	Ivy
采购价表更新发出系统自动提示	防错设计	C	ORACLE	Q1	Fred
关联方交易月末产生核查报告	提升效率	B	ORACLE	Q2	Simon
产线工时扫描关联下料单号	防错设计	B	MES	Q2	Huang SF
良率分析报告具备部门透视	数据智慧	A	MES	Q1	Maggie

"这已经是整合过的了。我要求财务部每年在预算确立的阶段开个内部会，研讨来年我们对系统取数的要求。去年做预算时你还没转过来，刚开始的清单比这个长，后来 IT 无法全部满足，我们回来又做了第二次讨论，最后按 A、B、C 分成了三类。A 类为必须要达成，比如维修费关联到机器型号；B 类为条件许可尽量满足，比如客户端退货信息的关联；C 类为资源不够可以顺延，比如非入库物料自动登账。"

王丽赞同地说："嗯，这个 ABC 分类很有必要。以前我们找 IT 做什么，他们总是说项目排满了，或者没有定制化开发预算。"

"工欲善其事，必先利其器。我们财务部作为数据匠人，一定要磨好 IT 系统这把刀，这是我十几年工厂控制做下来的经验。"

说着，Bob 又调出了一张表（见表 5-9），"这是去年 Adam 大为赞赏的一份报告。"

表 5-9　数据挖掘：工时效率差异表

工时效率计算	月份	月份/周次		
日工作小时基数（11.5 小时）	3月	4月第1周	4月第2周	4月第3周
产线工时效率	66%	68%	70%	71%
组装线				
工时效率	67%	67%	68%	69%
测试线				
工时效率	66%	69%	71%	72%
无效益时间（付薪工时/产出工时−1）	50%	47%	44%	41%
组装线	50%	50%	47%	45%
测试线	51%	44%	41%	39%

测试部 4 月第 3 周非生产耗时记录单			
工序	耗费人工工时	占周总工时比例	改进措施
筛选退货	14 389	5.8%	雇用第三方在客户仓库处检索
试样跟踪	8 974	3.6%	非紧急小样集中处理
等待物料	7 897	3.2%	反馈计划部做更细致的物料计划
工时手工录入	7 325	2.9%	引入电子扫描自动输入
焊锡重工	6 584	2.6%	上道工序增加年度测试
重新上料	5 517	2.2%	反馈供应商调整引板宽度
安检	4 152	1.7%	
配单	3 643	1.5%	
数据输入	3 325	1.3%	
结单	2 789	1.1%	
收发货	2 574	1.0%	
换胶带	2 365	0.9%	
清洗钢网	2 217	0.9%	
维护夹具	2 154	0.9%	
QC 抽检	2 055	0.8%	
15 项重点工序	75 960	30.4%	
测试部	249 974	39%	

王丽说："这个表是我们成本组的 Jack 做的。 我第一次看到这份表时非常惊喜，我们厂线工时效率不仅可以按工位给出详细的工时报告，对瓶颈工位，居然还能拉出这样细致的分析报告。"

"对。 像测试组这 42% 的停机时间，浪费的工时，我们排出了时间杀手的'罪魁祸首'，然后每一个再追踪原因，如将最多时间放在退货的良次品分拣上，太不值当了。"

王丽问："我还没仔细研究过这个表，这么多数据从哪里来的？"

Bob 答道："我们让 IT 给每个工位配上扫描枪，完整记录各项工作的时间，这样每个工站进出的时间就掐得很准了。 现在感应器的成本已经降到非常低，我们明年还准备对机器做类似的跟踪取数。"

王丽又问："我很好奇，当时你们是怎么想到要这样细分的？"

Bob 站了起来，从书架上拿出了一本书《卓有成效的管理者》。

"这是管理学大师彼得·德鲁克写的，经典就是经典，半个世纪前的理念今天依然好用。"

王丽问道："你说的是哪条理念？"

Bob 回答："管理从记录开始。 书中讲到了德鲁克为一个朋友的公司做咨询的故事，他那个做总经理的朋友总觉得工作效率低。 德鲁克在他那儿待了一周后就给他做出了诊断——他开会的时间太多了。 对方还不以为意，德鲁克就让他的秘书给他做记录，每次去参加会议与回来的时间一一记录，一周后累计起来，他一看吓了一跳，一周 40 小时中居然有 26 小时在开会。"

王丽笑道："我想起了一个类似的例子，我前两天与大学同学佟梅通电话，她说她本来不相信淘宝给她总结的消费记录，一年网购超过 3 万元，但仔细一看，还真是这么回事。"

"所以，理性记录，还是交给机器做比较适合。"

"听你这么说，与理性记录对应的还有什么呢？"

Bob 回答："Intuition，but Disciplined Intuition[①]，直觉，训练出来的直觉。"

王丽不解："那佟梅也是凭直觉在判断她的消费啊，怎么她的直觉就不行了呢？"

Bob 又说："我说的是训练培养的直觉，像上午我们谈到的产品故事线，用一句话概括一个产品一年的表现轨迹，这就要靠长期训练练就的直觉。"

"能否具体说说？"

"简单来讲，就是长期浸泡在细节之中，日积月累你就会嗅到数据变化的细微差异了。比如模组厂冬季的电费一般每月在 30 万~32 万元，这次的费用报告达到了 35 万元，肯定是哪里有问题。后来一查，是空压机的橡胶管漏气，导致机器反复高负荷运作。"

王丽问道："这么多的数据哪儿记得过来？我们大脑的容量是有限的。"

Bob 却说："恰恰相反。人脑不是抽屉，要装进新东西必须倒空旧东西以腾出空间。人脑更像是年轮，随着记忆内容的增多会长出新的大脑回路，并且通过连接加深印象。"

"有点抽象。"

"给你讲个故事。我小儿子从美国度假回来，看到家里的一本《读者》杂志封面，马上叫道：'这个地方我去过。'我一看，是一幅类似油画的图（见图 5-24），不明白。他接着说道：'这是我们去拉斯维加斯的百乐宫酒店的吊灯，玻璃灯。'他后来从相机中找出了在酒店拍的照片（见图 5-25），几乎一模一样。这件事给我的一个启示是，知识点的积累可以带来迸发的联想，从而产生增值效应。简单来说，你积累得越多，接受新事物的能力也越强。

---

① Disciplined Intuition，得益于一次与中欧国际工商学院联合创始人 Vanhonacker Wilfried 教授有关学习之道的交流。

图 5-24　《读者》杂志图　　　　图 5-25　拉斯维加斯百乐宫酒店

"因为你见过 A，所以当 B 出现在你面前时，你一下认出了它。这种关联就是大脑的工作原理。所谓的可培养的直觉，其实是有脑神经科学理论做支撑的。"

王丽再次感到，自己与 Bob 的差距已经不止一个量级了。不过，对于好胜的王丽，这更让她坚定地扎入细节，立志成为一个出色的管理者。

85　如何弥补季度滚动预算中的利润缺口

由于半导体市场的周期性变化，加上企业电脑升级换代需求的推迟到来，公司的业务急转直下，许多事业部出现了亏损，QMD 第三季度面临巨大的盈利压力。

从总经理 Adam 的办公室出来，Bob 就把王丽召进了自己的办公室，一起讨论如何在第三季度提升 5% 的利润。

王丽说道："对了，你能否先跟我说说季度滚动预测与年度预算之间的关系。"

"年度预算是一个粗调开关，把一年的大指标锁定，比如基于某个销售预测的投资规模、人员增加需求等，但对于一个制造型企业，特别是业务量波动比较大的企业，还得需要一个精调开关，那就是季度滚动预测。根据最新的市场需求，对材料、人工以及各项可变费用做新一轮的预算，并以此模拟出季度利润的区间，成为集团公司对资本市场做出盈利预期的依据。"

王丽回道："那这个季度滚动预测还挺重要的。"

Bob 强调："岂止是重要，它还是我们整个季度经营的财务驱动。"

王丽表示疑问："财务驱动？"

"对。这个季度如果我们的利润持续亏损，估计股价要大幅下跌。所以，我们必须在初稿的基础上提升 5% 的利润。找你来，就是讨论如何消化这 5% 的利润缺口。"

王丽问道："5% 的缺口，从哪儿着手呢？"

Bob 于是在白板上画了一个框架图（见表 5-10）。

表 5-10　费用类别展示的行动计划表

		行动计划（Initiatives）	贡献 %	责任人
A	生产成本（COGS）			
B	项目贡献（Projects）			
C	营运费用（SG&A）			
D	财务事项（Finance）			

王丽问道："这最后一项财务事项是什么？"

Bob 回答："投资者只对最终效益感兴趣，什么汇兑损益、采购价差重分配（PPV allocation），这些事项的影响应当模拟在先，如果这块会带来 0.5% 的不好的利润影响，那我们的缺口就不是 5%，而是 5.5% 了。"

"除了这个，我们财务能起什么作用？"

Bob 说："基本上有三个作用。一是目标引领。像上面说的，到底是 5% 还是 5.5% 的利润缺口，我们要做详细的测算。比如这个季度的销售产品结构发生了变化，就要在上个季度 BOM 平均成本 55% 的基础上做相应的调整。还有，客户端可能的降价因素，也要体现在这个测算中。"

"了解，这个我们成本组都有在跟踪计算的。第二个作用呢？"

"第二个作用是数据支持。尽管各种费用的节约是由职能部门来落实，但我们要提供数据支持，比如组装 A 车间最大一块的附加值成本是锡膏，我们就可以给出上个季度如表 5-11 的实际数据。

表 5-11 供应商价格对照分析表

	供货份额	单价（元）	损耗率
A 供应商	45%	1.50	12%
B 供应商	30%	1.55	10%
C 供应商	25%	1.58	5%

"表面上看 A 的价格最便宜，C 的最贵，但算上损耗，A 成了 1.70 元，1.5/（100%-12%），而 C 只有 1.66 元，1.58/（100%-5%）。"

"这个是给到生产部还是采购部？"

Bob 回答："都给，让他们去分析与讨论。如果生产车间能将损耗降下来，依然可以将最多份额给 A，若降不下来，就要让采购去调份额。"

王丽说道："这些数据我们也可以从 Oracle 里抓取，去年我们让 IT 做的一个项目就是能跑出带供应商份额明细的费用报告。"

Bob 点点头："最后一个作用，就是要做好财务模拟。"

"就是上面说的财务事项吗？"

"不只是上面说的，最重要的是产量模拟，做得好，我们可以'生产'出利润来。"

王丽一头雾水："'生产'出利润，这怎么可能？"

"看来你要回我交大教书的课堂，回炉一下你的财务知识了。"

Bob 从一沓讲义中抽出一张 PPT（见图 5-26）打印纸后，继续说：

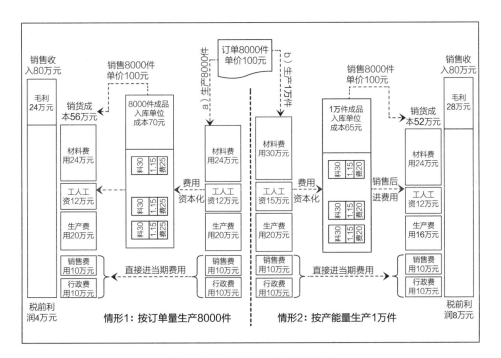

图 5-26　制造成本与期间费用

"这张图用动画演示看得更清楚，不过也没关系。你先看左边，情形 1，如果外部订单 8000 件，产能有 1 万件，你就按订单量生产 8000 件，这时，入库的单件成本是 70 元 / 件，最后卖出得到 4 万元的利润。"

"这个很清楚，怎么'生产'利润呢？"

"你再看右边，情形 2。订单依旧是 8000 件，但生产部按全额产能生产 1 万件，由于折旧等固定成本不随产量的上升而变化，这时，完工后的单件成本就摊薄到了 65 元。然后，依旧卖出 8000 件，这时，毛利一下子从 24 万元增加到了 28 万元，这 4 万元的利润不就这么生产出来了吗？"

王丽想起了什么，说道："想起来了。当时学的时候是按负面例子警诫我们的，防止管理层以多生产的方式将一部分固定费用挪移到资产表的存货中去。我们真的要这样做？"

"只要确保没有滞销的风险，当然可以一试了。"

"那这多出的利润只是一个时间差异，下个季度生产小于销售时，又要吐出来的。"

Bob 回道："先把这个季度过了再说吧。希望下个季度有市场反弹的利好。"

86　成本原来是设计出来的吗

在上一次的成本工作坊中，王丽听 Bob 讲了一个成本设计的概念，因为自己是工作坊的主持人，没有时间细问，今天临近下班的时间，看 Bob 办公室没人，就找他讨教这个问题了。

了解了来意之后，Bob 转头看着窗外停车场的汽车，指着一辆特斯拉汽车，对王丽说道："你知道为什么以制造业成本优势著称的国产品牌，在成本上干不过特斯拉吗？"

王丽："我最近看了一篇报道，说国产电动车大部分靠补贴才勉强维持微利，但同级别的特斯拉一辆就能赚好几万元。我也纳闷，他们的总部在美国，设计、营销与管理人员的成本难道不是更高吗？他们美国工厂的工人工资更是我们的好几倍。"

Bob 没有直接回答王丽的问题，而是拿了一支马克笔在白板上写下了三个英文字母：ABM。

一边将笔套入笔套中，Bob 一边说道："作业管理设计（Activity Based Management，ABM），这是成本管理最先进的理念。"

王丽："我以前在书本上学过一个作业成本跟踪（Activity Based Costing，ABC），感觉能把资源的消耗直接跟踪到相应的产品上，这是最科学最精确的成本管理方法了，难道还有更先进的？"

Bob："你说的 ABC 作业成本法很科学，但那是事后分析，是在资源的消耗发生之后的追踪核算。ABM 作业管理设计，则是前置在资源消耗前进行顶层设计：哪些是有价值增值的活动，哪些是与价值增值无关的活动，增值性活动要多做，非增值的操作要简化甚至避免。"

王丽："这个道理不难懂，但能否详细说说这个顶层设计该怎么做。"

Bob 喝了一口水，清了清嗓子继续说道："用价值管理做顶层设计，在这方面，有一个行业算是做到了极致，它就是银行。银行选择做什么、不做什么，以及做的时候如何配备资源，都是经过事先'设计'的，我们甚至可以说它的利润与成本都是设计策划出来的。

"假设有张三与李四两个客户来到某银行的营业所办理个人业务。张三取了号，显示前面还有 35 个人在排队，便找了个位置坐下，等待自己的号被叫到。

"李四持有银行贵宾卡，他直接进入了银行二楼的 VIP 贵宾室。二楼与一楼面积相同，却只有三个人在办理业务。穿着漂亮的迎宾小姐热情地接待了李四，递上热毛巾，并为他端上了一杯香浓的现磨咖啡。

"为什么会出现这样的不同服务？就是因为全世界的银行都遵循一条'80/20 的法则'，即 20% 的高净值客户向银行贡献了 80% 的利润。所以，为了更好地留住高净值客户，银行对作业流做了一个顶层设计。这上下两层的营业所布局就是按作业流价值设计的——楼下 200 平方米的大厅以每小时接待 50 个普通客户的密度进行设计，楼上同样面积的大厅一整天都接待不了 50 个 VIP 客户。至于二楼的迎宾小姐、娱乐设施，以及地毯、壁画之类的豪华装修，更是普通客户无法享受到的尊贵体验。

"银行这样设计，就是在对有限的资源进行最优化分配，也可以称为'好钢用在刀刃上'。

"这种自上而下的顶层设计，就是 ABM 作业资源管理的典范。投资回报率高的作业要多做，回报率低的作业则少做，资源不足时甚至不做。有些外资银行到中国开展业务，索性放弃对私业务，主攻投入产出比更高的对公业务，其底层逻辑都是 ABM 作业价值管理。"

听到这里，王丽有一种隐隐的刺痛：自己早先在银行实习的时候就是在贵宾厅做服务生的，为什么自己对司空见惯的东西熟视无睹，而 Bob 能与最先进的成本管理方法自然贯通，看来自己书读少了，读的时候也很少去做思考沉淀。

王丽突然想到了 Bob 先前提到的特斯拉，就接着问道："那特斯拉的成本也是顶层设计出来的？"

Bob："当然，特斯拉的成本完全是设计出来的。它用压铸一体化的设计来减少不必要的焊接、组装和检验等流程，如 Model Y 的前车部分原先 50 多个零部件被压铸成一体后，料工费等生产成本锐减 40%。做成本改良，是做在秒针上；做成本设计，那是做在时针上。现在你能明白为何它的成本会有数量级的领先优势了吧。"

王丽："这个秒针与时针的比喻好形象。什么时候有机会去特斯拉学习一下就好了。"

Bob："不用去特斯拉，我们现在新成立的事业部就在用资源作业设计的思路在做全价值链重构。"

王丽："你是说主打新兴市场的低成本品牌，安达诺品牌吗？"

Bob："对的。"说着，从电脑里弹出了一张表（见表 5-12）。

"我们对高端市场的同类产品做了一个详细的作业改造，每百万片的生产成本成功实现了 1500 万元的成本节约，在不降低核心性能的基础上达成了有竞争力的产品价格。

表 5-12　作业活动改造表

	作业活动改造	年成本节约(元)
1	净化室等级调整	折旧费500万
2	电测后100%目检改成10%抽检	人工费300万
3	实验室单配变共享	折旧费150万
4	省去-40℃耐寒测试	机器折旧400万
5	电镀线改成外发	折旧费150万
	合计	1500万

"我们主要进行了 5 项作业活动改造。首先，我们对净化室等级进行了调整，将 1K 级无尘净化室作高端产品的扩产用，然后腾出办公室的一层做低端品牌，每年可节省 500 万元的折旧费。

"其次，我们将电测后 100% 目检改成 10% 抽检，因为已经有电测结果做保障，用抽检的方式进行目检基本能够达到市场要求，而这一改变可以节省 300 万元的人工费。

"再次，我们注意到 −40℃ 的耐寒测试在高端品牌上是个卖点，但低端品牌的低价格却无法'消化'这个优势，所以决定省去这一道工序，而这一条也节省了 300 万元的折旧费。

"此外，由于电镀线会挤占高端产品的产能，所以我们决定将其由自己厂内加工改成更便宜的外发，所有这些改造举措一共带来了 1500 万元的成本节约。"

听到这里，王丽的眉头也舒展了许多。原来最先进的制造业成本管理实践就在身边，明天就去找安达诺项目负责人好好深入学习。

87 风云突变

没想到公司这几个月的财务状况急转直下，账上的现金急剧下降。QSZ 卖给 QAG 总公司的货款，本来是 60 天内付款的，现在超过了 100 天，QSZ 自己也面临巨大的财务危险。据最大块业务事业部的 CFO 讲，由于竞争对手持续不断地恶意降价，公司现在的售价已经低于原材料成本价了，每卖一个内存条，就要贴进去 3 美元。

但让 Bob 奇怪的是，居然收到了总部总裁办公室的邮件，要求各个工厂的总经理与 CFO 马上飞赴德国总部开会。Bob 心想：都什么时候了，还这般兴师动众，这几十号高管从全球各地飞去德国，已经不是一笔可以忽略不计的开支了。

Bob 有一种预感，这也许是自己最后一次飞慕尼黑了。所以 Bob 改成了周日凌晨抵达的航班，一下飞机，就找到当地的好友老俞，让老俞带自己在慕尼黑转转。Bob 特意让老俞把车开到了以前的住处，车在花园门口停下。望着昔日一家四口住过的房子，还有夏天与父母一起吃烧烤的露台，太多记忆中的画面一一浮现。Bob 隔着冬青篱笆在门口站了许久，转身离开时，长长地吁了一口气。

第二天的会议，集团 CEO Roland 一改往常的侃侃而谈，只花几分钟说了当前的形势，就抛出了一个令人惊愕的问题："在座的各位，你们谁愿意在后面的半年只领一半的工资？同意的请举手。"

三十几个高管，举手的只有三五个，总裁有点不满，又问了一遍，举手的还是不到 1/3。总裁有点无奈地说道："这个待会儿让人事部单独统计，我们先分组讨论，如何渡过眼下的危局。"

讨论到一半，人事副总裁 Lydia 将 Bob 叫了出来。走进隔壁办公室，发现集团 CEO Roland 也坐在那里，Bob 有点受宠若惊。

Roland 示意 Bob 坐下，身子一个前倾，凑向 Bob 说道："公司新的嵌入式字节技术有希望在下一代产品的成本上超越对手，但眼下必须撑过这个资金寒冬。

找你过来，就是希望你在中国市场找到融资渠道，在 1 个月内融到 2 亿到 3 亿欧元。"

Lydia 插了一句："亚太区首席财务官（AP CFO）这个职位已经空缺好几个月了，我们打算把你提上来。"

Bob 是聪明人，一下子明白了眼下的情形，说得坦白点，这是赤裸裸的交换。

走出会议室，看了一下手表，国内还是上班时间，Bob 就跟负责资金的 Ivan 通了一个电话，让他先与几家银行摸个底。

过了几小时，Ivan 那边回了电话："我没跟他们表现出太急切的样子，只是告诉他们我们有扩产的计划，希望得到他们的资金支持，建行与工行在看了我们 QSZ 的报表后，基本上表态没问题，可能一家各有 5000 万欧元的资金支持。"

Bob 又问："中行呢？"

Ivan 说："中行好像有点问题。你知道我们的竞争对手也是他们的客户，他们了解到了一些我们公司的情况，不太愿意贷。银行现在是主贷的行长终身负责制，不良贷款超过 1 亿欧元基本上是翻不了身的。"

挂完电话，Bob 心里充满了矛盾。从两家银行搞个 1 亿欧元，既给银行做了业务，又可以让自己晋升一级，但这钱借得有点坑人。据以前总部财务部的老同事透露，德国东部工厂的工人在酝酿罢工，已经有好几个月没拿到工资了。

每当在职场上遇到重大的问题，Bob 都会想到他的"印第安酋长"，这是 QMD 领导力培训中的一个术语，培训中一个探宝游戏的获胜攻略就是要请教当地的酋长。

于是，Bob 给自己的酋长——以前的上司，现在已经退休在家的 Powel 打了个电话。

Powel 了解到了 Bob 的两难后，问道："你问到底该忠诚于总部还是忠诚于现在的 QSZ 公司，我看都不是。你得忠诚于你自己。我问你，你真正在乎的是什么？"

Bob 说："当然是我的职业名声了。我还要在中国财会圈子里混呢，借下一大笔款还不了，那也是害人家银行的。我这儿借来的 1 亿欧元，估计拿到德国只能给几家工厂发几个月的工资，据说我们向德国政府申请的援助也被议会否决了。"

Powel 又问："你觉得这件事最重要的取舍原则是什么？"

Bob 回答："坑人的事情不能做。"

Powel 说："那答案不是很清楚了吗？"

Bob 挂了电话，心里突然亮堂了，心想多亏了这样一位人生导师，总能在关键节点上帮自己理清思路。

临离开德国前，CFO Tim 又找到了 Bob。

"这样，我让司库的 Alex 准备一下，下周去 QSZ，给你的融资助上一臂之力。"

Bob 表面应承了下来，心想：这帮家伙是不放心自己，派一个督军过来而已。

88　智斗

Bob 回到公司，先将 Ivan 叫到了办公室。Bob 意识到后面的决定有可能造成团队的歧见，与 CK 总有一层文化上的隔阂，还没到彻底信任的地步。

Ivan 说："没想到建行与工行这么爽快地答应了融资的要求。"

Bob 说："那是因为他们没有看到全局。我们来设想一下，他们所谓的信用评级，看的都是我们 QSZ 的财务报告。那当然很好看了，我们是成本加成模式，百分之百盈利，这是全球税收筹划的格局锁定了的。"

Ivan 点头道："对啊，他们做信用评分时输入的就是我们 QSZ 的销售与利润数据。"

Bob 说："像我们这种发货与收款全部与总部结算的公司，说得直白一点，我们的利润都是做出来的。我们要是居心不良，甚至可以让总部将加成的利润多拨几个点给我们，从银行那儿套些钱来用。"

"你这么一说，我倒想起来了。我在工行的一个同学告诉我，他们放了很多款给一家韩国企业，后来发现好几千万元的钱全部转到首尔总部去了。这笔坏账直接让他们的行长停职反省。"

"如果我是银行做信贷审核的，我不仅要看子公司的报表，还要看他们集团的报告。跨国企业通过关联交易的模式，资金池是互通的，借款给一家，等于借给整个集团。"

Ivan 问道："你说他们会不会也要看我们集团的报告？"

Bob 答道："不是会不会，而是必须。"

Ivan 有点蒙了，没明白什么叫必须。

Bob 知道 Ivan 的疑惑，站了起来，拍拍他的肩："我们现在身上有双重角色，从直线管理角度来看，我应该服从总部财务线上的工作指令，尽量在中国多搞钱。但是，从地方法人角度上看，我们又必须对所有的利益相关方负责，比方说给我们做二期工厂的工程款，我们要是没钱支付了，很多工人回家过年就拿不到工钱。"

Ivan 问："那你的意思是不从银行借钱了？"

Bob 补充道："不仅如此。过几天总部司库的 Alex 要来，我怕这两家银行在老外面前乱表态。干脆，你去两家银行跑一趟，告诉他们我们有可能会把借来的钱转到总部供其他公司用。"

"这不是明摆着告诉银行不要借钱给我们吗？"

"我们只做真实的披露，专业的判断还是由银行他们自己做吧。"

两天之后，总部的 Alex 亲临 QSZ，分别去拜访了三家银行。

Alex 记得两年前来 QSZ 访问时，当地银行还主动提出希望 QSZ 从银行借些钱，并且很快批了好几个亿的授信额度。

信心满满的 Alex，在见过三家银行后，发现居然没有一家银行愿意放贷，都推说最近政策紧，银根收紧。在 Alex 看来，中国的银行对外资企业是很崇拜的，怎么这三家银行到手的业务都不做了？

Alex 回去不久，总部就来了一纸调令：由 Alex 接替 Bob 担任中国区 CFO，

Bob 调回新加坡担任研发部的财务总监。

明眼人一看，都知道 Bob 是被罢免了。没想到向来注重人文的德国企业，也会这样无情。

调令生效的日子是 2 月 1 日。Bob 看了一下日历，他在这个办公室还有 4 个工作日。整个下午，Bob 把自己关在办公室里，他在策划着这最后几天的工作方案，如何确保 QSZ 账上留有足够的现金来偿付本地供应商，关键的一点，是留足 1000 万美元，以备关厂时发放员工 N+2[①] 的遣散费。

在接下来的 3 天里，Bob 做了 3 件事。第一件，就是成功地从 QAG 那里要回了拖欠 3 个多月的应收款中的 1500 万美元。Bob 充分展示了以前商务经验中的智谋，用一份复印件提单赢得了总部结算部的信任，获得货款的同时，却没发货。

王丽得知此事，有点不敢相信一向做事光明磊落的 Bob 竟会用这种欺诈的手段去套取货款。所以，亲自来到 Bob 的办公室问个究竟。

Bob 坦诚地说："没错，从局部操作上讲，这算得上是欺诈了。但是，QAG 欠我们的货款是这笔钱的好几倍，我只是要回了一部分本来就属于我们 QSZ 的钱。我们与 QAG 间的应收款这一年间是逐步攀升，站在独立法人最高财务官的角度，我过去的不作为已经是失职了，凭什么我们 QSZ 的工人辛辛苦苦生产的产品卖给 QAG，他们可以一分钱不给，还要把这笔钱作为福利发给他们的德国员工？一旦母公司用丢卒保车的手法套取子公司的现金，此刻，我的第一责任便不再是忠诚于总部，而是捍卫 QSZ 地方公司的法律权利。"

王丽万万没想到，同一集团的母公司与子公司要走到对簿公堂的一天。

Bob 又说："还有，我这次收回的 1500 万美元，有 1000 万美元是留给员工的，还有 500 万美元，这两天内我会付给国内的供应商，我们欠人家这么久了。我估计 Alex 一来，他一分钱都不会付。这对国内的供应商及其员工也是不仁不义的。"

"你这样做，总部不得恨死你？"

---

① N+2，N 即工作每满一年给一个月工资，比如，工作十年的员工，N+2 可以获得 12 个月工资的遣散费补偿。

"无所谓，做人要做真实的自己，对得起自己的职业操守。噢，对了，这新来的 Alex，在工厂管理上也没什么经验，我已经提议总部把你提升一级，担任财务总监。只是，不知道现在的我，说上去的话是否还有分量。"

89　何去何从

那天从 Bob 的办公室离开，王丽当下做了一个决定：一定要为 Bob 张罗一场隆重的告别晚会。

周五的下午，也是 Bob 离开 QSZ 的最后两小时，王丽召集了所有财务部的人员，包括从上海赶来的同事，一起欢送 Bob。

为这场欢送会，王丽让大家收集了 Bob 留下来的所有照片，做成了一个音乐幻灯片，有年终晚会上魔术演砸的搞笑场面，有主持相亲会的得意神情，有在公司足球赛上奔跑的英姿，当然，最多的还是各种学习会上分享知识时的侃侃而谈。

最后一页，是一首诗，是文青 Vivian 代表全体财务同事献给 Bob 的：

时光可以带走我们的青春，

可带不走内心火热的激情；

时光可以带走我们的健康，

可带不走前进的勇气和快乐；

时光可以带走我们的稚气，

可带不走我们对世界的好奇和向往；

时光可以带走我们的过去，

可带不走曾经的感动和记忆；

时光可以带你走到天涯海角，

可带不走朋友们对你的留恋和牵挂……

随着诗一句句展开，先前欢快的气氛逐渐凝固了。当最后一句"带不走朋友们对你的留恋和牵挂……"定格在画面上时，Bob 的眼眶湿润了。

Bob 起身，清了清有点哽咽的喉咙，发言道：

"谢谢大家，这些照片是我珍贵的回忆，它是属于我的，也是属于大家的。我说过，谁也不能保证我们可以永远在一个团队一直走下去，但是，此刻的我，很欣慰。在 QSZ 的这五年，我一直在践行着自己的信条，共同成长。上面的这些图片，特别是我们学习型组织名下搞的各项活动，我希望你们能够传承下去。作为一个部门长，我不能保证大家人人升迁，但我能做的，就是给大家这么一个平台，让大家有不断提升自我的机会。即使有一天你们离开这个平台，我也希望学习型组织的信条能成为你们身上的 DNA。不管去任何地方都能继续实践，继续推广。

"再次感谢大家，这五年是我职业生涯中最快乐，也是最有成就感的五年，今天的这些照片，我一定会好好珍藏，我会记得你们每个人留给我的笑容。"

好多同事，特别是女生，都开始拿起面巾纸擦拭眼泪。这时，还是 Vivian 站了起来，放了一首 Auld Lang Syne，大家一起唱歌，互相拥抱，互道祝福。

总部并没有同意 Bob 将王丽提升为财务总监的提案。Bob 离开后的一周，总部 QAG 宣布了破产，各个子公司因为无法获得独立的订单，也相继宣告破产。

QSZ 的情形有点不一样，有一家做计算机的民营企业潮升科技，对 QSZ 的设备与技术很感兴趣，潮升科技收购 QSZ 的谈判进行得十分迅速，很快落实到关键人员的去留问题上。

王丽作为谈判组的成员，给潮升留下了深刻的印象。

在一次谈判会结束后，潮升集团的 CFO 黄刚，专门找王丽谈了话。

黄刚说道："一旦我们接手，Alex 肯定不会留，我们会把他送走，但我们希望你能留下来。我发现你们 QSZ 的财务管理非常专业，完全达到了行业标杆的高度。我希望你能接手 Alex 做财务总监，一方面是平稳过渡，另一方面，也希望你能反向输出，将你们的先进经验传授给我们潮升的财务团队。"

王丽当下表示了感激，但没有立刻答应，说要回去考虑一下。

回到家，王丽就拨通了好友佟梅的电话。

王丽问道："这个财务总监的职务我要不要接？"

佟梅没有回答，而是反问道："为什么不接？"

王丽说："我是奔着外企来 QMD 的，现在成了民企，感觉降了一个档次。"

"别看不起人家民企。你有什么具体的担心？"

"听说他们很抠，如果按他们华北总部的工资标准，我这级别的，说是财务总监，实际收入估计要降好几千。"

佟梅说道："既然他们器重你，这些都是可以谈的，民企收购的案例，很多都是一人一价。"

王丽想了想，又说："还有，我怕适应不了他们的狼性文化，什么经营会议拉到周末开，员工加班不给加班费，这些都会让手底下的人跑掉。"

"那你现在出去找别的外企有信心吗？"

王丽底气十足地说："有信心，这三年跟 Bob 学得很扎实，自己各方面的进步都很大。"

佟梅建议道："那就好办了。总监只是一个名头，有了名副其实的专业技能，接与不接，都不重要了。不过，企业文化上的磨合倒是挺磨人的，有些家族企业派自己的所谓亲信来把持关键岗位，跟职业经理人会有很大的摩擦。不知道你心里是否做好了准备？"

这时，信号出现问题，电话断了，等了许久，佟梅也没回电过来。

放下电话，抬起头，王丽一手托着下巴，一手转动着手中的铅笔。窗外的雨啪嗒啪嗒地敲在窗玻璃上，王丽还是拿不定主意。为自己喜欢的外企奋斗到最后却没受到认可与提拔，不怎么看得上的民企却一下子给了自己莫大的信任，人生真是有趣好玩。这情景，有点像大学里遇到的两个男生，自己喜欢的不怎么待见自己，苦追自己的又有点看不上。思来想去，脑子一片混乱。唉，要是 Bob 在身边就好了。想到这儿，王丽打开笔记本电脑，给 Bob 写了一封邮件。

王丽读了两遍，犹豫了一下，还是点击了发送，一边在想：Bob 看了这封邮件，会怎么回呢？会笑话自己，还是会鼓励自己？或者一如既往地给自己出谋划策？

等了许久，Bob 还是没回邮件，王丽趴在桌上睡着了。伴着窗外的雨声，王丽还做了一个梦，梦见自己长出了一对翅膀，从一个山头飞向另一个山头。每飞过一个山头，翅膀居然又长出一节来。

附 录

APPENDIX

部分英文词条注释

财务与管理模型

推荐书目

《高效能人士的七个习惯》，［美］史蒂芬·柯维 著，中国青年出版社 2008 年 5 月出版

《六顶思考帽》，［英］爱德华·德·博诺 著，山西人民出版社 2008 年 4 月出版

《团队协作的五大障碍》(第 3 版)，［美］帕特里克·兰西奥尼 著，中信出版集团股份有限公司 2013 年 9 月出版

《SPOT 团队引导》，［新加坡］帕拉布·耐度　［新加坡］赖美云 著，江苏人民出版社 2013 年 12 月出版

《思考，快与慢》，［美］丹尼尔·卡尼曼 著，中信出版集团股份有限公司 2012 年 7 月出版

《关键对话》，［美］科里·帕特森　［美］约瑟夫·格雷尼　［美］罗恩·麦克米兰 著，机械工业出版社 2012 年 6 月出版

《数据之巅》，涂子沛 著，中信出版集团股份有限公司 2014 年 4 月出版

《卓有成效的管理者》，［美］彼得·德鲁克 著，机械工业出版社 2009 年 9 月出版

《自严自语》，［新加坡］钱自严 著，中国文联出版社 2012 年 4 月出版

《全新思维》，［美］丹尼尔·平克 著，浙江人民出版社 2013 年 5 月出版

《资本的秘密》，［秘鲁］赫尔南多·德·索托 著，华夏出版社 2017 年 1 月出版